高等院校经济学系列
精品规划教材

经济学导论

徐丹丹 徐秋慧 编著

U0361980

机械工业出版社
CHINA MACHINE PRESS

图书在版编目（CIP）数据

经济学导论 / 徐丹丹，徐秋慧编著 . 一北京：机械工业出版社，2019.1（2023.8 重印）
（高等院校经济学系列精品规划教材）

ISBN 978-7-111-61364-0

I. 经…　II. ①徐…　②徐…　III. 经济学－高等学校－教材　IV. F0

中国版本图书馆 CIP 数据核字（2018）第 252212 号

本书将枯燥艰涩的经济学理论讲解得简洁易懂且妙趣横生，既全面反映出当代经济学的概貌，又深入分析了中国经济实践的现实，无论是想了解西方经济学的学生，还是想用经济学工具认识、分析现实社会的各界人士，都可以从本书中获益。本书是一部有特色的成功教材，对于想进入经济学知识领域的非经管类学生和初学者，一定可以提供很好的帮助。正确引导初学者进入经济学殿堂的教材，既要做到通俗易懂、简单易学，又要做到内容完整、表述规范，本书满足了这两个方面的要求。本书无论是在内容体系还是风格立意上，对经济学初学者而言都是一本有特色的西方经济学教材，对普及西方经济学知识无疑会起到积极的作用。

本书适合经济学专业学生和想进入经济学知识领域的非经管类学生及初学者学习使用。

出版发行：**机械工业出版社**（北京市西城区百万庄大街 22 号　邮政编码：100037）
责任编辑：袁　银　　　　　　　　　　责任校对：李秋荣
印　　刷：北京建宏印刷有限公司　　　版　　次：2023 年 8 月第 1 版第 5 次印刷
开　　本：185mm×260mm　1/16　　　印　　张：14.75
书　　号：ISBN 978-7-111-61364-0　　定　　价：39.00 元

客服电话：（010）88361066　68326294

推荐序

我国改革开放已经走过了 40 年的历程。40 年的时间已经足够社会更换一代人了。在计划经济下成长起来并接受教育的最后一代人，其主体基本接近或已经退出工作岗位。当前正在工作岗位上辛勤劳作和奉献的人基本上都已经是在改革开放进程中成长起来的一代人。计划经济下的思维与行为方式、工作习惯已经在社会生活中逐渐褪去。市场经济的新的思维和行为方式正在形成与发展，正日益渗透到社会生活的各个方面。

在当今的社会中，人们日益强烈地感觉到，无论从事何种工作，事实上都无法摆脱市场经济的影响。与其浑浑噩噩地任由市场经济的浪潮冲击，被动地在无边的大海中浮沉，倒不如多了解一些市场的运作规律，积极参与其中，趋利避害，这样来得更为实际一些。所以，社会上越来越多的人希望多系统地了解一些市场经济的知识、学习一些经济学的原理。

市场经济的核心原则是效率原则，即以既定的代价获取最大的成果，或以最小的代价达到既定的目标。怎样才能实际贯彻和实现这一原则呢？这就需要人们掌握一系列系统的相关理论和方法，即经济学和管理学的理论与方法。

在我国改革开放过程中，整个国家将工作的中心转移到经济活动上，而人们对市场经济的运作及规律的了解，由不熟悉到熟悉需要一定的时间和过程。与市场经济的发展相适应，高等院校的经济类和管理类学科、专业也早已成为大学生与研究生的首选学科及热门专业。当然，高等院校的学生不可能全部进入经济学和管理学专业进行学习，但非经管类专业的学生仍然需要学习这方面的知识。有鉴于此，国内外很多高校都在为非经管类专业本科生开设"经济学导论"或相关课程，以增强对学生的通识教育，培养更加符合市场需求和社会需要的具备多方面工作能力的大学生。

北京工商大学徐丹丹教授和徐秋慧老师以十年的理论研究、探索与教学实践为基础，为非经管类学生的经济学通选课程编著了《经济学导论》。该教材既是她们进行经济学导论课程教学改革与教材建设的成果，也完全是为了适应非经管类专业本科生、高职高专学生需要而撰写的经济学教材。它同样适合没有机会在大学学习但又希望对相关知识有所了解的社会人士自学。

这本教材在不少方面具有鲜明的特色，值得向有志于学习和了解经济学知识的非经管类学生及其他人士推荐。

首先，这本教材内容精炼而全面，基本上涵盖了国际通行的关于市场经济运行规律的经济学教材的主要内容。本教材篇幅不大，但内容体系较为完整、充实，体现了富有教学经验的编者对教材内容安排的认真与精到。这本教材在对现代经济学基本理论和方法进行系统介绍时，做到了重点突出、详略得当。其理论介绍深入浅出、通俗易懂。

其次，应该说，经济学理论本身是枯燥的，但这本教材文风简洁、明快，语言活泼，举例贴近现实，有助于很好地说明经济学原理。编者在保持国内教材严谨性的同时，吸取了国外同类教材语言活泼、布局生动、引人入胜的优点。教材中还以专栏形式介绍了经济学理论的最新进展和现实世界的事实数据。相信这本教材的这些特点必定会帮助读者对经济学产生浓厚的兴趣，领会到经济学的盎然生机和趣味。

最后，这本教材试图让经济学思维方式和分析方法成为学生的基本分析方法之一。其实学习经济学主要是学习其思维方式和分析方法。这本教材注重这方面的训练，是很值得赞赏的。教材中大量运用了近期国内外的经济数据和实际案例，帮助学生理解抽象的理论，提高学习的兴趣。这对提升学生对现实经济运行和经济政策的分析思考能力，形成正确理解经济社会的思考方法，大有裨益。

总之，这本《经济学导论》是一本有特色的、成功的教材。我相信，这本教材对于非经管类学生和初学者进入经济学知识领域，一定能发挥很好的作用。

北京大学

王志伟

2018 年 6 月 1 日

徐丹丹：女，1972 年出生，吉林舒兰人，博士、教授、博士生导师。毕业于中国人民大学，现任北京工商大学经济学院院长，兼任中国资产评估协会无形资产评估专业委员会委员、北京资产评估协会教育培训委员会委员、北京外国经济学说研究会副会长、中华外国经济学说研究会常务理事、首都经济学家论坛常务理事、北京市金融学会理事、中国特色社会主义政治经济学论坛学术委员会委员。主讲课程：经济学导论、经济学说史、当代西方经济学流派。研究领域：产融结合理论、宏观经济政策。在《金融研究》《教学与研究》《经济理论与经济管理》等刊物上发表论文 40 余篇，其中 20 余篇被 CSSCI、EI、ISTP 收录。主持国家社科基金课题 2 项、省部级课题 5 项、企业委托课题 6 项，参与课题 10 余项。主编、参编教材 3 部，出版专著、合著 2 部，代表作有《国有商业银行产融结合问题研究》。2012 年入选北京市中青年社科理论人才"百人工程"培养对象。

徐秋慧：女，经济学博士，副教授，毕业于中国人民大学经济学院，现执教于北京工商大学经济学院。在专业期刊发表论文 30 余篇，多篇论文被 CSSCI 收录或转载，主持省部级课题 2 项，参与国家级社科、自科课题多项，出版专著 3 部，合著 1 部，主编研究生教材 1 部，参与编写教材 4 部。

前　言

　　在现代社会中，经济学已经渗透到我们生活的方方面面，并时时处处影响着我们的思维和决策。有鉴于此，国内外多所高校为非经管类专业本科生开设了经济学导论课程，以建立更加完善的通识教育课程体系，培养更加符合市场需求和社会需要的具备多元竞争力的大学生。在此背景下，北京工商大学加强了通识教育课程建设，并于2007年委托经济学导论课程组进行了"经济学导论课程建设规划研究"。自2008年9月至今，本课程组为我校非经管类专业开设了"经济学导论"课程。通过该课程的学习，学生不仅可以了解经济学产生和发展的过程，掌握经济学的基本理论和分析方法，而且能够运用所学的理论和方法分析、观察经济现象并理解相关的经济政策，增强对市场经济的理解能力和适应能力，提高其经济学素养。在这10年的教学实践中，课程组先后使用过国内外不同版本的经济学导论教材，并尝试将中国经济实践与经济理论相结合，编写了更适合国内非经管类专业本科生使用的导论性质的经济学教材，在写作风格以及内容的广度和深度上进行了探索。基于这10年的探索和积累，我们决定着手编写这本《经济学导论》教材。

　　本教材的特色主要有以下几个方面：

　　（1）内容精而全。本教材篇幅不大，但体系完整、内容充实。本教材既对基本经济理论和方法进行了系统的介绍，又做到了重点突出、详略得当，理论讲解深入浅出，避免了精而不全、全而不精、或深或浅的情形。

　　（2）风格简洁明快。与国外的此类教材相比，国内教材一般体系严谨，但不够生动活泼。编者在编写本教材的过程中既注重保留国内教材的严谨之风，又注重吸取国外教材的生动活泼，通过简洁的架构、明快的语言，将经济学娓娓道来，让读者领会到经济学的盎然生机。

　　（3）教材案例中国化。目前经济学教材多引用国外案例和数据，分析我国经济实践和数据的教材并不多见，这不利于学生理解我国市场经济改革的现状和问题。本教材大量引用了国内最新经济数据和实际案例，用以说明抽象的经济学理论，以此提升学生对我国现实经济运行和经济政策的分析、思考能力。

（4）帮助学生拓宽视野。本教材不仅以专栏形式介绍经济理论的最新进展和现实世界的事实数据，还在机械工业出版社网站上公布了教学 PPT 等内容，不仅有助于教师教学，而且能引导学生进一步理解所学内容，把握理论前沿。

本教材是为非经管类专业本科生、高职高专学生以及想在业余时间了解经济学知识的自学者提供的一本简洁的经济学普及教材。使用本教材的教师可根据教学实际情况恰当地选择教学内容。

在本教材的编写过程中，北京工商大学高建业老师提出了大量宝贵意见，研究生刘英和李彤彤帮助整理了部分数据、图表和文字，机械工业出版社的编辑在该书出版前后做了大量细致、认真的工作，在此我们一并表示衷心的感谢。此外，在教材的编写过程中，我们参考了国内外同行的学术成果、著作和教材，在此一并致谢。

由于水平所限，教材中的纰漏与错误在所难免，欢迎各位读者指正，来信请寄 zhongze_lx@163.com。

编者

2018 年 5 月 20 日

目 录

第一章
什么是经济学

经济学导论课程在各个大学里都是选修人数最多的选修课，经济学也是生活中很多人想了解的知识，这是因为经济学和我们的生活密切相关，比如，城市自来水和天然气等基础设施建设企业是竞争好还是垄断好？看似无用的钻石为什么比生命所必需的水昂贵很多？为何苹果手机在中国的售价高于在美国的售价？美国总统特朗普宣布减税之后会怎样影响你的生活？这样的问题还有很多很多，这些和你的生活密切相关的问题都是经济学这门课程所讨论的内容。

经济学不仅可以解释上述与你的切身利益相关的问题，而且还会讨论很宏大的经济政策问题。恰当的经济政策可以帮助经济走向繁荣，而错误的经济政策也会导致经济走向崩溃，这都会直接影响我们的生活。资本主义的救世主梅纳德·凯恩斯曾经说过："经济学家和政治学家们的思想，不论它们在对的时候还是错的时候，都比一般所设想的要更有力量。的确，世界就是由它们统治着。"

不论你是普通民众还是社会精英，或是政府管理者，学习这些经济学家们的思想都十分必要。经济学是帮助你拨开迷雾看懂经济的一种工具，学会它，掌握它，恰当地使用它，让自己的生活更舒适，让整个社会更美好，这就是我们学习经济学的目的之所在。

第一节　稀缺性、选择和经济体系

一、经济学的两大基本假设

（一）稀缺性假设

假设你是一位室内设计师，你每天的工作就是为客户设计室内装修方案，客户因此支付给你报酬。除此之外，早晨起来你要刷牙、洗脸、穿衣服、吃饭、坐公交车去上班，就在这几个小时里面，你会发现，你用的牙膏、牙刷、自来水、电力、衣服、公交车运行服务，这些都不是你自己生产出来的，而是这个社会中的其他人生产出来的，你只是用货币购买了这些产品和服务，而你支付的货币正是社会中的其他人为你提供产品和服务而获得的报酬。

也就是说，你与整个经济体中所有的其他人之间是有分工和协作的，每个人在不同的行业、不同的岗位从事不同的工作，共同生产出全社会所需要的各种产品和服务，而任何人要想得到他自己无法生产的东西，就必须用自己所拥有的去交换他所需要的其他人的劳动成果，也就是牙膏、衣服、手机、食品、交通服务等，这是现代社会的特点。

所以，不论你是消费者还是生产者，在这个分工协作和交换的社会中，每天都必须做很多选择，有的是消费选择，有的是生产选择。

如果你是个消费者，你会选择买什么样的牙膏、用哪家公司的通信服务、中午去哪里吃饭、面对菜谱选什么吃等。在做这些决策时，你可能会发现，"我想同时在三家设计公司上班，赚取三份工资，可是我分身乏术；我想住别墅，也想买玛莎拉蒂，可是拍拍自己的口袋，发现囊中羞涩"。这时你不得不降低自己的欲望，去选择你可以消费得起的产品和服务。

如果你是个生产者，你也会面临选择。你现有的100万元资金是生产服装好，还是生产饮料好？如果你放弃生产服装而选择生产饮料的话，那么现有生产规模是每天生产1万瓶还是3万瓶？雇用多少劳动者和管理者，租用哪里的土地进行生产？这些都是你的选择，而你在做每个选择的时候，都会遇到和消费者一样的问题。你可能想生产碳酸饮料的同时还想生产果汁饮料，可是你发现资金不足，工厂面积不够放置两条生产线，劳动者体力也有限，不能24小时都工作，如此等等，你必须要做出选择。

要解决这些问题，就需要经济学上场了。上述的例子说明，相对于我们的欲望来说，满足欲望的资源是有限的，这就是资源的稀缺性。正是由于稀缺性，才带来了选择问题。财力有限，你必须在买A小区的房子和B小区的房子之间选择；时间有限，你必须在工作和闲暇之间选择；土地有限，你必须在这块土地用来盖工厂还是学校之间选择；企业家才能有限，你必须在自己管理企业还是雇用经理人来管理企业之间选择。

当我们眼前有多重选择时，最终的选择就意味着放弃，放弃就意味着你放弃那些选择可能会带给你的好处，这些你放弃的好处就是你做出选择的代价，这份代价在经济学中被称为机会成本。经济学就是要帮助你处理这些选择，让你以最小的代价实现自己感觉最满意的选择。

（二）理性经济人假设

选择无处不在，那么人们将按照什么原则来选择呢？如果你是穷人或者富人、雷锋或者自私鬼，你的选择结果必然不同，那么选择行为本身有没有什么公认的原则呢？经济学告诉我们，有，那就是我们对做决策的人的本性进行的假设：理性经济人假设。

理性经济人假设指的是在进行经济分析时，假定人的思考和行为都是理性的，都是试图在机会成本既定的前提下获得收益最大化。理性经济人假设有两个核心内容：一是假设经济人的本性是利己的；二是假设经济人的选择行为是理性的。所谓利己，是指经济人在选择时，首先考虑的是自己的利益和需要，而不是他人的利益和需要。所谓理性人，是指经济人在选择时，会进行成本－收益计算，会从若干个备选方案中挑选一个收益既定时成本最小，或成本既定时收益最大的方案。

比如，今天清晨你决定坐顺风车上班，肯定是经过了内心的权衡和计算的：如何保证自己在花费最少的情况下，以最快的速度到达单位。如果坐出租车，价格是顺风车的两倍；如果坐地铁和公交车，不仅拥挤而且时间可能比较长，最终你计算出时间最短而花费最少的方案是坐顺风车。这完全是你自己出于自利的考量，绝对没有考虑要为顺风车车主创造收入，让他的生活更美好，所以才坐他的车。同样，那位顺风车车主恐怕也不是为了让你出行方便而搭载你，纯粹是为了顺便分担汽油费而已。

当然，经济学家所说的理性经济人假设，是指人的行为动机，而不是其行为结果。比如你坐顺风车，你的行为动机是利己的，但是行为结果可能给顺风车车主带来了收益，也因为少开一辆车而减少了空气污染和拥堵状况，这些好的结果是由于你坐顺风车而出现的，是你出于自利而选择的消费行为带给社会的好处，但是这并非你出门前紧急决策时考虑到的问题。

二、选择和机会成本

（一）稀缺的资源

前面已经说明，经济学的第一个假设是资源的稀缺性。经济学上所说的资源，一般是指能用于生产产品或服务的生产要素，分为四大类：土地、劳动、资本和企业家才能。

第一，土地泛指必须付费使用的自然资源，包括土地和森林等，比如建设厂房的用地、创办牧场的用地等。土地以支付的货币价值计量，比如租用一间厂房一年的租金为

80 万元，那么土地就是 80 万元。

第二，劳动是指生产产品的技能，经济学中一般以小时数作为计量单位，比如企业去年雇用了 10 名工人，每个工人每周工作 5 天，每天工作 6 小时，那么每周的劳动就是 300 小时。劳动获得的报酬就是工资。

第三，资本是指生产出的最终产品，并用于再生产中。例如机器、厂房、设备等都是某家企业生产出来的最终产品，又被另外的企业购买用来生产其他的产品。资本以对应的货币价值计量，比如购买一台设备花费 10 万元，那么资本就是 10 万元。资本获得的报酬是利息。

第四，企业家才能是企业家特有的个人素质，包括组织和协调其他要素进行生产，寻求和发现新的商业机会，引进和发明新的生产技术，或者引导和带动企业发展。劳动者在企业中只负责生产，而企业家需要运筹帷幄，需要和企业共同承担风险和收益，因此企业家获得的报酬是企业利润，而不是工资。

这四种生产要素的数量和质量可以通过人们的努力而不断增加和积累。例如，通过教育，人力资本会增加；通过储蓄和投资，资本设备会增加；通过农田水利建设、荒地开发等，土地资源可以增加。但是，相对而言，生产要素数量的增长总是落后于人们想做更多事业的欲望的增长，这就是稀缺性。

另外，生产要素一般有多种用途，可以用于多种组合，生产效用不同的产品和服务。例如，一块土地既可以播种小麦，也可以挖塘养鱼；一匹布帛既可以制成服装，也可以做成被褥，等等。因此，对于一定量的资源，存在如何配置才能有效利用的问题。或者说，怎样配置既定的资源，其使用效率才最高，才能最大限度地满足我们的欲望。这正是经济学要解决的问题。

可以说，经济学正是从欲望无限和资源有限这一对矛盾出发，研究如何实现资源的最优配置，以使人类的需要得到最大限度的满足的一门社会科学。正是由于稀缺性，有限的资源用于此用途就无法用于彼用途，因此，经济学也被称为选择的科学。

（二）机会成本

正是由于稀缺性，有限的资源用于此用途就无法用于彼用途，因此我们必须以理性经济人的原则做出选择。而一旦我们做出选择，就必须放弃其他的选择，我们所放弃的选择可能带来的收益就是我们选择的机会成本。

例如，当一个学生选择看足球赛时，就意味着他放弃了晚上 4 个小时的学习时间，4 个小时的学习可能带来的高分数就是学生看球赛的机会成本；当家庭主妇决定支付女儿的旅游费用时，就意味着她无法再购买心仪的新款智能设备，她所放弃的智能设备可能为她带来的享受就成为支付女儿旅游费用的机会成本；当企业主决定多生产100单位甲产品时，就必须少生产60单位乙产品，那么60单位乙产品就是生产100单位甲产品的机会成本。

为了更清楚地理解机会成本，我们看一个简单的例子。假设一个经济体中所有的资源仅仅用来生产两种产品：机床（可代表资本品）和电视机（可代表消费品）。当然，你也可以假设是大炮和黄油，大炮代表军用品，黄油代表民用品。从大的方面来说，你总可以把经济体中的所有产品分成两大类。

现在，我们就假设将所有资源用来生产机床和电视机。那么，在资源总量既定、生产技术既定的条件下，假设可能生产的机床和电视机的最大数量组合如表1-1所示。

表1-1 生产可能性组合

生产可能性	电视机（台）	机床（台）
A	150	0
B	140	1
C	120	2
D	90	3
E	50	4
F	0	5

表1-1中的数据说明，当全社会的所有经济资源都被用来生产机床和电视机时，所能生产出来的产品数量组合有很多种，我们在这里仅仅列举其中的几个组合来解释，分别用组合A、B、C、D、E和F表示。其中，组合A表示资源全部用于生产电视机的情形，组合F表示资源全部用于生产机床的情形。组合B、C、D、E则表示同时生产机床和电视机的各种可能的组合。

我们将表中的数据绘制在图1-1中，横轴和纵轴分别表示机床和电视机的数量。

表1-1中的组合A至F这六种可能性在图中对应地用A至F这六个点表示。假设机床和电视机的数量可以连续变化，可能的组合点应不限于这六个点，而是无数多个点，将这些点连接起来就成为一条平滑的曲线，该曲线上的所有点均可表示可能生产出来的产品数量组合点，这条线就是**生产可能性边界**。

在生产可能性边界上，在既定的资源和技

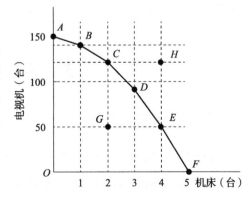

图1-1 生产可能性边界

术条件下，充分、高效地利用现有资源可能生产出来的最大产品数量组合，属于有技术效率的组合。在生产可能性边界内的组合，虽然在生产上是可能的，但未实现资源的充分利用，是缺乏技术效率的。在生产可能性边界外的组合，则表明是生产上不可能实现的，即在现有的资源和技术条件下是无法实现的。

生产可能性边界说明资源是稀缺的，我们无法生产出超越可能性边界的产品数量组合；生产可能性边界也说明人们必须在既定资源数量下做出选择，当选择多生产 1 台电视机时，就必须要放弃对应数量的机床，所放弃的机床数量就是生产这 1 台电视机的机会成本，反之亦然。例如在 B 点，经济体生产 1 台机床和 140 台电视机，当经济体选择生产 C 组合点而不是 B 组合点时，它就要增加 1 台机床的生产，同时必须放弃 20 台电视机的生产，也就是说，此时 1 台机床的机会成本就是 20 台电视机。

顺着生产可能性边界移动，当经济体不断增加机床的生产时，每增产 1 台机床所需要放弃的电视机的数量是逐渐增加的。第 1 台机床的机会成本是 10 台电视机，第 2 台机床的机会成本是 20 台电视机，第 3 台机床的机会成本是 30 台电视机，第 4 台机床的机会成本是 40 台电视机，第 5 台机床的机会成本是 50 台电视机。

这些数字说明的就是经济体都面临的机会成本递增的规律，据此可以推断，我们生产的某种产品的数量越多，每单位产品要付出的机会成本就越多，这使得生产可能性边界是一条凹向原点的曲线。经济学中考量的成本就是机会成本，为简便起见，后面我们都以成本代表机会成本。

从今天开始学习经济学起，你的大脑中就要充斥各种各样的经济学理论、模型，直到你期末考试结束之后，将这本书扔到废纸篓里。很多年之后，也许你已经忘记了书里的所有内容，甚至你已经不记得你曾经有过这样一本书，但是你不应该忘记的是，有所得必有所失，有选择必然有放弃，天下没有免费的午餐，你必须为你的任何选择付出成本。

第二节　经济学的世界

一、经济学的三大问题

面对资源稀缺性的制约，所有生产者都面临选择，也就是解决如何用既定的稀缺性资源生产出最多的产品和服务，并分配给不同的社会成员，满足他们自身的各种需要的问题。这些选择构成了经济学的三大基本问题。

问题一：“生产什么”（What），即将稀缺的资源用于生产什么产品？生产多少？人们有各种各样的欲望，例如衣食住行等，而资源是有限的，因此人们就需要选择究竟生产哪些产品，各生产多少，以满足人们哪些欲望以及在多大程度上满足。例如土地资源是有限的，既可以用来种粮食，也可以用来盖房子，这都是人们所需要的，那么究竟多少用来种粮食，多少用来盖房子？这是人们要解决的经济问题之一。

问题二：“如何生产”（How），即用什么方法来生产产品？生产的过程是将各种生产要素进行组合的过程。不同的组合方式，得到的产量会存在差异。例如，同样是生产电脑，既可以采用智能控制的机器手臂来组装，也可以用人工方式组装，前者投入的机器设备多，也就是投入的资本多，而投入的劳动少；后者投入的资本少，而投入的劳动多。究竟选择哪种方式最有经济效率？这是人们要解决的经济问题之一。

问题三：“为谁生产”（for Whom）。资源是稀缺的，生产出来的产品相对于人们的欲望而言是有限的，那么这些产品如何分配给社会中的个人和集团？依照什么原则分配？这是人们要解决的经济问题之一。

上述三个基本的经济问题是任何经济社会在任何时候都必须要面对的问题，这些问题实际上涵盖了经济活动的所有基本环节，即生产、分配、交换和消费。我们全部的经济学原理都将围绕这三个问题展开。

二、微观经济学和宏观经济学

微观经济学研究经济个体所做出的选择，这些选择在市场上的相互作用，以及政府对个体选择的影响。微观经济学的研究对象是单个的经济单位，如单个企业、单个消费者和单个市场等的选择行为，重点是研究消费者如何利用有限的货币收入购买商品和服务以获取最大效用（满足），生产者如何利用有限的资源生产商品和服务以获取最大利润。其核心结论是：通过市场（价格）机制配置资源，就可以自动地实现充分就业均衡。这不仅可以实现单个经济单位的利益最大化，也能达到整个社会的福利最大化。然而，价格就像一只看不见的手，引导着整个社会的经济活动。因此，微观经济学又被称为价格理论。

宏观经济学研究整个经济体的运行及其规律。英国经济学家凯恩斯在 1936 年出版的《就业、利息和货币通论》（简称《通论》），被认为是现代宏观经济学形成的标志。宏观经济学的研究对象是总体经济，即整个国民经济的活动，如国内生产总值、物价水平和失业率等的变动。在长期内，经济是不断增长的，因而，宏观经济学首先要研究经济增长问题。在短期内，经济运行有可能背离长期增长趋势，出现经济波动，因而宏观经济学也要研究短期经济波动问题。财政政策、货币政策和汇率政策等宏观政策对经济总量变动有重要影响，因而宏观经济学还要研究宏观经济政策的设计、实施及影响问题。宏观经济学研究的目的和任务是：解释经济事件，设计经济政策。

三、实证分析和规范分析

我们在观察和分析经济问题的过程中，总是需要用一定的方法描述我们看到了什么事情，这些事情应该怎么样之类的问题，那么这就是经济学的研究方法，主要的研究方法有实证分析方法和规范分析方法。前者回答"是什么"的问题，后者回答"应该是什么"的问题。

实证分析是描述性的，做出关于世界是什么的表述。例如，2017年甲企业雇用工人多少人，使用电力多少度，使用水多少立方米，生产饮料多少瓶，或者，2017年我国全年国内生产总值为82.7万亿元，按可比价格计算，比上年增长6.9%等。这些实证是对经济现实的客观描述，不包含任何价值判断。

规范分析是命令性的，做出世界应该是什么的表述。例如，某年某国国民收入应该增长6.5%，失业率应当控制在4%以内，等等。规范分析方法重视价值观和行为倾向的伦理基础，关注经济行为和经济政策对人们福利的影响与评价，强调关于条件、状况、事物和行为的价值判断。

这两种方法在我们后面的学习中都会涉及。比如后面学习需求曲线时，曲线本身就是一种实证分析，描述人们根据产品价格而需要多少数量的产品。又比如，说我国收入差距不断扩大，这是实证分析，但是政府说收入差距应该缩小，这就是规范分析。在以后的学习中，请大家自行判断我们提到的各种分析分别是实证分析还是规范分析。

四、在学习中要避免的几个错误

经济学中有很多障碍与陷阱，即在对经济理论的学习与运用中，需要注意避免下列可能产生的推理谬误。

第一，不能保持"其他条件不变"。

在经济学分析中，我们大量使用的一个假设就是"其他条件不变"。在经济学推理中，为了考察众多影响经济问题的因素中的某一因素的作用，一般假定其他因素不变，然后判断该因素单独变化时，会带来什么样的变化。

如果忽略"其他条件不变"的假设，可能得出错误的结论。例如，鸡蛋的价格比20年前上涨了很多倍，但是人们购买的鸡蛋数量却比20年前增加了很多。从表面上看，似乎可以推导出鸡蛋价格越高，我们买的鸡蛋越多的结论。

但这可能不是真的，因为在这个分析中，除了价格和数量之外，还包含很多其他因素，比如人们的收入变化、人们对吃鸡蛋的偏好变化、养鸡户数量的变化、鸡蛋市场交易环境的变化等，所有这些都会影响我们买多少个鸡蛋的决策。

因此，为了分析鸡蛋价格和数量之间的关系，我们就要假设收入不变、偏好不变、养鸡户数量不变、市场交易环境不变等，这就是假设"其他条件不变"的分析方法。这在后面的讲解中会不断被提到。

第二，合成谬误。

合成谬误是指对于个体来说是好的事情，就认为对整体来说也是好的。但事实可能并非如此，对个体来说很好的事情，对整体来说可能就是噩梦。

例如，你发现清晨 6 点前出门开车上班时，城市道路一点都不拥挤，开车的感觉如此美妙。如果你认为，对个体来说清晨 6 点前出门开车就不拥堵的事实，是对全北京市所有开车者都适用的法则，那就大错特错了。因为如果大家都在那时候出门的话，结果只不过就是将拥堵时间提前到 6 点以前而已，所有人只能在马路上享受拥堵的噩梦而不是顺畅的美妙。

再比如，如果某个农民发现今年他种植的香蕉市场价格比较高，收入也比较好，那么他就推论大家都来种香蕉吧，结果是什么呢？如果海南的所有农民都大量种植香蕉，第二年市场上出售的香蕉数量就会大幅度增加，而人们吃香蕉的数量可能并不会增加很多，在这种情况下，香蕉价格只能下降，而农民的收益不但没有增加，反而可能因此减少。这就是中国古话说的"谷贱伤农"，以后我们会分析这个问题。

第三，后此谬误。

后此谬误是指在考察因果关系时，因为 A 事件发生在 B 事件之前，就简单地认为 A 事件引发了 B 事件。事实上，事件 A 在事件 B 之前发生的事实，并不一定能够证明事件 A 是事件 B 发生的原因。如果我们认为"在此事件之后"便意味着"因为此事件"，就可能犯后此谬误。

例如，你看到小年之后蔬菜、肉类和水果等价格都上涨了，然后过了几天春节就来了，因此你就直接认为，食物的价格上涨引起了春节的到来，这就犯了后此谬误。

在经济分析中，我们经常需要找到两种或多种因素之间的关系，什么引起了什么变化，如果犯了后此谬误，分析结果肯定就是错的，而你据此为自己或为别人提供的建议可能也是错的。因此要特别注意。

本章小结

1. 经济学是研究人们如何利用既定的稀缺性资源生产出最多的物品和劳务，并分配给不同的社会成员，满足其需要的科学。

2. 经济学研究中有两个基本假设，一是资源是稀缺的，二是理性经济人假设。

3. 经济学包括微观经济学和宏观经济学两个部分。其中，微观经济学是在假定经济资源总量既定的前提下，研究如何配置资源，才能使其利用效率最高。宏观经济学是在假定微观经济主体都能有效利用资源的前提下，研究如何配置资源，才能消除有效需求不足，实现资源的充分利用。

4. 经济学的功能是解释世界和改善世界。为此，经济学家必须运用科学的研究方法，包括提出假设、观察现象、实证分析和规范分析、建立模型等。

习题与思考

一、判断题

1. 如果社会不存在资源的稀缺性，也就不会产生经济学。   （   ）

2. 不同制度的社会解决资源配置与资源利用的方法是相同的。   （   ）

3. 规范分析以研究者的阶级地位和社会伦理观为基础，不同的研究者对同样的事物会得出不同的结论。   （   ）

4. 资源丰富的国家不需要研究资源配置和资源利用的问题，只有资源贫乏的国家才必须面临这些问题。   （   ）

5. 微观经济学研究厂商和消费者的决策。   （   ）

6. 宏观经济学研究决定国民收入的因素等。   （   ）

7. 理性经济人假设认为人们都是追求自身利益最大化的。   （   ）

8. 某年某国经济增长率是3%，失业率是4%，这是实证表述。   （   ）

9. 我国现行的是计划经济体制。   （   ）

10. 经济学的基本假设是稀缺性和理性经济人假设。   （   ）

二、单项选择题

1. 下列选项中，哪一项说明了稀缺性？（   ）

    A. 某些国家总是在生产可能性边界之内进行生产

    B. 尽管资源是有限的，但是资源浪费大量存在

    C. 资源的数量总是能保证生产出足够多的产品

    D. 资源是有限的，而欲望却是无限的

2. 实证表述是关于（   ）的表述。

    A. 价格   B. 数量   C. 是什么   D. 应该是什么

3. 在经济学领域中，研究单个市场的经济学分支被称为（   ）。

    A. 宏观经济学   B. 微观经济学   C. 个体经济学   D. 市场经济

4. 当经济学家研究是否该采用通货膨胀的方法来刺激经济时，他们所采用的是（   ）。

  A. 规范分析方法
  B. 实证分析方法
  C. 既有实证分析方法又有规范分析方法
  D. 不确定

5. 稀缺性的问题（   ）。

  A. 仅仅存在于技术比较落后的时期
  B. 仅仅存在于非常贫穷的国家中
  C. 存在于所有国家中
  D. 将来会随着经济增长而消除

6. 下列选项中是实证表述的是（   ）。

  A. 政府必须降低食用油价格，以便让更多的人消费得起
  B. 最佳的税率是零，因为零税率可以让人们拥有其挣得的所有收入
  C. 经济学课程应该连续开设两个学期
  D. 大学学费增加会导致申请上学的学生人数减少

7. 英特尔公司决定生产中央处理芯片，而不是存储器芯片，这最直接地反映了（   ）。

  A. 生产什么的权衡
  B. 如何生产的权衡
  C. 为谁生产的权衡
  D. 生活水平的权衡

8. 可利用的资源无法满足人们欲望的事实称为（   ）。

  A. 激励
  B. 稀缺性
  C. 为谁生产
  D. 怎么生产

9. 以下为宏观经济学论题的是（   ）。

  A. 为什么个人电脑的价格一直在下降
  B. 苹果价格的上升如何影响橘子市场
  C. 一个国家的经济增长速度怎么样
  D. 消费者如何决定购买手机的数量

三、思考题

1. "将来，随着技术的更进一步发展，我们最终会消除稀缺性。在高新技术发展的未来，稀缺性将会消失。"你是否赞同这一说法？请解释你的看法，也请解释稀缺性的含义，并解释为什么稀缺性的存在需要人们进行选择。

2. 生产可能性边界是如何阐明稀缺性概念的？

3. 请分析说明我国现行的经济协调机制。

4. 思考在生活中遇到的问题，请说明哪些是宏观经济学问题，哪些是微观经济学问题。

专栏　经济学的演进：三次革命和三次综合

　　如果从重商主义算起，经济学迄今为止大体上经历了重商主义、古典经济学、新古典经济学和当代经济学四个发展阶段。其间，发生过三次重要的革命和大综合。

一、亚当·斯密革命和约翰·穆勒综合

重商主义是欧洲资本原始积累时期的经济学说。该学说认为，一国积累的金银越多，就越富有，因而主张由政府管制农业、商业和制造业，垄断对外贸易，实行贸易保护主义，并利用殖民地为母国的制造业提供原料和市场。重商主义反映了当时（15世纪至17世纪中期）商业资本的利益和要求，对于增加资本原始积累，推动资本主义生产方式的建立和发展，发挥了重要作用。但是，重商主义的分析只局限于流通领域，没有深入到生产领域，因而其理论是幼稚的、不科学的。所以，从17世纪中期开始，重商主义就在"斯密革命"的过程中逐渐地被古典经济学取代了。

古典经济学又称为古典政治经济学，是指在1750~1875年这一时期内除马克思经济学之外的所有政治经济学。其主要代表人物有英国的威廉·配第、大卫·李嘉图和亚当·斯密。其标志性著作是亚当·斯密于1776年出版的《国民财富的性质和原因的研究》（简称《国富论》）。《国富论》把经济学研究的对象，从流通领域转移到生产领域；坚持劳动创造价值的理论，认为经济规律决定着价格和要素报酬，并且相信价格体系是最好的资源配置办法；主张自由竞争，反对重商主义的国家干预。斯密的这些思想被认为是革命性的，史称"斯密革命"。

亚当·斯密有许多追随者。其中，李嘉图在推动古典经济学的发展中做出了重要贡献。他在继承斯密理论的同时，也批判了斯密的一些观点，从而形成了一种似乎不同于斯密的体系，甚至有人将此称为"李嘉图革命"。李嘉图的成功又吸引了一批跟随者，其中最著名的是詹姆斯·穆勒。

1848年，约翰·穆勒出版了《政治经济学原理：及其在社会哲学上的若干应用》。该书将斯密的学说和此后发展起来的其他学派的学说糅合在一起，形成了一个折衷的体系，实现了经济学发展史上的首次大综合。在很长一段时期内，该书成为大学的经济学教材，被誉为第一本里程碑式的经济学教科书。

二、边际革命和马歇尔综合

19世纪70年代初，奥地利的门格尔、英国的杰文斯和法国的瓦尔拉斯几乎同时出版了自己的代表作《国民经济学原理》（1871）、《政治经济学理论》（1871）和《纯粹经济学要义》（1874），各自独立地提出了边际效用价值理论，创立了边际分析方法，标志着李嘉图古典经济学的终结和现代经济学的开始。在经济学发展史上，边际学派的兴起及其对现代经济学的划时代影响，被称为边际革命。

边际学派的核心理论是边际效用价值理论。该学派公开否定劳动价值理论，主张用边际效用价值理论取而代之。它们把个人的偏好、消费和市场需求提高到经济问题的首位，强调用主观的边际效用来说明商品价格的决定。它们研究的核心问题是消费者和生产者价值最大化时的均衡问题。至于这些资源的数量是如何决定的，以及它们是怎样增加的，也就是亚当·斯密所关注的经济增长问题不在他们的研究视野之内。在方法论方

面,边际学派开始大量地运用数学工具,尤其是边际分析。在其学术论文和专著中,开始大量出现数学公式、联立方程以及各种数学符号和曲线图。边际学派利用方程组代表需求和供给,通过寻找它们的根来解决最优问题。边际分析强调问题的微小变化,因而它们基本上不研究国民收入的决定、经济增长和经济发展等宏观经济问题。

边际革命对现代经济学的形成和发展产生了深远而重要的影响。其中,英国经济学家、剑桥学派创始人马歇尔继承了约翰·穆勒的折衷主义传统,把边际革命和新出现的各种理论综合起来,构造了一个独立的理论体系。他在 1890 年出版了著名的《经济学原理》,实现了经济学发展史上的第二次大综合。在很长一段时期内,该书被奉为西方经济学界的"圣经",并成为第二本里程碑式的经济学教科书。

三、凯恩斯革命和萨缪尔森综合

20 世纪 30 年代以前,以马歇尔经济学为代表的新古典经济学居于西方经济学界的主流地位。该学说相信自由放任的市场经济具有自我调节机制,能够自动地达到充分就业的均衡状态。

20 世纪 30 年代,资本主义世界爆发了空前的经济危机。大量的银行倒闭,工厂关门,产出下降,进出口减少,工人失业,贫困增加,社会陷于动荡。面对这场历史上最严重、最持久、最广泛的危机,传统的经济理论既给不出科学的解释,也提不出化解危机的有效对策。在此背景下,英国经济学、宏观经济学之父凯恩斯于 1936 年出版了划时代巨著《通论》。这本著作在经济理论、研究方法和政策主张等方面,从根本上突破了传统经济学的固有见解,引发了一场经济理论上的巨大革命,史称"凯恩斯革命"。

《通论》出版后,微观经济理论和宏观经济理论都持续发展与不断完善。1948 年,美国经济学家、新古典综合派的创始人萨缪尔森,把以马歇尔为代表的新古典经济学和以凯恩斯为代表的宏观经济理论综合起来,创立了新古典综合理论体系,实现了经济学发展史上的第三次大综合。这次综合的理论成果就是萨缪尔森于 1948 年出版的《经济学》。此后,《经济学》就逐渐取代了马歇尔的《经济学原理》,成为第三本里程碑式的经济学教科书。该书每隔三年修订再版一次。2001 年出版的第 17 版,在对新古典经济学、凯恩斯主义、现代货币主义、供给学派、理性预期等"诸子百家"进行综合的同时,还强调计算机信息技术所引起的经济和经济学领域的创新,以及网络经济对经济效率和市场力量的影响,该版本对全球的公共产品——环境问题更加重视。2005 年出版的第 18 版,不仅增强了"信息网络经济"的色调,而且对"市场再发现"和"国际宏观经济学"等前沿问题给予了正视和回应。可以说《经济学》各版本推出的过程,就是从"原始的综合"到"成熟的综合"的过程。该书也成为有史以来生命期最长、发行量最大的一本经济学教科书。

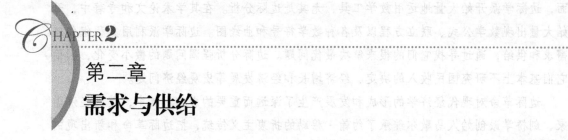

第二章
需求与供给

英国作家托马斯·卡莱尔曾说过："你甚至可以使一只鹦鹉成为一个博学的经济学家；它必须学习的全部知识就是'供给'与'需求'这两个单词。"由此可见，经济学所有的分析就是从供给和需求开始的，甚至利用这两点就可以分析大部分的经济问题。

供给来自生产者，需求来自消费者，两者在市场上相遇时，两者都有动机在市场中做出上一章我们所说的最好的选择，即卖还是不卖、买还是不买、卖多少、买多少的选择。市场上所有生产者和消费者的选择叠加起来，最终相互作用决定了市场价格，而价格就是有效配置经济资源的机制。

所以，我们在这一章中讨论经济学的逻辑起点就是需求和供给。

第一节 需 求

一、需求和需求规律

（一）需求表和需求曲线

经济学上所说的需求，是指在一定时期内，在每一个价格水平下，消费者愿意并且能够购买的某种商品的数量。一个消费者想购买某种商品，同时又有支付能力时，才能形成真实的需求。如果消费者没有购买能力，仅仅有购买的欲望，则不构成我们这里讨论的需求。经济学上讨论的需求是有支付能力的需求，或有效需求。

在理解需求概念时，还应当注意，需求指的是一种关系，是指对应于一系列价格的一系列需求量，而不是一个特定的价格对应的一个具体的需求量。因此，需求是一系列价格和需求量组合的集合。在这些组合中的任何一个组合，对应于某一特定价格水平，消费者实际需求的商品数量，叫作需求量。

因此，需求指的是价格和需求量之间的关系，而需求量指的是某一价格水平下的具体需求数量，这两个概念是不同的，请不要混淆。

在一定时期内，如果其他条件不变，某种商品的价格上升，其需求量就会减少；反之，该商品的价格下降，其需求量就会增加。需求量与价格负相关。对多数商品而言，这种关系是成立的，因而经济学家称之为需求规律或需求定律。在这里，假定前提是其他条件不变。因为，如果其他条件改变，上述关系不一定成立。例如，如果购买者的收入增加，即使某种商品的价格上升，其购买量完全有可能增加，而不是减少。

需求规律可以用需求表和需求曲线表示。需求表是用来表示其他条件不变时，某种商品的价格与其需求量之间的对应关系的表格。表2-1是城市用水的需求表，表中数据显示，当水的价格为1元/立方米时，其需求量为1 000立方米；当价格上升到2元/立方米时，其需求量减少到800立方米，随着价格的上升，需求量不断减少。

表2-1 水的需求表

	A	B	C	D	E
价格（元/立方米）	1	2	3	4	5
需求量（立方米）	1 000	800	600	400	200

上述对应关系还可以用一条需求曲线来表示。需求曲线是一条表示在其他条件不变时，某种商品需求量与其价格之间的关系的曲线。图2-1是根据表2-1画出的曲线。

在图2-1中，横轴表示商品（在这里是水）的需求量，纵轴表示该商品的价格。需求曲线上标出的A、B、C、D、E各点分别代表需求表上各种价格和需求量的组合点。例如，A点表示价格是1元/立方米时，需求量是1 000立方米。

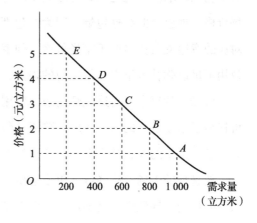

图2-1 水的需求曲线

（二）需求的边际分析

在一般情况下，需求曲线是向右下方倾斜的。这意味着该商品需求量与价格之间呈负相关关系。也就是说，在其他条件不变时，价格越高，人们对某种产品的需求量就越少，价格降低，需求量就增加。为什么会这样呢？我们以水作为例子来说明。

这里，我们要引入边际分析的概念，经济学的思维方式更注重边际量，也就是消费者购买的最后一单位产品带给消费者的满意度增量，叫作边际效用。边际效用具体如何取决于人们的内心感受。

比如，一包烟摆在商店的柜台上，一个吸烟爱好者会认为，如果他购买并消费这包烟可以获得满足感，他就认为这包烟有价值，他愿意为这包烟支付一定数量的货币。他愿意支付的价格具体是多少，取决于他对满意度的衡量，他会把这份衡量转化为一个对应的意愿支付价格。但是如果一个不吸烟的人看到这包烟，他就不会认为这包烟有价值，也不愿意为这包烟支付一分钱。

因此，一件商品是否有价值，有多大价值，完全取决于这件商品能为人们带来的主观满足感，这个满足感在经济学中叫作效用。如果一个人已经买了3包烟，3包烟一起为他带来的总的满足感叫作总效用。现在，他要决定是否购买第4包烟。对此，经济学中使用边际思维方式，也就是他是否购买第4包烟的决策和前面3包烟无关，仅仅和第4包烟给他带来的收益和成本有关。

新增加的第4包烟称为边际量，也就是目前购买量下的最后一单位，对应于这一单位的产品，消费者感受到的总的满足感的增加量叫作边际效用。消费者此刻是否购买这第4包烟，取决于这包烟的边际效用所对应的意愿支付价格，只要意愿支付价格高于市场价格，他就会购买这包烟，因为这包烟给他带来好处。当然，如果这包烟的边际效用对应的意愿支付价格低于市场价格，他就一定不会买这包烟，因为这包烟带给他的边际效用不足以弥补价格太高带给他的损失，给他带来坏处。

市场上的每个人对这包烟的边际效用和意愿支付价格都不相同。只有那些意愿支付价格高于市场价格的人，才愿意购买这包烟。那些意愿支付价格较低，以至于低于这包烟的市场价格的人，是不会购买这包烟的。

随着烟的市场价格降低，更多消费者的意愿支付价格会高于市场价格，从而进入购买者的行列，导致需求量增加，因而需求量和价格之间出现负相关的关系，对应的需求曲线是向右下方倾斜的。

这种分析用在水的市场分析中，也是一样的。我们使用水的目的有很多，每种目的带给我们的效用都不同。比如喝水保证身体健康，这对于我们来说是边际效用最高的，然后还有洗衣服、洗澡、打扫卫生、浇花、洗车等，水对于每个人的用途可能非常多，每种用途的效用各有不同。他可以把水的所有用途根据效用高低排序，然后决定是否购买最后一单位水。

我们前面说过，消费者在做出用水决策的时候，要考虑他的约束条件，也就是他有多少钱可以支付水费。如果水的价格很低，那么除了饮水之外，洗衣服、洗澡、打扫卫生、浇花、洗车都可以办到；但是当水的价格上升之后，他可能就支付不起那么多的水费，那么他就从对他来说边际效用最低的用途上开始削减用水量，比如先减少洗车次数，如果水价更高的话，可以减少浇花或洗澡次数等，如果水价再升高的话，很可能有人连洗衣服的次数都减少了。

这就意味着，在水价不断提高的过程中，消费者能够买得起的水量相应地减少，因此这些价格和需求量的组合点呈现出负相关的特点，如果连接成一条曲线，曲线是向右下方倾斜的。

（三）需求函数

需求曲线可能是线性的直线，也可能是非线性的曲线。为了分析方便，我们这里以线性需求曲线为例进行分析。一般公式是：

$$Q^d = f(P)$$

其中，Q^d 代表商品的需求量，P 代表商品的价格。

二、需求量的变动：沿着需求曲线的移动

需求量的变动源于产品价格的变化。假设你对电影的需求曲线是图 2-2 中的 D_0，在其他因素不变的情况下，当电影价格下降时，你对电影的需求量会增加，需求量沿着需求曲线 D_0 向下移动，从 A 点移动到 B 点；反之，当价格上升时，你对电影的需求量会下降，需求量沿着需求曲线 D_0 向上移动，从 A 点移动到 C 点。这种移动所反映的是需求规律。

总之，需求量的变动是在其他因素不变的条件下，产品自身价格变化引起的需求量的变动，表现为同一条需求曲线上点的移动，反映的是需求量同产品本身价格水平之间的关系。

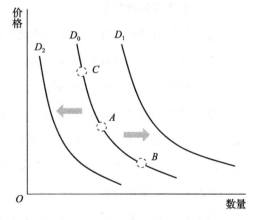

图 2-2　需求量的变动和需求的变动

三、需求的变动：需求曲线的移动

对于同一条需求曲线来说，我们一直假定其他条件不变，只讨论价格和需求量之间的关系。我们假定不变的这些条件主要是指消费者的收入水平、相关商品的价格、价格

预期以及偏好等。如果这些条件全部或其中某一个发生变化，即使商品本身的价格不变，其需求量也会改变，表现为需求曲线的移动。

（一）收入水平

收入改变了我们的约束条件，让我们在价格不变的情况下，能购买更多或者更少的某类产品。一般情况下，收入增加会促使人们买更多的产品，比如经济繁荣时期，大家收入都在增长，人们有能力购买更多的住房、汽车、教育服务、医疗服务、美食、娱乐等，这必然导致需求曲线右移。这种收入增加而购买数量对应增加的产品叫正常品。

但还有一些产品随着我们收入的提高，其购买量反而减少。比如，穷学生在收入低的时候，倾向于购买公交车的交通服务，但是上班获得较高的收入之后，则倾向于减少公交服务的购买，转而开始购买出租车服务，或者购买私家车。公交服务表现出来的这种特点就是低档品的特点。

当然，正常品和低档品是相对于收入而言的，并不绝对。千万富豪们可能认为私家飞机是正常品，而普通家用轿车就是低档品；在中等收入的人眼里，家用轿车就是正常品，而公交服务可能是低档品；在收入更低的人眼里，公交服务则是正常品。

（二）相关商品的价格

一种产品的需求还会受到相关产品价格的影响。这里分为两类，一类是消费的互补品，一类是消费的替代品。

我们先看消费的互补品，也就是两种产品必须同时使用才能完成一个消费功能，比如眼镜架和眼镜片必须同时使用，手机和手机卡必须同时使用，汽车和汽油必须同时使用，电暖气和电力必须同时使用等。

以 A 和 B 代表互补的两种产品，当 A 产品价格上涨时，人们会减少 A 产品的需求量，那么 A 产品的互补品 B 的需求量在其价格不变的情况下随之减少，引起 B 产品的需求曲线向左移。就像电力价格大幅度提高之后，人们购买电力的数量就会减少，那么人们可能会增加御寒服装的购买量。

再来看消费的替代品，也就是两种产品都可以实现某种消费功能，在使用上两者具有替代性。比如，上面说的御寒服装就是电暖气的替代品，如果电暖气的价格上升，人们购买电暖气的数量减少，就会转向购买替代品御寒服装，在家里穿厚点同样可以抵御寒冷。

再比如，面包和牛肉面、电子书和纸质书、可口可乐和百事可乐、肯德基和麦当劳、苹果电脑和联想电脑等，这些都互为替代品。以 C 和 D 代表互为替代品的两种产品，当 C 产品价格提高后，C 产品的需求量就会减少，而 D 产品在价格不变的情况下需求量就会增加，引起 D 的需求曲线向右移。

（三）价格预期

消费者在购买某种产品时，除了考虑该产品当前的价格外，还会考虑其未来的价格走势，即对未来的价格进行预期，根据价格预期决定当前是否购买。例如，如果预期明年商品房价格会下跌，今年人们恐怕就没有购买商品房的打算，于是对于当前价格，人们的需求量会大幅度下降，导致需求曲线左移。反之，若预期明年房价继续上涨，则人们很可能将原本计划于明年买的房子赶紧提前到今年购买，导致当前房子的需求曲线右移。

一般来说，凡是消费者预期将来价格会上涨，现在的需求就会增加；相反，如果预期将来价格会下跌，现在的需求就会减少，引起需求曲线的移动。

（四）偏好

偏好是指人们对某种产品的喜欢或爱好程度，人们的购买决策是由其偏好决定的，如果人们对某种产品的偏好增强，这种产品的需求曲线就会右移。

比如，你原本是个甜食爱好者，但是有一天，医生告诫你，吃甜食可能会引起很多疾病，于是关注健康的你决定放弃甜食。如果和你一样的人非常多，那么市场上对甜食的需求就会下降，需求曲线会左移。

（五）其他因素

除了以上因素之外，还有很多影响需求曲线的因素，如社会风俗、文化传统、制度安排等。这些也会影响消费者的偏好或收入水平，进而影响消费者的需求量。此外，人口规模和人口结构也会影响需求。例如，在一个人烟稀少的偏僻乡镇，可能没有几个人买笔记本电脑。但是，在繁华的大都市里，笔记本电脑几乎人手一台。这是人口规模的影响。同时，人口结构也会影响商品的需求量。例如，在老龄化社会中，人们对医疗保健等商品和服务有巨大的需求；而在新兴的移民城市里，教育服务则有巨大的需求。

如果把影响需求量的所有因素都纳入分析，需求函数就可表示为：

$$Q^d = f(P, X_1, X_2, X_3, \cdots, X_n)$$

其中，Q^d 表示某商品的需求量，P 表示某商品自身的价格，X_1，X_2，X_3，$\cdots$，X_n

表示影响该商品的其他因素，如相关商品的价格、消费者收入水平、消费者偏好、价格预期等。只要需求函数中自身价格保持不变，其他任何因素变化引起需求量的变动，都表现为整条需求曲线的左右移动，反映的是需求量同其他因素之间的关系，如图 2-2 所示。

第二节　供　给

一、供给和供给规律

（一）供给表和供给曲线

经济学上所说的供给，是指生产者在一定时期内，在各种可能的价格水平下愿意并且能够生产、销售的某种产品的数量。一个生产者希望出售某种产品，又有能力生产并提供到市场上，才能形成真实的供给。如果生产者没有生产能力，仅仅有出售的欲望，则不是现实的供给。经济学上讨论的供给是有实际生产能力的供给，或有效供给。

在理解供给概念时还应当注意，供给是指对应于一系列出售价格的一系列出售数量，而不是一个特定的具体数值。其中，对应于某一特定价格水平，生产者愿意并且实际出售的商品数量，叫作供给量。生产者在销售一定量商品时愿意接受的价格叫供给价格。

在一定时期内，如果其他条件不变，某种商品的价格上升，其供给量就会增加；反之，该商品的价格下降，其供给量就会减少。供给量与价格呈正相关。对多数商品而言，这种关系是成立的，因而经济学家称之为供给规律或供给定律。在这里，假定前提是其他条件不变。因为，如果其他条件改变，上述关系不一定成立。例如，如果生产成本上升，即使某种商品的价格不变，其供给量也有可能下降。

供给规律可以用供给表和供给曲线表示。供给表是用来表示在其他条件不变时，某种商品的价格与供给量之间的对应关系表。表 2-2 是水的供给表，表中数据显示，当水的价格为 1 元/立方米时，其供给量为 200 立方米；当价格上升到 2 元/立方米时，其供给量增加到 400 立方米，随着价格的上升，水的供给数量增加。

表 2-2　水的供给表

	F	G	H	I	J
价格（元/立方米）	1	2	3	4	5
供给量（立方米）	200	400	600	800	1 000

上述对应关系还可以用一条供给曲线来表示。供给曲线是一条表示在其他条件不变时，某种产品供给量与其价格之间关系的曲线。图 2-3 是根据表 2-2 画出的曲线。

在图 2-3 中，横轴表示水的供给量，纵轴表示水的价格。供给曲线上标出的 *F*、*G*、*H*、*I*、*J* 各点分别代表供给表上价格和供给量的组合。例如，*F* 点表示价格是 1 元/立方米时，供给量是 200 立方米。*I* 点表示价格为 4 元/立方米时，供给量为 800 立方米。

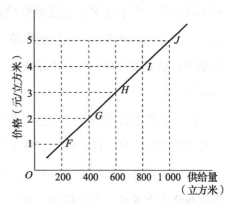

图 2-3　水的供给曲线

（二）供给的边际分析

在一般情况下，供给曲线是向右上方倾斜的。这意味着该产品供给量与价格之间呈正相关关系。也就是说，在其他条件不变时，水价提高，生产者会供给更多的水，而水价降低后，生产者的供水量就减少。为什么会这样呢？我们引入边际分析来解释。

作为理性经济人，生产者是追求利润最大化的，利润是生产者销售水而获得的收入和为生产水而付出的成本之间的差。当生产者决定是否生产销售第 1 立方米水时，他只需要考虑第 1 立方米水的价格和成本之间的差即可，如果价格高于成本，生产者生产、销售这 1 立方米水就获得利润，那么他就愿意提供这 1 立方米的水。

当他已经提供了第 1 立方米水之后，他会考虑是否继续提供第 2 立方米水，这时他不再回去看自己原来那 1 立方米水的情况，因为那已经是完结的历史，他只需要考虑第 2 立方米水是否给他带来利润的增加。如果销售第 2 立方米水可以带来总利润的增加，对于生产者来说处境就变得更好，他就愿意提供第 2 立方米水，反之就不愿意提供。所以，现在他只需要考虑第 2 立方米水的市场价格和自己的生产成本，对比之后决定是否提供第 2 立方米水。

以此类推，如果生产者目前提供的水量是 600 立方米，那么当他决定是否提供第 601 立方米水时，他不需要考虑过去提供的 600 立方米水的成本情况，他只需要考虑这将要提供的第 601 立方米水是否给他带来利润的增加，至少不能让他原本从 600 立方米水中获得的总利润减少。

如果新提供这 1 立方米水的价格低于为提供这 1 立方米水而带来的成本增加，就新增加的这 1 立方米水来说，生产者从中获得的利润是负的，会导致他的总利润下降，那么他将不会继续提供第 601 立方米水，他的供给量就停止在 600 立方米，反之供给量就会增加。

我们上面描述的是生产者的边际分析，也就是他只考虑最后新增的那一单位产品的成本和价格，而不考虑过去已经提供的产品的成本情况，只要最后一单位产品有利可图，生产者就会增加这一单位的供给，反之就不增加。新增的这一单位产品会导致总成本增加，总成本的增量就是边际成本。正是这种边际分析，决定了供给曲线是向右上方倾斜的。

因为如果水价提高，现有生产者提供的每 1 立方米水的利润都会增加，因此他有动力考虑增加供水量，他会以现有技术开采更多的地下水，用于生产民用水赚取更多的收益和利润，因此增加供水量。另外，原本有些生产者经过边际分析之后，发现他们只能提供 600 立方米水，无法提供第 601 立方米水。但是在水价提高之后，有些生产者会发现他们提供第 601 立方米水的利润不再是负的，因此会增加供水量。

价格越高，越多的生产者有能力在边际成本上增加供水量，导致水的供给量增加。随着价格的提高，市场上的生产者将按照这样的边际分析持续增加水的供给量。根据上一章我们描述的机会成本递增的特点，随着供水量的增加，生产者生产每一新生产的立方米水的边际成本也在增加，只要新生产的这一立方米水的价格高于边际成本，他就将一直增加供水量，直到他提供的最后一立方米水的市场价格和成本相等为止。

这就意味着，在水价不断提高的过程中，市场上生产者能提供的水量越来越多，因此这些价格和数量的组合点呈现出正相关的特点，如果连接成一条线，线是向右上方倾斜的。

（三）供给函数

供给曲线既可以是非线性的，也可以是线性的，为了分析方便，后面在讲解中我们使用线性供给曲线。供给规律可以用供给函数来表示，一般公式是：

$$Q^s = f(P)$$

其中，Q^s 代表商品的供给量，P 代表商品的价格。

二、供给量的变动：沿着供给曲线的移动

供给量的变动源于产品自身价格的变化。假设水的供给曲线是图 2-4 中的 S_0，在其他因素不变的情况下，当水的价格下降时，水的供给量会减少，供给量沿着供给曲线 S_0 向下移动，从 A 点移动到 B 点；反之，当水的价格上升时，水的供给量会增加，供给量

沿着供给曲线 S_0 向上移动，从 A 点移动到 C 点。这种移动是由于水的价格变化而引起的，表现为在同一条供给曲线上的移动，所反映的是供给规律。

总之，供给量的变动是在其他因素不变的条件下，商品价格变化所引起的供给量的变动，表现为同一条供给曲线上点的移动，反映的是供给量同商品本身价格水平之间的关系。

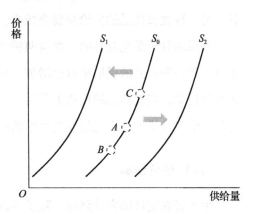

图 2-4　供给量的变动和供给的变动

三、供给的变动：供给曲线的移动

我们在前面讨论供给规律时，一直假定其他条件不变。这些条件主要是指生产成本或生产要素价格、生产技术水平、相关商品的价格、价格预期等。如果这些条件全部或其中某一个变化，即使产品本身的市场价格不变，其供给量也会变化。这种变化表现为整个供给表的变化或供给曲线的移动。

（一）生产成本或生产要素价格

生产某种产品的成本，即生产要素的价格，对其供给量有重要影响。例如，如果面包的价格不变，而面粉的价格上升，面包的供给量就会减少。再如，如果工人的工资提高，而产品的卖价没有相应地提高，那么该产品的供给量也会减少，造成供给曲线左移。

（二）生产技术水平

生产技术水平影响产品的成本，进而影响其供给量。假定其他条件不变，生产者采用先进的技术，提高了劳动生产率，降低了单位产品的生产成本，其供给量就会增加。同样，如果生产者采用新的生产技术，节约了原材料和能源消耗，也会降低产品的生产成本，增加其供给量，造成供给曲线右移。由于技术在短期内很难发生变化，因此，在长期中，技术是影响供给量的重要因素；在短期内，一般假定技术不变。

（三）相关商品的价格

一种商品的供给量还会受到相关商品价格的影响。这里也分为两类，一类是生产的替代品，一类是生产的互补品。

例如，一位菜农在既定的土地上，既可以种植油菜，也可以种植西红柿，那么油菜和西红柿就是生产的替代品。如果西红柿的价格上升，西红柿的种植量和供给量就会增加，那么油菜的种植量和供给量就会下降，两者按相反的方向变化。也就是说，如果两种产品是相互替代的，即这两种产品是用同一资源生产的，那么，一种替代品的价格上升，另一种被替代品的供给量就会减少，引起供给曲线左移。

如果两种产品是互补的，即这两种产品是同时生产出来的，那么，一种产品的价格上升，另一种产品的供给量也会增加。例如，从煤中提炼化学产品时，可以同时生产煤焦油和尼龙。当煤焦油的价格上升时，厂商就生产更多的煤焦油，从而导致其副产品尼龙的供给也会增加，引起尼龙的供给曲线右移。

（四）价格预期

生产者在制订销售计划时，除了考虑该商品当前的价格外，还会考虑其未来价格走势，即对未来的价格进行预期。一般情形是，如果生产者预期价格将要上升，就会减少当前的销售，表现为惜售、囤积货源，导致当前的供给曲线左移；等到价格上升时，再大量销售产品，赚取更多的利润。

例如，很多房地产开发商在预期未来房价会上涨的情况下会捂盘惜售，导致当前商品房供给减少，供给曲线左移，故意抬高商品房价格。

此外，税收与补贴、企业经营目标、自然条件，生产者人数等对供给也有影响。例如，如果其他条件不变，生产者人数增加了，供给就会增加。但是，生产者人数主要影响市场供给，而不是个别供给。

如果把影响供给量的所有因素都纳入分析，完整的供给函数就可表示为：

$$Q^s = f(P, X_1, X_2, X_3, \cdots, X_n)$$

其中，Q^s 表示某商品的供给量，P 表示某商品自身的价格，X_1，X_2，X_3，$\cdots$，X_n 表示影响该商品供给的其他因素，如生产成本、生产技术水平、相关商品的价格、生产者对未来价格的预期等。只要供给函数中自身价格保持不变，其他任何因素变化引起的供给量的变动，都表现为整条供给曲线的平行移动，反映的是供给量同其他因素之间的关系，如图 2-4 所示。

第三节　市场的均衡

一、均衡价格的形成

商品的均衡价格是由需求和供给两种市场力量共同决定的。在坐标系中，均衡价格

表现为需求曲线 D 和供给曲线 S 相交时所形成的价格，如图 2-5 中的 P_0 所示。均衡价格既是生产者希望得到的价格，也是消费者愿意支付的价格，两者完全相等。与均衡价格相对应的数量，叫作均衡数量，如图 2-5 中的 Q_0 所示。均衡数量既是生产者的销售量，也是消费者的购买量，两者完全相等。下面，我们讨论均衡价格是如何形成的。

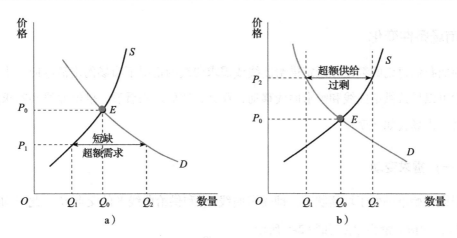

图 2-5　均衡价格的形成

如果实际市场价格低于均衡价格，在图 2-5a 中，D 和 S 分别代表商品的需求曲线和供给曲线。假设当时市场上的实际价格为 P_1，那么，消费者想买的商品量是 Q_2，而生产者想卖的商品量是 Q_1，$Q_2 > Q_1$，出现供不应求。

在这种情况下，消费者常常不得不排队购买，而卖者会发现购买数量比预期的多，于是动用存货增加供给量。买不到商品的消费者只能提高报价期望买到商品，消费者内部的这种竞争会抬高商品的价格，价格上升将导致生产者增加供给量和消费者减少需求量，直至价格上升到 P_0，供给量和需求量相等时，价格才会稳定下来，短缺消失，这时的价格 P_0 就是均衡价格，即图 2-5a 中点 E 所表示的价格。

如果实际市场价格高于均衡价格，在图 2-5b 中，D 和 S 分别代表商品的需求曲线和供给曲线。假设当时市场上的实际价格为 P_2，那么，消费者的需求量是 Q_1，而生产者的供给量是 Q_2，$Q_2 > Q_1$，出现供过于求。

在这种情况下，生产者是否拿枪指着消费者的脑袋要求他们购买呢？这和法制相冲突。那么生产者会不会游说政府，要求消费者购买呢？这有可能，但是这不符合市场规则。他们最可能的做法是降价来和其他卖家竞争，价格降低后，消费者的需求量增加，直至价格下降到 P_0，供给量和需求量相等时为止，价格才会稳定下来，过剩消失，这时的价格 P_0 就是均衡价格，即图 2-5b 中点 E 所表示的价格。

因此，价格在短缺的时候倾向于上涨，而在过剩的时候倾向于下跌，竞争的过程一直持续到短缺或过剩消失为止。此时的市场价格为均衡价格 P_0，供给量等于需求量，市场达到均衡状态。这时候就称为**市场出清**。从上面的过程看，市场出清不需要经济学家和政府的操纵，也不由生产者和消费者控制，而是在信息和知识有限的情况下，理性经济人通过自由竞价来实现自己的目标，从而出现的一种无意识的后果。

二、市场条件变化

前面我们讨论的都是在既定供给曲线或需求曲线的情况下市场的出清倾向。由于很多因素可以导致供给曲线和需求曲线移动，那么，我们就来看看，供给曲线和需求曲线移动后，市场会如何变化。

（一）需求变动

假设初始市场处于均衡状态，即需求曲线 D_0 和供给曲线 S 的交点 E_0，此时均衡价格为 P_0，均衡数量为 Q_0，如图 2-6 所示。

现在假设，政府给低收入者发放购物券，消费者的实际收入增加了，其需求就会增加。在图 2-6 中，需求增加表现为需求曲线 D_0 向右移动至 D_1，供给曲线不变，并与 D_1 相交于 E_1 点，形成新的均衡。这时的均衡价格和均衡数量分别为 P_1 和 Q_1，并且高于初始均衡价格 P_0 和均衡产量 Q_0。相反，若需求因为收入下降而减少，需求曲线 D_0 就会向左移动至 D_2，并与保持不变的供给曲线 S 相交于

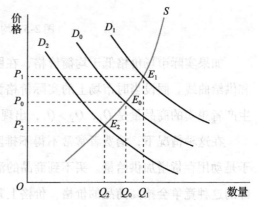

图 2-6 需求变动对均衡价格和均衡数量的影响

E_2，形成新的均衡价格 P_2 和均衡数量 Q_2。它们分别低于初始均衡价格 P_0 和均衡数量 Q_0。

由此可以做出两个预测：①在供给保持不变的情况下，当需求增加时，均衡价格和均衡数量都增加。②在供给保持不变的情况下，当需求减少时，均衡价格和均衡数量都减少。

（二）供给变动

假设初始市场处于均衡状态，即需求曲线 D 和供给曲线 S_0 的交点 E_0，此时均衡价格为 P_0，均衡数量为 Q_0，如图 2-7 所示。

现在假设生产者采用了新的生产技术，使得每单位产品的生产成本下降了，由此导致供给增加。在图 2-7 中，供给增加表现为供给曲线 S_0 向右移动至 S_2。若需求保持不变，并与 S_2 相交于 E_2，形成新的均衡。这时的均衡价格为 P_2，均衡数量为 Q_2。显然，新的均衡价格 P_2 低于初始均衡价格 P_0，新的均衡数量 Q_2 高于初始均衡产量 Q_0。

相反，如果生产某种产品的要素价格上升，每单位产品的生产成本将上升，由此导致供给减少。在图 2-7 中，供给减少表现为供给曲线 S_0 向左移动至 S_1。这条新的供给曲线与原来的需求曲线相交于 E_1 点，形成新的均衡。这时的均衡价格为 P_1，均衡数量为 Q_1。显然，新的均衡价格 P_1 高于初始均衡价格 P_0，新的均衡数量 Q_1 低于初始均衡数量 Q_0。

由此可以做出两个预测：①在需求保持不变的情况下，当供给增加时，价格降低而数量增加。②在需求保持不变的情况下，当供给减少时，价格上升而数量减少。

（三）需求和供给同时变动

在需求和供给同时变动时，其方向和程度可能有所不同，因而对均衡价格和均衡数量的影响是不确定的。在这里，我们只分析一种情况，其余情况请读者自行分析。

如图 2-8 所示，假设初始均衡时，均衡价格为 P_0，均衡数量为 Q_0。现在，假设需求增加，需求曲线 D_0 向右上方平移至 D_1；同时，供给增加，供给曲线 S_0 向右下方平移至 S_1。这时需求曲线 D_1 和供给曲线 S_1 相交于 E_1 点，形成新的均衡，产生新的均衡价格 P_1 和均衡产量 Q_1。相对于初始均衡价格 P_0 和均衡产量 Q_0，有 $P_1 < P_0$，$Q_1 > Q_0$。

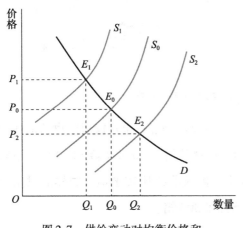

图 2-7　供给变动对均衡价格和
　　　　均衡数量的影响

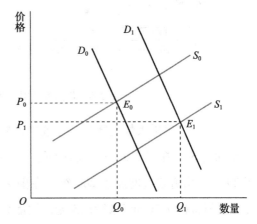

图 2-8　需求与供给同时变动对均衡价格和
　　　　均衡数量的影响

这一部分的讨论对于理解一些现实问题很有用。比如，我国医疗服务价格持续增长，其原因可能是多种多样的，最直接的解释还是对于需求和供给的解释。随着我国人民生活水平的提高，人们对健康的要求越来越高，这导致人们对医疗服务的需求大幅度增加，需求曲线大幅度右移。与此同时，医疗服务的供给虽然也在增加，但是增加幅度远远小于需求的增加，因此导致新的均衡点价格上升。另外，家电、电脑等产品的性能不断提高，但是价格为何持续下降？春秋旅游淡季时，高铁车票为何打折出售？农产品价格为何波动性很强？对于所有这些问题，大家都可以用需求和供给进行分析，我们这里就不一一分析了。

第四节　需求价格弹性

一、需求价格弹性的计算

从前面的均衡价格分析中我们已经看到，在需求不变而供给增加时，均衡价格下降，均衡数量增加，那么价格下降和数量增加的幅度相比较，哪个更大呢？这取决于需求量对价格的敏感程度。我们先来看两幅图，图2-9中分别是饮料的需求曲线和供给曲线。

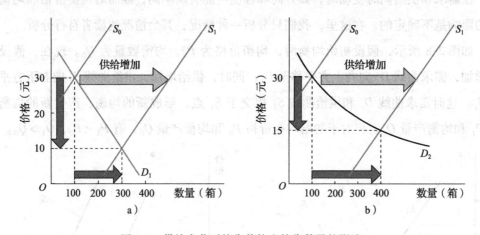

图2-9　供给变化对均衡价格和均衡数量的影响

假设由于苹果大幅度降价，导致苹果果汁饮料的供给增加，果汁饮料的供给曲线由 S_0 增加至 S_1。在图2-9a中，需求曲线比较陡峭，饮料价格从30元下降到10元，下降了20元，均衡数量增加了200箱。在图2-9b中，需求曲线比较平坦，同样的供给增加，饮料价格从30元下降为15元，均衡数量增加了300箱。

从这两个图的对比我们会发现，面对同样的供给增加，在两种不同的需求下，均衡价格和均衡数量的变化幅度是不同的。或者说，需求量对价格变化的敏感程度是不同的，价格弹性正是衡量这种敏感程度的指标。

需求价格弹性也称为需求弹性，是指当其他因素保持不变时，某商品需求量变化的百分比与价格变化百分比之间的比值。这是一个无单位的衡量指标，可以用下面的公式计算需求的价格弹性：

$$需求的价格弹性 = -\frac{需求量变动的百分比}{价格变动的百分比}$$

其经济学意义是：商品价格变动百分之一时所引起的需求量变动的百分比。例如，如果鸡蛋价格上涨了 10%，鸡蛋的需求量下降了 5%，那么鸡蛋的需求弹性就是 -5% 除以 10%，结果为 -0.5。为了便于分析，我们通常在弹性系数前加上负号，使之成为正数，这就是在上面公式中有个负号的原因。

一般地，在需求函数 $Q = f(P)$ 中，需求弹性系数用 E_d 表示，则：

$$E_d = -\frac{\dfrac{\Delta Q}{Q}}{\dfrac{\Delta P}{P}} = -\frac{\Delta Q}{\Delta P} \cdot \frac{P}{Q}$$

如果需求价格弹性大于 1，则说明需求量变动的比例大于价格变动的比例，这种情况就说明需求是富有弹性的；如果需求价格弹性小于 1，则说明需求是缺乏弹性的；如果需求价格弹性恰好等于 1，就说明需求是单位弹性。

二、影响需求价格弹性的因素

商品的需求价格弹性受多种因素的影响，其中主要有以下几种因素。

（一）是否容易找到替代品

当消费者面对一种商品的价格上涨，很容易找到这种商品的替代品时，这种商品的需求价格弹性就比较大。替代品越多，需求价格弹性就越大，例如，水果的需求价格弹性较大。相反，难于找到替代品的商品需求价格弹性就小，例如，治疗某种疾病的药品的替代品较少，因此其需求价格弹性就较小。

（二）价格变化后的时间长短

价格变动之后的时间越长，找到该商品的替代品的可能就越大，因而需求弹性就会越大。例如，在 20 世纪石油危机期间，主要石油进口国对石油的需求基本没有变化。但是，随着时间的推移，人们利用石油的技术效率提高了，石油的替代产品也出现了，由此导致人们对石油的需求弹性增加了。

（三）商品支出在消费者可支配收入中所占的比重

消费者购买商品的支出在其可支配收入中所占的比重越大，则该商品的需求弹性就越大；反之，就越小。例如，味精、盐、铅笔、肥皂等商品的需求弹性就较小，因为消费者每月在这些商品上的支出是很小的，不太在意这类商品价格的变化。

（四）商品用途的广泛性

一种商品的用途越是广泛，其价格弹性就越大。例如，水的用途较多，价格上升时，消费者很容易减少水在不重要用途上的使用，导致其需求量下降较大，因而其需求弹性较大；相反，用途较少的产品的需求弹性也较小。例如，食用盐仅限于调味和保证健康，所以价格即使提高，人们也要消费保证健康的数量，因此其需求弹性较小。

（五）商品对消费者的重要程度

与消费者的生活关系越是密切，越是必不可少的商品，其需求弹性就越小。例如，生活必需品的需求弹性较小。与此不同，一些奢侈品的价格上涨，消费者就会减少其购买量，因而其需求弹性就较大。

三、需求弹性与总收益

中国有句古话叫"谷贱伤农"，说的是在风调雨顺之年，农民谷物丰产丰收，粮食市场的谷物供给会大幅度增加，根据图 2-9 我们可以判断，谷物丰收的结果就是谷物的价格下降，农民因此而蒙受损失。可是，我们也经常会看到，有些企业愿意"薄利多销"，降低价格会带来更大的收益。为什么有的生产者会因为价格下降而蒙受损失，而有的生产者却因此而获利呢？企业到底应该降低价格还是提高价格呢？这就取决于需求的价格弹性。

厂商销售产品之后获得的销售收入是厂商的总收益，它等于价格与销售量的乘积，也等于消费者购买产品时的总支付。如果我们假定厂商的商品销售量等于市场上对其商品的需求量，那么，厂商的总收益就可以表示为商品的价格乘以商品的需求量，即：

$$TR = P \cdot Q$$

其中，P 表示商品的价格，Q 表示商品的需求量。

现在我们看图 2-10，假设该商品的需求价格弹性大于 1，也就是需求量变化比例大于价格变化比例，其结果将是价格下降，总收益增加。企业起初的销售价格为4元/千克，销售数量为15亿千克，对应的总收益为 $4 \times 15 = 60$（亿元）。假如企业销售价格下降，从4元/千克下降为3元/千克，对应的销售数量从15亿千克增加为25亿千克，对应的总收益则为 $3 \times 25 = 75$（亿元），比价格下降之前增加了15亿元。价格下降引起总收益 $P \times Q$ 增加，原因在于需求量增加的比例大于价格下降的比例。反之，如果价格是从3元/千克上升为4元/千克，那么总收益就是从75亿元下降为60亿元，价格上升引起 $P \times Q$ 减少，原因同样在于需求量减少的比例大于价格上升的比例。

我们再假设一种商品的需求价格弹性小于1，也就是需求量变化的百分比小于价格变化的百分比，如图2-11所示，价格下降将引起总收益减少。在该图中，企业的销售价格从4元/千克下降到2元/千克，销售数量从20亿千克增加到25亿千克，对应的销售收入则从80亿元减少为50亿元，比价格下降之前减少了30亿元。价格下降引起 $P \times Q$ 减少，原因就在于需求量增加的比例小于价格下降的比例。反之，价格上升会引起 $P \times Q$ 增加，原因也是在于需求量增加的比例小于价格下降的比例。

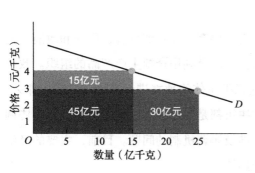

图 2-10　需求富有弹性时的收益

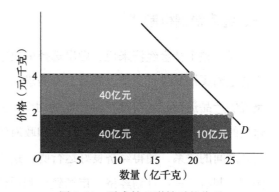

图 2-11　需求缺乏弹性时的收益

如果需求价格弹性为单位弹性，如图2-12所示，价格下降将引起总收益不变。在该图中，企业的销售价格从4元/千克下降到3元/千克，销售数量从15亿千克增加到20亿千克，对应的销售收入保持60亿元不变。如果价格是从3元/千克上升为4元/千克，销售收入同样保持60亿元不变。价格下降或上升 $P \times Q$ 不变，原因就在于需求量增加的比例等于价格下降的比例。

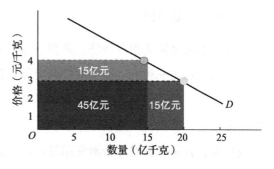

图 2-12　需求单位弹性时的收益

根据以上的讨论，我们可以得到如表2-3所示的结论。

表2-3　价格变化对企业总收益和消费总支付的影响

需求价格弹性	价格上升	价格下降
缺乏弹性	企业总收益增加，消费者总支付增加	企业总收益减少，消费者总支付减少
单位弹性	企业总收益不变，消费者总支付不变	企业总收益不变，消费者总支付不变
富有弹性	企业总收益减少，消费者总支付减少	企业总收益增加，消费者总支付增加

上述分析表明，当企业由于价格变化而改变其销售量时，其总收益是否增加，与其需求弹性密切相关。现在，你可以解释"谷贱伤农"的含义了吧。因为稻谷是生活必需品，相对而言缺乏弹性。如果在风调雨顺之年农业大丰收，粮食市场上的供给就会增加，导致粮食的均衡价格下降，就出现了"谷贱"。如果缺乏弹性的产品价格下降的话，需求量增加的比例远小于价格下降的比例，导致农民总收益下降，这就是谷贱伤农的经济学解释。

第五节　市场中的政府干预

一、经济协调机制

对于整个社会经济来说，做出选择的决策者主要有三类：消费者、厂商和政府。消费者是购买产品进行消费以满足自身需求的人。厂商是利用资源生产产品的组织。政府是提供产品进行收入与财产再分配的组织。这三类主体均独立进行选择和决策。那么，这里的问题就是，既然消费者、厂商和政府的决策都是各自独立进行的，我们如何协调三者之间的关系，使得经济良好运行呢？这将涉及协调机制的问题。目前，主要的经济协调机制有三种：计划经济、市场经济和混合经济。

（一）计划经济

计划经济又称为指令经济，是指通过某个中央机构的行政命令协调消费者和厂商决策的机制。这是一种自上而下的协调资源配置的方式。其通常的做法是由国家掌握主要的生产要素，并通过行政命令的方式，把资源分配到各个部门、地区和企业，并管理产品的分配，乃至消费。这就是苏联和东欧社会主义国家试验过的计划经济模式。在改革开放以前，我国也曾经部分地使用过这种方法。事实证明，中央计划的配置方式不能有效地调动要素所有者的主动性和积极性，因而资源配置效率较低。

（二）市场经济

市场经济是指通过价格调节来协调单个经济主体决策的机制。这是一种自下而上的协调资源配置的方法。其特点是，经济体中的所有家庭和企业通过市场彼此联系起来。他们自主地决定工作多少、购买什么，以及如何把储蓄用于投资。事实证明，通过价格机制配置资源，能够调动各个方面的积极性，经济的活力较强，包容性较好，因而效率较高。

（三）混合经济

混合经济是指主要依靠经济组织中的价格体系，同时也采用多种形式的政府干预来进行资源配置，即市场机制和政府调控相结合的经济。混合经济出现的原因在于，市场机制虽然是有效率的，但市场又不是万能的，市场在一定条件下也会失灵，这个我们后面会介绍。计划经济模式有很多弊端，但不是一无是处，它也有自己的优势。如果把两者的优势结合起来，同时又能避免其缺陷，就能更好地调节资源配置。事实上，目前包括美国等发达国家在内的绝大多数国家实行的都是混合经济模式。

我们这门课不对计划经济展开讨论，重点讲解市场经济如何协调资源配置，以及政府调控在弥补市场失灵中的作用。

二、政府限制价格的后果

（一）价格上限

价格上限也称为限制价格，是政府规定的某种产品的最高价格，最高价格总是低于市场均衡价格。图2-13表示政府对某种产品实行价格上限的情况。开始时，市场均衡价格为3，均衡数量为500。若政府实现价格上限，规定该产品的最高价格为2，由图可见，最高限价低于均衡价格，且在最高限价上，市场的需求量为600，市场的供给量为400，需求大于供给，市场上出现产品短缺的情况。

政府实行价格上限的目的往往是为了限制某些产品的价格上涨。有时，为了限制某些行业，特别是限制一些垄断性很强的公用事业的价格，政府也会采取价格上限的做法。在实行价格上限政策时，市场上的产品短缺会导致消费者排队抢购和黑市交易等，这使得一部分人以低价格获得产品的同时，另一部分人则无法购买到该产品，或者不得已在黑市购买高价产品，因此，有人受益的同时必然有人受损。

为了应对产品短缺，多数政府会采取配给的方式，就如同我国改革开放之前的票证制度，比如，每个人要按照国家规定的定量获得粮票购买粮食，没有粮票就不能购买粮食。在第二次世界大战期间，美国也因为商品短缺而暂时使用过票证。随着短缺时代的消失，票证配给制度也消失了。

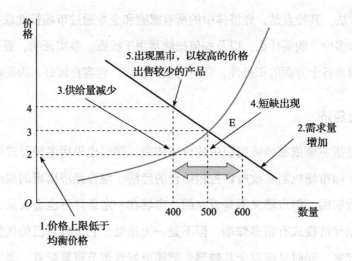

图 2-13　价格上限

（二）价格下限

价格下限也称为支持价格，是政府规定的某种产品的最低价格。价格下限总是高于均衡价格。图2-14表示政府对某种产品实行价格下限的情形。开始时，市场的均衡价格为3，均衡数量为500。此后，政府实行价格下限4。由图可见，价格下限高于均衡价格，在价格下限上，市场供给量为600，而需求量为400，供给大于需求，市场上出现产品过剩的情况。

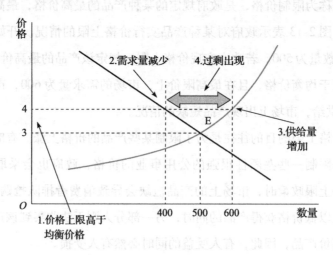

图 2-14　价格下限

政府实行价格下限的目的在于扶持某些行业的发展。农产品的支持价格是西方国家普遍采用的政策，在实行这一政策时，市场上过剩的产品由政府收购。由此可见，维持农产品的价格的确使生产者收益，但是这部分好处来自他人相应的利益损失。消费者支付更高的价格，购买更少的产品，而纳税人必须上缴更多税收帮助政府购买过剩产品，同时还要支付监管、存放和处置这些过剩产品的其他费用。

在这里，我们再讨论在劳动市场上广泛存在的价格下限，即最低工资制度。美国各州均有最低工资标准。比如，华盛顿地区决定从 2018 年起将最低工资标准从 11 美元/小时提高到 11.50 美元/小时，并通过几步走的方式到 2020 年将最低工资提高到 13.50 美元/小时。我国从 2004 年开始也逐步实施了最低工资制度，自该制度实施以来，经济学家的争论很多，让我们看看这个制度对劳动市场到底有什么影响。

劳动的需求曲线体现的是雇主对劳动的需求，它和其他产品的需求曲线一样，是向右下方倾斜的。劳动的价格是小时工资率，当工资率较低时，雇主愿意雇用更多的劳动力，比如增加雇用劳动者的数量，或者让劳动者工作更多的小时数。所以，劳动的需求曲线是向右下方倾斜的。

劳动的供给曲线体现的是劳动者愿意提供的劳动数量。小时工资率越高，劳动者由于工作而获得的收入越高，人们越愿意提供劳动，因此，劳动的供给曲线和其他产品供给曲线一样是向右上方倾斜的。

将图 2-14 中的横轴变换为劳动数量，纵轴变换为工资率，即成为劳动市场供求分析图。当劳动市场上实现均衡时，在均衡点上的劳动需求量和劳动供给量相同，劳动市场出清。但是，如果政府规定最低工资水平的话，高于均衡工资的最低工资必然导致劳动供给大于劳动需求。由于市场真实就业取决于雇主的劳动需求，那么结果必然是一部分人以最低工资就业的同时，另一部分人不得已失业。这的确是值得政策制定者思考的问题。

三、谁在支付销售税

任何一个国家的政府都要为国民提供公共安全、基础设施、公共物品等服务，提供这些产品和服务的政府支出来自财政收入，而财政收入大部分来自税收，税收来自每个消费者和生产者。有关税收的详细讨论应该在财政学中展开，在这里，我们仅仅讨论与供求有关的税收归宿问题。

如果政府对我们购买的每一件商品都要征税，销售税就附加在我们为商品支付的价格中。对于同一件商品，政府可以向企业征税，也可以向消费者征税，那么税负在买者和卖者之间到底怎样分摊呢？买者和卖者到底谁分摊得更多呢？这就是税收归宿问题。

（一）谁承担税负

我们先看图 2-15 中的分析。

图 2-15 是某种品牌香烟的市场供求情况，没有征销售税时，均衡价格为每包 100 元，均衡数量为每天销售 5 包。现在政府宣布向该企业征收销售税，每包的税收为 10 元。向卖者征税相当于增加了卖者的成本，因为如果卖者仍然以 100 元的价格销售一包香烟的话，他必须为这包香烟上缴 10 元税收，他的真实销售收入为 90 元，这相当于他每包烟的成本增加了 10 元钱。在前面我们进行供给的边际分析时提到过，卖者是否销售这包香烟，取决于这包香烟的价格和成本的对比，成本增加 10 元之后，在市场价格不变的情况下，有些原本可以售卖这包香烟获利的卖者，现在

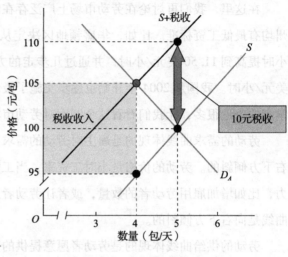

图 2-15　向卖者征税

可能因为无法获利而不再销售这包香烟，从整个市场的角度来看，市场上的供给将减少，也就是供给曲线将向左移动。

为了确定新的供给曲线位置，我们把销售税加到卖者出售每包香烟愿意接受的最低价格中。由此可见，在没有征税时，卖者每天按照 100 元的价格销售 5 包香烟，在征税之后，只有假定每包价格为 110 元，保证他在交纳 10 元税收之后，真实销售收入仍然是 100 元的情况下，卖者才愿意提供 5 包香烟。因此，供给曲线向上移动到（S + 税收）的位置上。

新的均衡点出现在价格为 105 元，销售数量为 4 包的位置。买者为此支付的价格为 105 元，与征税之前比较，买者的支付由于销售税而增加了 5 元。卖者每销售一包香烟所获得的支付是 105 元，在交纳 10 元税收之后，卖者得到的金额为 95 元，与征税之前比较，卖者的所得由于销售税而降低了 5 元。因此，尽管销售税向卖者征收，但是，最终的结果是卖者和买者共同分摊了销售税。政府征收的税收总额为 10 × 4 = 40（元），其中卖者承担 5 × 4 = 20（元），买者承担 5 × 4 = 20（元）。

（二）谁承担得更多

既然销售税在卖者和买者之间分摊，那么谁分摊得更多一些，谁分摊得更少呢？这就取决于需求价格弹性。我们再看图 2-16，在该图中卖者的供给曲线不变，但是买者的需求曲线更加平坦，也就是买者的需求价格弹性更大一些。那么，我们来分析一下，需

求价格弹性增大之后，是否会影响卖者和买者之间的税负分摊。

按照和前面一样的分析，在征税之后，新的均衡价格为 102 元，均衡数量为 3.5 包。也就是说，买者为每包香烟支付了 102 元，卖者得到 102 元的支付之后交纳 10 元税收，卖者得到 92 元。与征税之前比较，卖者的所得因为销售税降低了 8 元，而买者的支付也因为销售税增加了 2 元。我们将之与上图对比可以发现，此时买者分摊的税收更少，而卖者分摊的税收更多。因此，我们可以得到结论，税收在卖者和买者之间的分摊部分取决

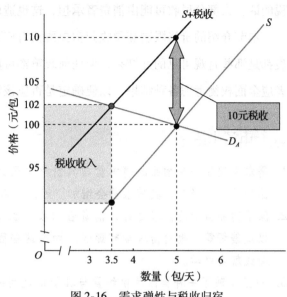

图 2-16　需求弹性与税收归宿

于需求价格弹性，需求价格弹性越大，买者分摊的税负越少，卖者分摊的税负越多。

糖尿病患者使用的胰岛素需求价格弹性极小，因为对于糖尿病患者来说，不论胰岛素的价格高还是低，他每天必须使用的胰岛素数量都是固定的，几乎和价格没有关系，因此，如果对胰岛素征税的话，所有税收几乎全部由买者承担。2015 年 1 月，胰岛素税率从 17% 调整为 3%，这降低了企业的税负，更加降低了病患的负担。以此类推，生活必需品的需求价格弹性较小，消费者为此承担的税收较多，而出国旅游、奢侈品等的需求价格弹性较大，消费者为此承担的税收就较少。

如果你据此认为对奢侈品征税不会损害消费者利益，那很可能是错的。由于奢侈品的需求价格弹性较大，所以消费者承担的税收较少，那就意味着生产者承担的税负较多，政府如果向奢侈品生产企业征税的话，其供给曲线上移，造成均衡价格小幅上升和均衡数量大幅下降，这将直接导致奢侈品生产企业减少生产和劳动雇用，造成工人失业和收入下降。这的确是已经发生的事实，1990 年美国国会通过法令对高档消费品（豪华汽车、游艇等）征收消费税，目的是通过这种税实现劫富济贫。但其结果是，富人纳税没增加多少，生产这些高档消费品的工人却受害了。美国不得不在 1993 年取消了这种税。

通过这两部分的分析可以看到，税收可能带来两种结果，一种结果是产品均衡价格上升、均衡数量下降。从消费者的角度来说，消费数量减少，而从生产者的角度来说，减少生产可能减少劳动雇用，带来劳动者失业和收入降低，这也许不是好的结果。另一

种结果是税收更多地转嫁在消费者需求弹性较小的产品上，比如，如果对生活必需品征税的话，大部分税收可能由消费者承担，这也造成消费者利益受损。

本节介绍的价格限制和税收归宿提醒读者应更全面地看待经济政策。任何政策的初衷都是那些直观可见的好结果，但任何政策都可能附带一些看不见的坏结果，政策制定者应全面权衡考虑各种结果，以便确定是否应该制定或者如何制定更好的政策。

本章小结

1. 需求反映了一种物品的需求量与其价格之间的内在联系。根据需求规律，当一种物品的价格下降时，其需求量会增加。因此，需求曲线向右下方倾斜。

2. 除了商品自身的价格之外，消费者的收入水平、相关商品的价格、价格预期、人口以及偏好等，也对需求量有影响。如果这些因素的全部或其中一种发生变化，需求曲线就会移动。

3. 供给反映了一种物品的供给量与其价格之间的内在联系。根据供给规律，当一种物品的价格上升时，其供给量会增加。因此，供给曲线向右上方倾斜。

4. 除了商品自身的价格之外，产品的生产成本、技术水平、相关商品的价格、价格预期等因素，也对供给量有影响。如果这些因素的全部或其中一种发生变化，供给曲线就会移动。

5. 供给曲线与需求曲线相交决定了均衡价格和均衡数量。均衡数量既是需求量，也是供给量。当需求或供给变化时，需求曲线或供给曲线就会移动，形成新的均衡价格和均衡数量。

6. 需求弹性衡量需求量对价格变动的反应程度。我们可以用需求变动百分比除以价格变动百分比来计算需求弹性。弹性大于1表示富有弹性，弹性小于1表示缺乏弹性，弹性等于1表示单位弹性。如果某种物品是奢侈品而不是必需品、有较多的替代品、用途广泛、在消费者消费支出中占比较小、买者有较长的时间对价格变动做出反应，那么，这种物品的需求弹性就较大。

7. 收益是指消费者对一种物品的支付，它等于生产者销售该物品时销售价格与销售量的乘积。对于缺乏弹性的需求曲线，收益随着价格的上升而增加。对于富有弹性的需求曲线，收益随着价格的上升而减少。

8. 需求的收入弹性衡量需求量对收入变动的反应程度。它定义为需求量变动百分比除以收入变动百分比。低档物品的收入弹性小于零，正常物品的收入弹性大于零。其中，必需品的收入弹性大于零小于1，奢侈品的收入弹性大于1。

9. 需求的交叉弹性衡量商品的需求量对它相关商品价格的相对变动的反应程度。它是该商品的需求量的变动率和它的相关商品价格的变动率的比值。替代品的需求交叉弹性系数为正值，互补品的需求交叉弹性系数为负值。若两种商品之间不存在相关关系，则需求的交叉价格弹性系数为零。

10. 供给弹性衡量供给量变动对价格变动的反应程度。我们可以用供给变动百分比除以价格变动百分比来计算供给弹性。弹性大于 1 表示富有弹性，弹性小于 1 表示缺乏弹性，弹性等于 1 表示单位弹性。这种弹性取决于生产的技术状况、生产成本、生产周期、时间因素等。在大多数市场上，供给在长期比在短期更富有弹性。

11. 需求、供给与政府政策。政府通过价格限制和税收实现对市场进行干预。

习题与思考

一、判断题

1. 汉堡包和炸薯条是互补品，如果汉堡包降价，炸薯条的需求就会增加。　　（　　）
2. 苹果的价格上升将使苹果的需求曲线向左移动。　　（　　）
3. 降低成本的技术进步将使供给曲线向右移动。　　（　　）
4. 当收入下降，对某商品的需求也下降，则该商品为低档商品。　　（　　）
5. 如果某商品现在的价格是需求量大于供给量，那么，该商品价格将会上升。（　　）
6. 某种商品的供给减少会引起均衡价格下降和交易量减少。　　（　　）
7. 假定炼钢用的铁矿石价格大幅度下降，那么，钢材的均衡价格下降，交易量增加。

　　（　　）
8. 如果一种商品有许多替代品，其需求往往富有弹性。　　（　　）
9. 如果某商品降价后总收益减少，则该商品的需求是缺乏弹性的。　　（　　）
10. 长期供给一般比短期供给更缺乏弹性。

二、单项选择题

1. 如果 A 商品价格上升引起 B 商品需求曲线向左移动，那么（　　）。
   A. A 与 B 是替代品　　　　　　　　B. A 与 B 是互补品
   C. B 一定是低档商品　　　　　　　D. A 一定是正常商品

2. 保持所有其他因素不变，某种商品的价格下降将导致（　　）。
   A. 需求增加　　　　　　　　　　　B. 需求减少
   C. 需求量增加　　　　　　　　　　D. 需求量减少

3. 如果某种商品供给曲线的斜率为正，在保持其他因素不变的条件下，该商品价格的上升，将导致（　　）。
   A. 供给增加　　　　　　　　　　　B. 供给量增加
   C. 供给减少　　　　　　　　　　　D. 供给量减少

4. 下列哪种情况不会引起 X 商品的供给曲线向右方移动（　　）。
   A. 用于生产 X 商品的资源价格下降　　B. X 商品的生产技术进步了
   C. X 商品的价格上升　　　　　　　　D. X 商品的互补品 Y 商品的价格上升

5. 表示供给量减少的是（　　）。
   A. 供给曲线向右移动　　　　　　　B. 供给曲线向左移动
   C. 沿着供给曲线向右上方移动　　　D. 沿着供给曲线向左下方移动

6. 如果 A 是正常商品，消费者收入增加时对 A 的需求（　　）。

　　A. 增加，从而均衡价格上升，均衡数量增加

　　B. 增加，从而均衡价格上升，均衡数量减少

　　C. 减少，从而均衡价格下降，均衡数量减少

　　D. 减少，从而均衡价格下降，均衡数量增加

7. 下列哪一种情况会引起均衡的交易量增加（　　）。

　　A. 需求与供给都增加　　　　　　　　B. 需求与供给都减少

　　C. 需求增加与供给减少相结合　　　　D. 需求减少与供给增加相结合

8. 如果消费者对某商品的偏好突然增加，同时这种商品的生产技术有很大改进，我们可以预料（　　）。

　　A. 该商品的需求曲线和供给曲线都向右移动并使均衡价格和均衡数量提高

　　B. 该商品的需求曲线和供给曲线都向右移动并使均衡价格和均衡数量下降

　　C. 该商品的需求曲线和供给曲线都向左移动并使均衡价格上升而均衡数量下降

　　D. 该商品的需求曲线和供给曲线都向右移动并使均衡数量增加，但均衡价格可能上升也可能下降

9. 假定小麦市场的需求是缺乏弹性的，小麦的产量等于销售量且等于需求量，恶劣的条件使小麦产量下降20%，在这种情况下，（　　）。

　　A. 小麦生产者的收入减少，因为小麦产量下降20%

　　B. 小麦生产者的收入增加，因为小麦价格上升低于20%

　　C. 小麦生产者的收入增加，因为小麦价格上升高于20%

　　D. 小麦生产者的收入减少，因为小麦价格上升低于20%

10. 如果某商品小幅度降价会引起需求量大幅度变动，那么（　　）。

　　A. 需求缺乏弹性　　　　　　　　　　B. 需求富有弹性

　　C. 需求是单位弹性　　　　　　　　　D. 需求的价格弹性接近于零

三、计算题

假定表 2-4 是需求函数 $Q_d = 500 - 100P$ 在一定范围内的需求。

表 2-4　某商品的需求

价格（元）	1	2	3	4	5
需求量	400	300	200	100	0

（1）求出价格 2 元和 4 元之间的需求价格弧弹性。

（2）请说明该商品的需求是否富有弹性。如果你是决策者，你期望降价还是提价以增加收益？

四、思考题

1. 说明决定需求的主要因素。

2. 说明决定供给的主要因素。

3. 说明需求量变动与需求变动的区别、供给量变动与供给变动的区别。
4. 说明均衡价格是如何决定与变动的。
5. 有人主张对原油征收附加税，他们认为，原油价格上升不会引起汽油价格上升。他们的推理是：起初汽油价格会上升，但价格上升引起汽油的需求减少，这就会使汽油价格下降到原来的水平。请判断这种推理是否正确，并说明理由。

专栏　美国在第二次世界大战期间的限量供应制度

限量供应制度就是对紧缺物质进行控制分配。在第二次世界大战中，美国对食品和紧缺物资进行限量供应。尤其是当英国向美国请求援助后，美国立即尽量削减食品方面的开销，供应给正在多个战场上与德国鏖战的英国军队。

美国最早实施限量供应的产品是轮胎。因为日本占领了东南亚主要的橡胶产地，而合成橡胶的性能还没有达到天然橡胶的水平，况且美国合成橡胶的产能也不够。下一种限量供应的产品是汽油。战争爆发后，汽车销售受到了很大的影响。各大战场都需要大量的汽车及零部件，本国的消费量只好大大缩水。1942 年，美国战争生产委员会命令停止国内的汽车销售。为了节约橡胶和汽油，全国范围内都执行汽车限速 35 英里/小时○。由于缺乏汽油，各项汽车赛事都停办了，政府也禁止自驾旅游。

当时，民用的收音机、电冰箱、真空吸尘器、缝纫机、洗衣机全部停止生产，全力生产武器、坦克、飞机以及其他战争物资。

在民用消费品方面，第一种限量供应的消费品是糖。1942 年 4 月全美停止糖的销售，从 5 月开始每个人每周可以领到半磅糖，这是平时糖消费量的一半。由于德国开始攻击从巴西出发的货船，没多久，咖啡也限量供应了。同一年，又有 9 种物资实行限量供应。

1943 年 11 月，限量供应的物资名单越来越长了，包括汽油、打字机、鞋子、自行车、燃油、奶酪、丝绸、尼龙、黄油、人造奶油、牛奶、猪油、灌装牛奶、包装食品（瓶装、灌装、冷冻）、干果、煤、木材、果酱和果冻。

此外，战争期间，重要的药品非常短缺。青霉素由美国军队进行分配，普通医院获得的药品比战前少了很多。病人的用药量也受到了严格限制。

1945 年，第二次世界大战结束，美国全面恢复生产，所有的限量供应制度全部取消。

　○　1 英里 = 1 609.344 米。

第三章
消费者行为理论

在第一章中我们曾经说过，人的欲望是无限的，但满足欲望的资源是有限的。对消费者来说，满足其欲望所需要的资源就是他为购买产品而支付的货币数量，也就是他的预算。比如，假设你每月的消费预算是 5 000 元，你这个月准备在保证正常饮食的情况下，多购置两件衣服，那么你就需要在 5 000 元预算的前提下，决定如何分配这 5 000 元：多少用于饮食，多少用于服装。而你在做这种选择时，作为理性经济人，你想获得最大的满足，于是，你的问题就变成了，在 5 000 元预算约束既定的情况下，你如何购买食品和服装以获得最大化的效用。我们在这一章就解决这个问题。

第一节　预 算 约 束

一、预算约束线

预算约束线是指在预算约束和产品价格既定时，消费者的预算所能购买到的两种产品不同数量组合的点的轨迹。

以消费者张三为例，假定其预算为 30 元，他只消费冰激凌和电影两种产品，如果每场电影的价格为 6 元，每个冰激凌的价格为 3 元，那么，当张三把所有预算全部花完时，他可以购买的产品组合如图 3-1 中的表格所示。A 组合表示，当张三把 30 元全部花完时，能买 10 个冰激凌而不能看电影。E 组合说明，张三把 30 元全部花完时，可以消费 4 场电影，并买 2 个冰激凌。表中的每个消费组合都花完张三的全部收入，每一个组合决定了张三的消费可能性。

将张三所有的消费组合数据标注在坐标系中，以横轴表示电影的数量，纵轴表示冰激凌的数量，连接所有消费组合点，就得到张三的预算约束线，如图 3-1 所示。预算约束线限制着张三的选择，它是买得起和买不起之间的分界线。张三可以买得起预算线上以及预算线以内的点所对应的消费组合，而买不起预算线外的任何一点所对应的消费组合。对他消费的限制取决于产品的价格和他的预算约束。

消费可能性	电影 （场/月）	冰激凌 （个/月）
A	0	10
B	1	8
C	2	6
D	3	4
E	4	2
F	5	0

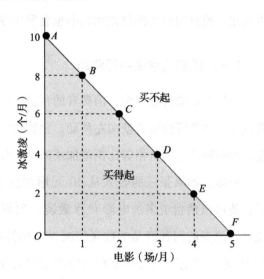

图 3-1　预算约束线

从图 3-1 中我们发现，对于张三来说，他的预算约束就是 30 元，而他面对的冰激凌和电影的价格是既定的，那么他就要在两种产品之间分配这 30 元，使得花费在两种产品上的货币总量永远是 30 元，也就是：

预算约束 =（冰激凌的价格 × 冰激凌的数量）+（电影的价格 × 电影的数量）

如果用 M 代表预算约束，以 Q_x 代表电影的数量，以 Q_y 代表冰激凌的数量，以 P_x 代表电影的价格，以 P_y 代表冰激凌的价格。那么，预算方程就可以写为：

$$P_x \cdot Q_x + P_y \cdot Q_y = M \quad 或 \quad Q_x = \frac{M}{P_x} - \frac{P_y}{P_x} Q_y$$

上式的经济学意义是：电影的消费量取决于冰激凌的消费量。$\dfrac{M}{P_x}$ 为冰激凌的消费数量等于零时电影的消费量，或横轴上的截距。$-\dfrac{P_y}{P_x}$ 为预算线的斜率，其绝对值是两种产品的相对价格。

对于张三消费电影和冰激凌来说，其预算方程可以写为：

$$6Q_x + 3Q_y = 30 \quad 或 \quad Q_y = 10 - 2Q_x$$

他所消费电影的相对价格 $\dfrac{P_x}{P_y} = 2$，即每场电影的价格是两个冰激凌的价格，也就是说，由于受到预算的约束，为了多看一场电影，张三必须放弃两个冰激凌。

二、预算约束线的变化

预算约束线的位置和斜率取决于消费者的收入和产品价格。如果预算或产品价格发生变化，预算约束线的位置和斜率也会发生变化。

（一）预算约束线平行移动

如果产品的价格不变，消费者的预算增加，则预算约束线向右移动；如果消费者预算减少，则预算约束线就向左移动。预算约束线的斜率不变。此外，如果消费者预算不变，而两种产品的价格等比例增加或减少，预算约束线也将平行移动，如图3-2所示。

例如，如果张三的收入从30元增加到36元，在电影和冰激凌价格不变的情况下，他可以消费更多的电影和冰激凌，预算约束线将右移。如果收入降低为24元，他可以消费的两种商品的数量将减少，预算约束线将左移。此外，如果张三的预算保持30元，但是冰激凌和电影价格都增加为原来的两倍，则预算约束线向左侧平移。

（二）预算约束线旋转

如果消费者的预算不变，但是产品价格变化，预算约束线斜率随之改变，发生向上或向下旋转，如图3-3所示。

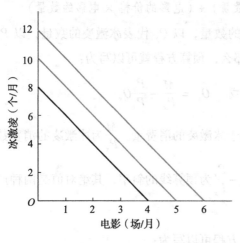

图3-2　产品价格不变而预算变化

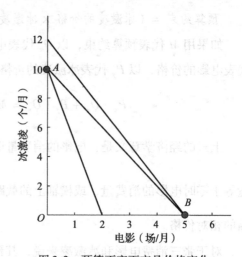

图3-3　预算不变而产品价格变化

例如，若电影价格上升而冰激凌价格不变，预算约束线在横轴上的截距将减小而在纵轴上的截距不变，预算约束线将以 A 为原点沿着横轴向左旋转；若冰激凌价格下降而电影价格不变，则预算约束线在纵轴上的截距增加而横轴上截距不变，预算约束线将以 B 为原点，沿着纵轴向上旋转。若两种产品价格同时变化，根据变化的比例不同（除了两种商品价格等比例变化的特例以外），预算约束线也将发生旋转，请读者自行分析。

（三）预算约束线不变

如果消费者的预算和两种产品的价格发生同比例、同方向的变化，预算约束线位置不变，如图 3-4 所示。

例如，如果张三的预算从 30 元增加到 60 元，电影的价格从 6 元增加为 12 元，冰激凌价格从 3 元增加为 6 元，其斜率和截距都不变，预算约束线位置不变。

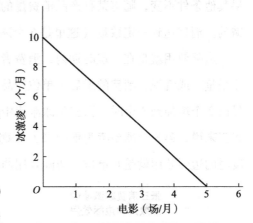

图 3-4　预算和价格等比例变化

第二节　基数效用论

一、效用、总效用和边际效用

我们在讲需求时已经讲过，消费者在消费产品的过程中，内心感受到的满意程度称为效用。在 20 世纪 30 年代以前，经济学家一直用基数来度量效用。这种理论被称为基数效用理论。该理论认为，效用可以用基数度量、加总、求和。例如，假设一场电影的效用是 8 个单位，一杯牛奶的效用是 6 个单位，那么，两者的总效用就是 14 个单位。消费者在购买产品或服务时的支付意愿，就是由它们的（边际）效用决定的。对效用大的产品，消费者愿意多付钱；对效用小的产品，消费者愿意支付的钱就少。

基数效用论者在使用效用范畴时，首先区分了总效用和边际效用两个概念。总效用是指在一定时期内，消费者从连续消费一定量的某种产品中所得到的效用总和，一般用 *TU* 表示。设想消费者张三消费第 1 个冰激凌时，总效用为 10；当消费第 2 个冰激凌时，总效用为 18；当消费第 3 个冰激凌时，总效用为 24……当消费第 6 个冰激凌时，总效用为 30；当消费第 7 个冰激凌时，总效用开始减少，变为 28。消费数量和总效用之间的对应关系可以用总效用曲线来表示。总效用曲线是表示在其他条件不变时，某种产品的总效用与消费的产品数量之间关系的曲线，如图 3-5a 所示。

　　在图 3-5a 中，横轴表示产品（在这里是冰激凌）的消费量，纵轴表示消费该产品得到的总效用。总效用曲线上的点代表冰激凌的消费量和总效用组合。一般情况下，如果其他条件不变，随着某种产品消费量的增加，总效用也会增加，但总效用的增量是递减的。消费达到一定数量（这里是 6 个冰激凌）后，再增加消费，总效用就会下降。

　　边际效用就是在一定时期内，消费者从连续增加的某一产品的消费中所得到的总效用增量，或者说，消费的最后一单位产品所带来的总效用增量。当张三消费的冰激凌数量由 2 个增加到 3 个时，张三从冰激凌中获得的总效用从 18 单位增加到 24 单位。对于张三来说，第 3 个冰激凌为他带来了总效用增量为 6 单位，因此，他在消费第 3 个冰激凌时的边际效用就是 6 单位。边际效用曲线如图 3-5b 所示。

**张三消费冰激凌的
总效用和边际效用**

（1） 消费数量	（2） 总效用 TU	（3） 边际效用 MU
0	0	
1	10	10
2	18	8
3	24	6
4	28	4
5	30	2
6	30	0
7	28	-2

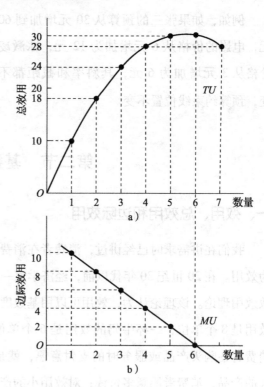

图 3-5　总效用曲线和边际效用曲线

二、边际效用递减规律

　　根据图 3-5b 可知，张三消费第 1 个冰激凌时，边际效用为 10；消费第 2 个冰激凌时，边际效用为 8；消费第 3 个冰激凌时，边际效用为 6……消费第 6 个冰激凌时，边际效用为 0；消费第 7 个冰激凌时，边际效用为 -2。在其他条件不变时，随着冰激凌消费量的增加，张三从连续增加的冰激凌的消费中所得到的边际效用是递减的。这种趋势被经济学家称为边际效用递减规律。

边际效用递减是一种普遍现象，我们可以从消费者心理角度来解释。在一定时期内，随着同一产品消费量的增加，神经元对等量外界刺激的条件反射会递减，导致边际效用递减。比如，炎热夏天，当你吃第 1 个冰激凌时，会觉得它特别凉爽香甜，它带给你的边际效用可能比较大，但是随着你连续吃下去，可能吃到第 6 个时你就觉得肚子发凉不想吃了，而继续吃第 7 个你就会讨厌它了，因此第 7 个冰激凌带给你的效用总量可能不是增加而是减少。但事实上，第 7 个冰激凌和第 1 个冰激凌本身完全相同，只是你的感受在变化而已，这种感受导致我们在连续消费某种产品时，对前面消费的产品评价高于对后面消费的产品评价，出现边际效用递减的特点。

正是由于边际效用递减的特点，才使得总效用曲线表现出抛物线的形状。根据前面边际效用的定义可知，当边际效用大于 0 时，意味着新增消费的这一单位产品带来的总效用增量是正的，那么总效用必定增加。因为边际效用递减，因此总效用的增量越来越少，导致总效用曲线斜率越来越平坦。当消费冰激凌的数量为 6 时，边际效用递减到 0，此时意味着新增消费的这一单位产品带来的总效用增量为 0，那么总效用在这一点上不再变化。根据边际效用递减规律，边际效用继续减小，当边际效用小于 0 时，意味着新增消费的这一单位产品带来的总效用增量是负的，那么总效用必定减少。也就是说，在消费冰激凌的数量超过 6 单位之后，总效用开始下降，那么导致总效用曲线出现抛物线的形状，最大值出现在边际效用等于 0 的位置。

从前面对边际效用的分析可知，边际效用函数是总效用函数的导数，也就是总效用函数曲线每一点的斜率，因此，当边际效用大于 0 时，斜率为正，曲线向右上方倾斜，随着边际效用递减，斜率越来越小，导致曲线越来越平坦。当边际效用等于 0 时，总效用达到最大值，之后边际效用小于零，斜率为负，曲线转而向右下方倾斜，随着边际效用越来越小，向右下方倾斜的斜率越大，使得曲线表现出抛物线的形状。

边际效用递减的特点在我们生活中比比皆是，我们常说的"物以稀为贵"反映的就是这个特点。当你得到第一串宝石项链时，你一定如获至宝，而如果你不断得到宝石项链，你就不会觉得宝石项链有多珍贵了。不论是吃喝玩乐中的哪一种，我们在消费任何产品或服务时，一开始都感觉很新鲜、很享受或很刺激，但是随着消费数量的增加，最终就会觉得不过尔尔，再往后可能就"过犹不及"了。

边际效用可以用边际效用函数表示。如果用 *MU* 表示边际效用，则边际效用函数为：

$$MU = \frac{\Delta TU(Q)}{\Delta Q}$$

比如，你吃了3个冰激凌后的总效用是40，接着又吃了2个冰激凌后，总效用成为50，那么，$\Delta TU = 50 - 40 = 10$，$\Delta Q = 2$，$MU = \Delta TU / \Delta Q = 10/2 = 5$，也就是最后一个冰激凌带给你的边际效用是5。

当产品的增加量趋于无穷小时，即 $\Delta Q \to 0$ 时，边际效用函数为：

$$MU = \lim_{\Delta Q \to 0} \frac{\Delta TU(Q)}{\Delta Q} = \frac{dTU(Q)}{dQ}$$

三、效用最大化的选择

消费者如何在预算、价格、偏好等条件不变的情况下，使得自己买到的产品组合实现效用最大化呢？基数效用论者认为，在一定时期内，消费者实现其效用最大化的条件是：消费者用最后一单位货币所购买的各种产品的边际效用都相等，或者说，消费者用所有预算所购买的各种产品的边际效用与其价格之比都相等。用公式表示为：

$$P_x Q_x + P_y Q_y + \cdots + P_n Q_n = M \qquad ①$$

$$\frac{MU_x}{P_x} = \frac{MU_y}{P_y} = \cdots = \frac{MU_n}{P_n} = \lambda \qquad ②$$

在公式中，P 表示消费的各种产品的价格，Q_x、Q_y 等表示消费的各种产品数量，M 表示消费者的货币收入；MU 表示购买的各种产品的边际效用，λ 表示单位货币的边际效用，我们假设它不变。我们通常将①式称为消费者的预算约束，将②式称为消费者效用最大化的均衡条件。

消费者效用最大化可根据表3-1中的例子来分析。

表 3-1

电影数量	电影的边际效用	每元货币的边际效用	冰激凌数量	冰激凌的边际效用	每元货币的边际效用
5	25	4.17	0	0	
4	29	4.83	2	42	14.00
3	33	5.50	4	28	9.33
2	38	6.33	6	19	6.33
1	50	8.33	8	17	5.67
0	0		10	15	5.00

我们仍旧看看张三的消费吧。假设张三消费两种商品，一种是冰激凌（以 y 表示），一种是电影（以 x 表示），冰激凌的价格是 3 元/个，电影的价格为 6 元/场，而张三的收入是 30 元，张三的预算约束为：

$$6Q_x + 3Q_y = 30$$

如果张三的消费组合为每月看 1 场电影和吃 8 个冰激凌。电影的边际效用为 50，冰激凌的边际效用为 17。那么，张三花费的每元钱在看电影上获得的边际效用为 $\frac{MU_x}{P_x} = \frac{50}{6} =$ 8.33 单位，每元钱在吃冰激凌上获得的边际效用为 $\frac{MU_y}{P_y} = \frac{17}{3} = 5.67$。从以上的计算中可以看到，此消费数量组合满足预算约束，但是不满足效用最大化的条件，因为，张三花费在电影上的每元钱所带来的边际效用大于花费在冰激凌上的每元钱所带来的边际效用，即 $\frac{MU_x}{P_x} > \frac{MU_y}{P_y}$。只要他将花费在冰激凌上的 1 元钱转而花费在电影上，那么这 1 元钱将使得张三的总效用增加。张三不断增加电影的数量，同时减少冰激凌的数量，以便增加总效用。在调整的过程中，随着电影消费数量的增加，电影的边际效用减小；另外，随着冰激凌消费数量的减少，冰激凌的边际效用增加。当花费在冰激凌上的 1 元钱的边际效用与花费在电影上的 1 元钱的边际效用相等时，消费者的消费调整停止，达到消费者均衡，即 $\frac{MU_x}{P_x} = \frac{MU_y}{P_y}$，对应的电影数量为 2 场，冰激凌数量为 6 个。

反之，如果张三消费 4 场电影和 2 个冰激凌的组合时，1 元钱带来的电影的边际效用是 $\frac{MU_x}{P_x} = \frac{29}{6} = 4.83$，1 元钱花费在冰激凌上的边际效用是 $\frac{MU_y}{P_y} = \frac{42}{3} = 14$，即 $\frac{MU_x}{P_x} < \frac{MU_y}{P_y}$，这就意味着张三用 1 元钱购买的冰激凌所带来的边际效用大于购买电影的边际效用。在这种情况下，张三必然会增加冰激凌的购买量，减少电影的消费，以增加总效用，最终也将调整到消费者均衡，即 $\frac{MU_x}{P_x} = \frac{MU_y}{P_y}$，对应的电影数量为 2 场，冰激凌数量为 6 个。

四、推导需求函数

在第二章中，我们已经从边际效用的角度解释了需求函数，这里进一步在边际效用递减和消费者均衡的基础上，推导出个人的消费需求曲线，并解释需求曲线向右下方倾斜的内在逻辑。

基数效用论者认为，消费者用货币购买产品，实际上是用货币的边际效用去交换产品的边际效用。我们已经假定货币的边际效用不变，那么，消费者愿意支付的货币，就取决于产品的边际效用：产品的边际效用大，消费者愿意支付的货币就多，产品的价格就高；相反，产品的边际效用小，消费者愿意支付的货币就少，产品的价格就低。我们又知道，产品的边际效用同购买的产品数量有关：购买的产品量少，其边际效用就高；购买的产品数量多，其边际效用就低，两者按相反的方向变化。由此确定，消费者愿意支付的价格，也取决于产品的购买量，两者也按相反的方向变化。这正是需求曲线的基本特征。

另外，从消费者均衡条件来看，消费者购买的任一产品的边际效用与其价格之比，应等于货币的边际效用，即 $\frac{MU}{P}=\lambda$。在货币边际效用不变的前提下，产品的价格必然与其边际效用按相同的方向变化，与其数量按相反的方向变化。

我们以一个例子加以说明。设货币的边际效用 $\lambda=4$，总效用 $TU(Q)=-Q^2+20Q$，边际效用为 $MU(Q)=\frac{\mathrm{d}TU(Q)}{\mathrm{d}Q}=-2Q+20$。由 $\frac{MU(Q)}{P}=\lambda$ 推导，即 $Q=-2P+10$。这就是该消费者对这种产品的需求函数。由此我们可以看到，需求曲线是满足消费者均衡条件的点的轨迹，需求曲线上每一个点对应的价格和数量都是消费者在该价格下实现效用最大化的均衡购买数量。

五、消费者剩余

消费者对某单位产品的意愿支付价格取决于其边际效用，由于每单位产品的边际效用都不相同，因此意愿支付价格都不同。从前面需求曲线的推导来看，意愿支付价格就是需求曲线上横轴每单位产品对应的价格。由于消费者在完全竞争市场中购买产品时必须按市场价格支付，这就导致消费者的意愿支付价格和实际支付价格不同，两者之间的差值就是消费者剩余。

我们以图 3-6 来说明。假设需求曲线就是前面推导的 $Q=-2P+10$，也就是当 $Q=1$ 时，消费者的意愿支付价格 $P=4.5$ 元，当 $Q=2$ 时，消费者的意愿支付价格 $P=4$ 元，以此类推，对应于每一单位需求数量，消费者都有一个意愿支付价格。因此，消费者若是购买 6 单位产品，总的意愿支付价格为 $4.5+4+3.5+3+2.5+2=19.5$（元）。

假设该市场供给曲线如图 3-6 所示，根据市场均衡分析可知，该产品的市场均衡价

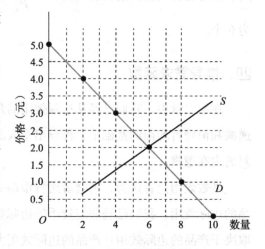

图 3-6　消费者剩余的例子

格为 2 元，均衡数量为 6，也就是消费者购买 6 单位产品，并为每单位产品支付市场价格 2 元，消费者的实际支付价格为 $6 \times 2 = 12$（元）。意愿支付价格和实际支付价格之间的差为 $19.5 - 12 = 6.5$（元），即为消费者剩余。其中，第一单位产品的剩余为 2.5 元，第二单位产品的剩余为 2 元，第三单位产品的剩余为 1.5 元，第四单位产品的剩余为 1 元，第 5 单位产品的剩余为 0.5 元，第六单位产品的剩余为 0，总计 6.5 元。

　　根据以上分析可知，如果消费数量连续可变，消费者剩余就表现为需求曲线以下、均衡价格线以上的部分，见图 3-7 中的阴影部分。如果产品的市场价格下降，消费者剩余会增加。特别要注意，消费者剩余并非真实的货币剩余，而是消费者主观心理评价，它反映消费者通过购买和消费商品而主观感受到的境况改善，消费者剩余越大，表明消费者内心感受的境况改善越大，因此，消费者剩余常被用来度量和分析社会福利问题。我们将在第六章中详细分析剩余和福利问题。

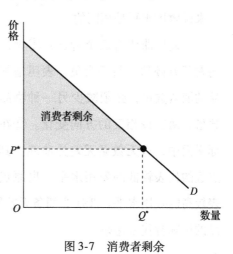

图 3-7　消费者剩余

第三节　序数效用论

一、偏好和无差异曲线

　　序数效用论者在分析消费者行为和效用最大化均衡时，使用无差异曲线和预算约束线，前者说明消费者的偏好，后者说明消费者的约束。

（一）偏好

　　偏好是指消费者对某种物品喜爱或是不喜爱的程度。经济学家对偏好有三个假设：一是完备性，指消费者能够依据其偏好对不同的物品组合进行效用多少的排序；二是可传递性，指消费者的偏好符合递推形式逻辑，如消费者认为 A 比 B 好，B 又比 C 好，则肯定 A 比 C 好；三是非饱和性，即对数量较多的一组物品的偏好大于数量较少的一组物品。

（二）无差异曲线

　　根据消费者的偏好，可以绘制出无差异曲线。无差异曲线是指能给消费者带来同等效用水平的两种物品的不同数量组合的点的轨迹，如图3-8所示。

在图3-8中，横轴代表电影的数量，纵轴代表冰激凌的数量，曲线上的点代表两种物品组合的效用水平。例如，A点代表6个冰激凌和2场电影的效用，B点代表1个冰激凌和6场电影的效用，这两种组合对于张三来说效用水平是相同的。

无差异曲线有四个特征：①无差异曲线向右下方倾斜，斜率为负，表明增加一种物品的消费数量，必须减少另一种物品的消费数量，两者按相反的方向变化。②在同一坐标平面中，有无数条无差异曲线。其中离原点近的代表较低的效用水平，离原点远的代表较高的效用水平。③任意两条无差异曲线不会相交。④无差异曲线凸向原点，表明物品的边际替代率递减。

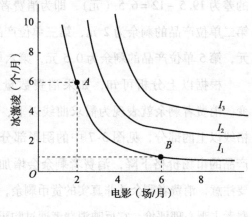

图3-8　无差异曲线

（三）边际替代率

边际替代率是指在保持效用水平不变的条件下（保持在同一条无差异曲线上），消费者为了额外获得1单位的某种物品所放弃的另一种物品的数量。边际替代率就是无差异曲线上点的斜率的绝对值，用MRS_{xy}表示。用公式表示就是：

$$MRS_{xy} = -\frac{\Delta Q_y}{\Delta Q_x}$$

当物品数量的变化趋于无穷小时，物品的边际替代率公式为：

$$MRS_{xy} = \lim_{\Delta x \to 0} -\frac{\Delta Q_y}{\Delta Q_x} = -\frac{\mathrm{d}Q_y}{\mathrm{d}Q_x}$$

如图3-9所示，当张三消费6个冰激凌和2场电影时，为了求出他的边际替代率，我们可以画一条与无差异曲线在A点相切的直线，该直线的斜率为$\frac{10}{5} = 2$，即张三在A点的边际替代率是2，换句话说就是，当张三

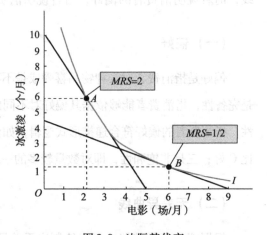

图3-9　边际替代率

消费在 A 点时，他愿意为多消费 1 场电影而放弃 2 个冰激凌。用同样的方式可以得到，

B 点的边际替代率为 $\dfrac{4.5}{9} = \dfrac{1}{2}$，即张三多消费 1 场电影而愿意放弃 $\dfrac{1}{2}$ 个冰激凌。从 A 和

B 两点的对比可见，边际替代率是递减的，即在维持效用水平不变的条件下，消费者为了增加一单位某种物品的消费，所愿意放弃的另外一种物品的数量是递减的。在此规律的作用下，无差异曲线必然凸向原点。

二、效用最大化的选择

把预算约束线和无差异曲线放到一个坐标图上，就可以分析消费者效用最大化的选择了。下面结合图 3-10 说明。

根据前面的分析，消费者选择时要遵循两个原则：一是在预算约束线上选择，二是在效用水平高的无差异曲线上选择。最终结果是选择了图 3-10 中 E 点所代表的物品组合：6 个冰激凌和 2 场电影。从图形上看，E点符合上述两个原则：首先，它在预算约束线上，表示现有的收入可以买得起 6 个冰激凌和 2 场电影。其次，它又在效用水平最高的无差异曲线上。其他的组合都不符合这些原则。例如，A 点和 B 点虽然也在预算线上，

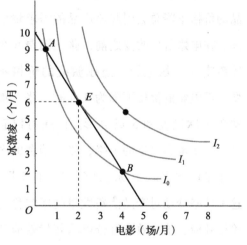

图 3-10 消费者效用最大化

但效用水平都比 E 点低。再如，C 点的效用水平虽然比 E 点高，但未在预算约束线上，消费者买不起。因此，张三的消费者均衡点是 E 点。在这一点上有：

$$MRS_{xy} = \frac{P_x}{P_y}$$

由上面分析可知，在几何意义上，MRS_{xy} 表示无差异曲线上的点的斜率的绝对值，$\dfrac{P_x}{P_y}$ 表示预算约束线斜率的绝对值。上述均衡条件的经济学含义是：能够给消费者带来最大效用的物品组合必然位于无差异曲线与预算约束线的切点处。

三、推导需求曲线

运用前面分析的均衡条件，我们可以推导出张三对冰激凌或电影的需求曲线。首

先，在张三的收入、偏好以及其他物品价格保持不变的情况下，由于电影价格的改变，张三的均衡点发生改变，当价格为6元时，张三消费电影的数量是2场，而当电影价格降低为3元时，张三对电影的消费数量增加为5场，于是，我们得到需求曲线上的两个点 M 和 N。以同样的方式，我们可以得到无数个价格和数量的组合，将这些组合连接起来，就得到了张三对电影的需求曲线，如图3-11所示，其需求曲线向右下方倾斜。电影价格越低，他每月消费的电影数量越多，这就是需求定律。

四、替代效应和收入效应

从推导得到的需求曲线可以看出，产品的价格下降总会引起该产品的需求量增加。在电影价格改变之前，张三消费6个冰激凌和2场电影。当冰激凌的价格不变，而电影的价格下降为3元时，张三消费2个冰激凌和5场电影。由此可以看到，由于电影价格的下降，张三消费的电影数量由原来的2场增加到现在的5场。这种价格变动对产品消费数量的影响称为价格效应，价格效应可分解为替代效应和收入效应两部分。

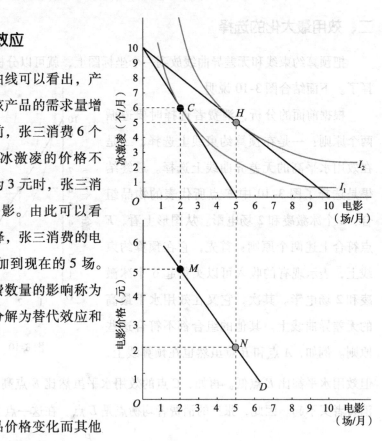

图3-11　价格效应与需求曲线

（一）替代效应

替代效应是某种产品价格变化而其他产品价格不变时，产品之间的相对价格会发生变化，导致消费者在保持总效用不变的前提下，用相对更便宜的产品替代相对更贵的产品，从而引起该产品需求数量的变化。当该产品的价格上升时，替代效应会减少其需求量，而当该产品的价格下降时，替代效应会增加其需求量。

对于张三来说，当电影价格下降时，电影和冰激凌之间的相对价格改变，冰激凌的价格虽然没有变化，但是相对于下降之后的电影价格来说，冰激凌比原来更贵了，于是，张三用价格相对变得便宜的电影，替代价格相对变得贵的冰激凌，以便保持自己的总效用不变，这就是价格变化引起的替代效应。

（二）收入效应

收入效应是指在消费者货币收入不变的情况下，当某种产品的价格改变时，消费者的实际收入（即购买能力或支付能力）随之发生改变，造成对该产品的需求量发生变化。当该产品价格上升时，收入效应会减少其需求量；而当该产品价格下降时，收入效应会增加其需求量。

对于张三来说，当电影价格下降时，张三的实际收入增加，可以购买更多的电影和更多的冰激凌。比如，在价格改变之前，张三消费 6 个冰激凌和 2 场电影，他的花费是30 元钱，而电影价格从 6 元下降为 3 元之后，如果张三仍然消费 6 个冰激凌和 2 场电影的话，他需要支付的货币数量为 $3 \times 6 + 3 \times 2 = 24$（元），他还剩余 6 元可用于购买电影或者冰激凌，因此电影的需求量会增加，这就是价格变化的收入效应。

需要说明的是，在第二章中我们已经讲过，正常品和低档品的收入效应是不同的。当某产品价格下降引起消费者实际收入增加时，如果这种产品是正常品，那么其需求量会增加，但如果这种产品是低档品，消费者对这种产品的需求量会减少。也就是说，收入效应有两种可能，这要具体情况具体分析，比如在上面冰激凌和电影的分析中，我们假设电影是正常品，价格下降引起实际收入增加之后，其需求数量增加。

（三）价格效应

在消费者货币收入不变的情况下，某产品价格发生变化时，替代效应和收入效应同时发生作用，两种效应的叠加表现为价格效应，即价格效应 = 替代效应 + 收入效应。

当正常品价格下降时，替代效应会增加其需求量，收入效应也会增加其需求量，所以两者加总之后的价格效应是需求量增加。因此，正常品的需求曲线表现为价格下降、数量增加，是向右下方倾斜的。

当低档品价格下降时，替代效应会增加其需求量，而收入效应会减少其需求量，但在现实经济中，替代效应总是大于收入效应，所以两者加总之后的价格效应仍然是需求量增加，只不过增加数量没有正常品那么多。因此，低档品的需求曲线仍是向右下方倾斜的。

那么为什么低档品的替代效应总是大于收入效应呢？假设你的年收入是 2 万元，你每年用于公交的费用是 500 元，再假设公交服务是一种低档品，那么当公交服务价格下降20% 时，你购买和原来同等数量的公交服务只需要 400 元，也就是你的收入似乎增加了 100 元，而这 100 元仅仅让你的实际收入增加了 0.5%，这引起的收入效应将非常小。

而替代效应却很大，随着公交价格下降20%，其他交通服务的价格就显得高了很多，你就会减少很多其他交通服务而更多地选择公交服务，这种增加远大于收入效应导致的减少。

因此，任何产品的需求曲线都是向右下方倾斜的。

本章小结

1. 家庭消费选择的目标是效用最大化。经济学家用基数效用论和序数效用论解释家庭的消费选择行为。两种理论使用的概念和分析方法不同，但得到的结论却完全一致。

2. 预算约束线是指在家庭收入和物品价格既定时，消费者的收入所能购买到的两种物品不同数量组合的点的轨迹。

3. 效用理论用总效用概念和边际效用递减规律解释消费者的需求。效用表示消费者从消费某种物品中得到的满足程度或有用性。从增加的一单位物品消费中得到的效用增量，叫作边际效用。边际效用有递减的趋势，叫作边际效用递减规律。在消费者收入既定时，消费者用单位货币所购买的各种物品的边际效用都相等，或者说，消费者用所有收入所购买的各种物品的边际效用与其价格之比都相等，消费者的选择就达到均衡状态。根据消费者均衡条件，可以推导出向右下方倾斜的需求曲线。边际效用递减是这一理论的基础。

4. 根据消费者均衡条件可以推导出向右下方倾斜的需求曲线。

5. 价格变动对产品消费数量的影响称为价格效应，价格效应可分解为替代效应和收入效应两部分。

6. 消费者的意愿支付价格和实际支付价格之间的差值就是消费者剩余。

习题与思考

一、判断题

1. 预算约束线表示消费者所能购买的产品或服务的最大组合数量。（　　）
2. 预算约束线的斜率是所消费的两种产品或服务的相对价格。（　　）
3. 效用表示消费者在消费某种产品时所得到的满足程度。（　　）
4. 在基数效用条件下，消费者效用最大化必须满足的条件是：最后得到的各种产品或服务的边际效用相等。（　　）
5. 完全互补品的无差异曲线是一条直线。（　　）
6. 替代效应可分为价格效应与收入效应。（　　）
7. 消费者对某种产品实际支付的价格总是低于其愿意支付的最高价格。（　　）

二、单项选择题

1. 某消费者只消费X、Y两种产品，其价格P_X与P_Y之比为2:1。当消费者的总效用最大化时，消费者在这两种产品上最后消费的产品的边际效用 MU_X 与 MU_Y 之比为（　　）。

  A. 1:1　　　　　　　B. 1:2　　　　　　　C. 2:1　　　　　　　D. 1:4

2. 消费者的目标是（　　）。

  A. 其总效用或满足的最大化　　　　　　B. 其收入的最大化

  C. 其边际效用的最大化　　　　　　　　D. 其偏好的多样化

3. 一般而言，当一位消费者连续消费比萨饼时，他从第一个比萨饼中得到的消费者剩余（　　）第二个比萨饼。

  A. 小于　　　　　　　　　　　　　　　B. 大于

  C. 等于　　　　　　　　　　　　　　　D. 既可能小于、又可能大于

4. 给定某消费者的一条预算约束线，如果所消费的两种产品或服务的价格不变，而收入增加，那么，预算线会（　　）。

  A. 向右移动，但不是平移　　　　　　　B. 向左平移

  C. 向右平移　　　　　　　　　　　　　D. 不变

5. 当正常品的价格下降时，收入效应会引起需求量（　　），替代效应会引起需求量（　　）。

  A. 减少；减少　　　　　　　　　　　　B. 减少；增加

  C. 增加；减少　　　　　　　　　　　　D. 增加；增加

三、计算题

1. 某消费者每月收入为 2 000 元，全部支出于 X、Y 两种产品。已知 X 产品的价格为 200 元/件，Y 产品的价格为 100 元/件。请写出该消费者的预算约束线方程，并在图中画出该预算约束线。

2. 假设某消费者一月内把其收入全部用于消费 X、Y 两种产品，X、Y 的消费量分别是 50 件和 30 件，已知两种商品的价格 $P_X = 3$ 元/件，$P_Y = 4$ 元/千克。该消费者每月的收入是多少？

3. 已知某消费者的个人需求曲线为：$Q = -2P + 100$，当市场价格 $P = 10$ 时，请计算消费者的需求量是多少。

4. 某位消费者每月有 300 元钱用于看电影和喝咖啡两项消费。假定看一场电影的费用是 60 元，喝一杯咖啡的费用是 30 元。她对这两种产品或服务的边际效用变化如表 3-2 所示。

表　3-2

数量	看电影	喝咖啡
1	40	24
2	32	20
3	24	16
4	16	12
5	8	8
6	0	4

要实现效用最大化，她每个月应看几场电影，喝几杯咖啡？

四、思考题

1. 何为效用？总效用与边际效用的关系是怎样的？
2. 基数效用论和序数效用论关于消费者均衡的条件各是什么？
3. 什么是无差异曲线？其特征和种类有哪些？
4. 基数效用论和序数效用论分别是如何推导需求曲线的？
5. 试比较基数效用论和序数效用论的异同。

专栏 价值悖论

　　1776 年，亚当·斯密在《国民财富的性质和原因的研究》中曾经提到："具有最大的使用价值的东西常常很少有或根本没有交换价值；反之，具有最大的交换价值的东西常常很少或根本没有使用价值。没有什么东西比水更有用，但不能用它购买任何东西，也不会拿任何东西去和它交换；反之，钻石没有什么用途，但常常能用它买到大量的其他物品。"这就是经济学上著名的"价值悖论"，又称为"价值之谜"。斯密和许多古典经济学家都曾试图加以解释，但都没有给出令人满意的解答。直到边际效用理论出现后，价值悖论的谜底才被真正揭开。

　　解释这一问题的关键在于区分总效用和边际效用。对人类来说，水有多种用途，既可以饮用，也可以洗涤，还可以灌溉。其使用价值可谓巨大，因而其总效用也很大。但是，水资源数量很大，人们用的水也很多，由此决定水的边际效用很小。价值是人们对边际效用的评价。既然水的边际效用很小，其价值也必然很低。相反，相对于水而言，钻石的用途虽然较小，总效用也不大，但人们购买的钻石很少，因而其边际效用很大，由此决定其价值也较高。另外，消费者的支付意愿是由物品的边际效用决定的。水的边际效用低，人们愿意支付的价格当然也低。钻石的边际效用高，人们愿意支付的价格当然也高。由此可见，人们愿意为钻石支付高价，为水支付低价，是一种理性行为。边际效用规律也可以解释"物以稀为贵"。稀有的物品之所以贵，是因为其边际效用大。对于人力资本来说也是这样。你要想提升"身价"，就必须设法使自己变成"稀有资源"，从而提高自身的边际效用。

第四章
生产者行为理论

在上一章中我们推导出了消费者的需求曲线，在这一章以及下一章我们将推导出市场供给曲线，更深入地探讨市场均衡问题。本章主要讨论企业在短期和长期不同时间框架下的生产决策和成本分析，这是小到夫妻店、大到飞机制造商都面临的问题。

第一节　企业及其经济问题

一、企业与企业家

在经济分析中，生产者、企业、厂商都是同义词，是经济学家对以利润最大化为目标、从事营利性业务、由私人拥有并管理的实行专业化生产的经济组织的泛称。例如，汽车制造商、电信运营商、连锁超市、房屋开发商、航空公司，乃至农业生产者都是厂商。

企业的组织者和管理者为企业家。在市场经济的早期阶段，企业的组织和管理职能由企业所有者承担，因此企业的所有者同时也是企业家。随着市场经济的发展，企业的组织形式和治理结构逐渐发生变化，企业的组织和管理职能也逐渐分离出来，形成了专门从事经营管理活动的职业经理人阶层。企业的所有者并不一定从事经营活动，企业的家族制特征也逐渐淡化。到今天，许多以家族姓氏或创业者的姓名命名的著名公司，如杜邦、波音、西门子等公司，均变成了所谓的公众公司，即所有权通过发行股票的方式被大量投资人分散持有，由常设的所有者代表机构（公司董事会）来聘任职业经理人行使独立的管理和组织职能。在这一过程中，有限责任制的出现和股票市场的发展起到了关键作用。

企业进行生产要有土地、资本、劳动和企业家才能四类生产要素。企业家才能是和劳动相区分的不同的生产要素，经济学家之所以把企业家看作一种独立于劳动（普通工人）的生产要素，主要是因为在企业的生产活动中，他们的劳动与普通工人的劳动有着根本的不同，企业的各种生产要素需要在他们的组织下才能生产出产品和服务。他们的组织、协调和监督甚至还有承担风险的活动与工人的劳动活动具有完全不同的意义，这两种活动之间不能相互替代。在企业做出的各种决策中，企业家将决定生产什么、如何生产，以及生产多少。

二、企业的组织形式

在现代市场经济中，企业有个人业主制、合伙制和公司制三种法定组织形式。

（一）个人业主制

个人业主制是指企业业主是单一所有者并承担无限责任的企业。它是最早产生也最简单的企业组织形式，企业业主获得全部利润也承担无限责任。承担无限责任是指企业所有者以其全部财产对企业债务承担责任的一种法律上的义务。如果个人独资企业不能偿付其债务，企业的债权人对所有者的个人财产具有追索权。我们经常说的个体户、夫妻店一般都是个人业主制企业。

个人业主制企业的优点是，企业主可以按照自己的意志经营，并独自获得全部经营收益。这种企业形式一般规模小，经营灵活。但个人业主制企业也有缺陷，如资本规模有限，技术装备水平较低；企业主承担无限责任，经营风险大；企业的存在与解散完全取决于企业主，企业存续期限较短等。因此，个人业主制企业难以适应社会化商品经济发展和企业规模不断扩大的要求。

（二）合伙制

合伙制是由两个或两个以上承担无限责任的所有者共同出资兴办和管理的企业。合伙人必须对企业的管理结构和利润分配问题达成一致，合伙人的利润也和所有者的个人收入一样纳税。同时，每个合伙人在法律上都要为合伙企业的全部债务负责（以每个合伙人的财产为限），合伙制企业对于其全部债务所承担的责任称为无限连带责任。大多数律师事务所、会计师事务所等都是合伙制企业。

合伙制企业的优点是：合伙人共同筹集资金，扩大了资金来源；合伙人共同承担责任，可以分散投资风险；合伙人共同管理企业，有助于提高决策能力。但是合伙人在经营决策上也容易产生意见分歧，合伙人之间可能出现偷懒的道德风险。所以，合伙制企业的合伙人较少，以小规模企业居多。

（三）公司制

公司制是由一个或者一个以上承担有限责任的股东所组成的企业。公司制企业的主要形式是有限责任公司和股份有限公司，其所有者只对其初始投资承担责任。这种责任上的限制意味着如果公司破产了，其所有者不需要用自己的个人财产偿付公司的债务。公司利润所交纳的税金与股东的收入无关。现在的多数企业都是公司。

公司的特点是：公司的资本规模大，使大规模生产成为可能；出资人对公司只承担有限责任，投资风险相对较低；公司拥有独立的法人财产权，保证了企业决策的独立性、连续性和完整性；所有权与经营权相分离，职业经理人管理不受所有者能力的限制，为科学管理奠定了基础。公司的缺点在于复杂的管理结构会使决策过程缓慢而昂贵，未分配利润作为公司的利润和作为股东的资本利得双重收税。

三、企业的目标

企业的选择行为取决于其经营目标。在现实生活中，企业可能有多重目标，但在经济分析中一般假设企业从事生产经营的唯一目标是利润最大化。这里所说的利润，指的是经济利润，即企业的收益扣除全部成本之后的余额。

（一）机会成本

企业账簿中记录的成本与经济分析中的成本不是一回事。在企业管理中，会计人员核算的成本，是指企业购买各种要素实际支出的货币，是过去已经发生的，是历史记录。会计师关注历史，重视过去已经发生的成本及其补偿。所以，由会计师核算的成本叫作会计成本或历史成本。

与上述会计成本不同，经济学家着眼于未来，关注企业经营将要发生的成本，重视资源的使用效率和企业的选择。因此，经济分析中所说的成本，是一种经济成本或机会成本。它特指某种资源用于特定用途后，所放弃的该资源在其他用途上的最高收入。例如，一块农地可能有三种用途和收入：种玉米，收入 100 元；种蔬菜，收入 200 元；挖塘养鱼，收入 300 元。如果这位农民最终选择了种植玉米，其成本即机会成本就是放弃的其他用途中的最高代价——挖塘养鱼的 300 元。

机会成本是生产者理性选择的依据。在上例中，农民虽然有三种选择，但最终会理性地选择养鱼。因为其他两种选择的成本（300 元）均大于其收益（分别为 100 元和

200 元)，只有养鱼的收益（300 元）大于其成本（200 元）。

一种资源有机会成本取决于两个因素：一是资源是稀缺的，二是资源有多种用途。资源是稀缺的，决定了人们必须进行选择；资源有多种用途，决定了人们可以进行选择。只要有选择，就有放弃，有放弃就有机会成本。本书之后的内容中所提及的成本全部为机会成本，为方便仅以成本二字表示。

（二）经济利润

一般来说，利润是收益减去成本后的余额。不管是会计师还是经济学家，他们核算的收益都是相同的，即销售量乘以价格。但两者核算的成本有所不同，因而各自核算出的利润也有差别。从机会成本的角度看，成本包括显性成本和隐含成本两部分。

显性成本是指厂商付给外部要素所有者的成本，包括工资、材料费和资产租金等。这些成本能反映到会计账簿上，所以叫显性成本，也就是会计成本或历史成本。隐含成本是指厂商使用自有要素应当支付的成本，包括自有劳动的工资、自有房屋的租金、自有资本的利息以及正常利润。这里所说的正常利润，是指厂商对自己提供的企业家才能（经营管理服务）应当支付的费用，属于企业成本的一部分。

会计师核算的利润是总收益与显性成本之间的差额。经济学家核算的利润是总收益和总成本之间的差额。需要特别注意，经济学家核算的利润中包括正常利润，所以，即使厂商的经济利润为零，仍然有可能得到正常利润。另外，会计师没有把隐性成本计入总成本，所以会计利润要大于经济利润。

我们举个例子，赵六是一家西饼店的门店经理，年薪 30 000 元，假设他在城里有所房子，年租金是 6 000 元，他还有 23 000 元的存款，年利率是 10%。现在假设赵六辞职自己创办冰激凌店，用自己的房子做门店，取出自己的存款，同时以 10% 的年息贷款 20 000 元，用于支付工人工资、采购和租赁设备与原材料等。就这样，赵六信心满满地投入新事业，成为一名企业家，期待着日益兴隆的事业。

假设一年后赵六获得收益 85 000 元，支付工人工资、原材料和设备租金总计 43 000 元，支付贷款利息 2 000 元。那么他的利润是多少呢？会计师会这样计算他的利润：

会计利润 = 总收益 − 总成本(显性成本) = 85 000 − 43 000 − 2 000 = 40 000(元)

但是，赵六不会这么想，因为他知道自己拥有的所有资源都不是免费的，为了创业放弃了原本可以获得的 30 000 元年薪、6 000 元租金和 2 300 元利息，这些都是他的创业机会成本，也是他的隐性成本。赵六想知道经济利润是多少。

经济利润 = 总收益 − 总成本(所有显性成本加上隐性成本)

$$= 85\,000 - 43\,000 - 2\,000 - 30\,000 - 6\,000 - 2\,300 = 1\,700\,(元)$$

这1 700元是赵六作为企业家的回报。当然，由于未来充满不确定性，没人事先知道自己一定是亏损或盈利，这就是创办企业的风险，如果总收益低于总成本的话，赵六将遭受亏损。因此，经济利润可能是正的，也可能是负的，也可能为零。

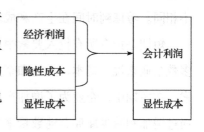

图4-1　经济利润与会计利润

上述关系可以用图4-1表示。

第二节　企业的生产决策

一、生产的相关概念

（一）生产函数

从物质技术的角度看，生产首先表现为投入－产出过程，即投入一定数量的要素，生产出一定数量的产品或服务。

生产过程中的投入被称为生产要素，包括劳动、资本、土地和企业家才能。在第一章中我们已经介绍了这四种要素，这里不再赘述。在上述要素中，经济学家特别推崇企业家才能，认为只有通过企业家的努力，才能最大限度地提高要素利用效率。生产过程实际上是这四种生产要素结合的过程，而产品则是这四种生产要素共同作用的结果。

在一定的技术条件下，投入一定数量的生产要素，就会有一个最大的产出。两者之间存在着一个内在的数量关系，这种数量关系被称为生产函数。生产函数是由生产的技术条件决定的。随着生产技术条件的变化，生产函数也会相应地变化。

如果用 Q 表示产出、L 表示劳动、K 表示资本、N 表示土地、E 表示企业家才能，那么，生产函数的形式就是：

$$Q = f(L,K,N,E)$$

如果我们只关注其中的劳动和资本，而将其他生产要素抽象掉，那么，生产函数可以简化为：

$$Q = f(L,K)$$

（二）决策的时间框架

企业的经营者要做出很多决策，所有的决策都是为了实现利润最大化的目的。为此，企业需要改变产量和成本之间的关系，对于不同的企业来说，这种改变所需的时间不相同。考虑到时间在生产和成本中的重要影响，经济分析中一般区分短期和长期。

短期是指在所有投入要素中，至少有一种要素的数量固定不变的时间框架。对于大多数企业来说，资本、土地和企业家才能都是固定的生产要素，而劳动是可变的生产要素。在短期中，企业为了增加产量，只能通过增加可变生产要素的投入来实现，也就是通过增加和减少雇佣劳动数量来实现。正因为如此，短期决策很容易改变。

长期是指所有的投入要素都可以改变的时期，包括劳动、资本、土地和企业家才能在内的所有生产要素的数量都可以调整。在长期中，企业为了增加产量，不仅可以选择是否增加其雇佣劳动的数量，而且可以选择是否改变其设备规模。因此，长期决策很难改变，一旦做出改变设备规模的决策，企业就必须维持该规模一段时间。

需要强调的是，划分时期的依据是所有生产要素是否都可以改变，而不是生产产品的具体时间。对不同的生产者而言，时期长短的差别很大。例如，菜农在数月内就可以改变种植计划，而大型水电厂从设计、建造、验收到投产，可能需要数年或十几年。

依据决策的时间框架，可以把生产理论区分为短期生产理论和长期生产理论。因为我们已经将生产函数抽象简化为只有劳动和资本两种要素，因此，短期生产理论讨论资本不变而劳动可变的生产函数；长期生产理论讨论资本和劳动都可以改变的生产函数。

二、短期里的产量

假定资本投入量不变，劳动投入量可以变化，那么，短期生产函数的具体形式就是：

$$Q = f(L, \overline{K})$$

其中，$\overline{K}$ 代表固定不变的资本投入，产出随着劳动投入量的变化而变化。

（一）总产量、平均产量和边际产量

从上述生产函数出发，我们可以得到三个重要的产量概念：总产量、平均产量和边际产量。表 4-1 给出了某厂商在设备数量保持不变的情况下，通过改变雇用工人数量生产冰激凌时的产量数据。

表 4-1 总产量、边际产量和平均产量

劳动量（L）	劳动总产量（TP_L）	劳动平均产量（AP_L）	劳动的边际产量（MP_L）
0	0	0	
1	8	8	8

（续）

劳动量（L）	劳动总产量（TP_L）	劳动平均产量（AP_L）	劳动的边际产量（MP_L）
2	20	10	12
3	36	12	16
4	48	12	12
5	55	11	7
6	60	10	5
7	60	8.6	0
8	56	7	−4

表 4-1 中的第二列为总产量（TP_L），是既定投入组合所能生产出来的最大产量。根据表中数据，在图 4-2 中画出该厂商的总产量曲线。横轴代表劳动数量，纵轴代表产量。我们可以看到，在设备数量不变的情况下，随着劳动投入的增加，总产量也增加，但总产量的增量是递减的。劳动投入达到一定数量（这里是 7 个单位）后，再增加投入，总产量就会下降。

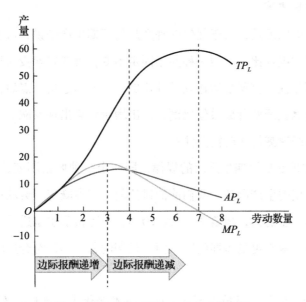

图 4-2　总产量、平均产量和边际产量

表 4-1 中的第三列是平均产量（AP_L），是平均每单位劳动得到的产量，等于总产量除以劳动的数量，其对应曲线如图 4-2 所示。我们可以看到，平均产量随着劳动投入的增加，开始时是增加的，到达最高点后，再增加劳动投入，平均产量反而减少。其曲线呈倒 U 形。其函数形式为：

$$AP_L = \frac{TP_L}{L}$$

表 4-1 中的第四列是边际产量（MP_L），是当所有其他投入保持不变的情况下，由

增加 1 单位劳动所带来的总产量的增加量。随着劳动投入的增加，边际产量也是先上升后下降。其曲线也呈倒 U 形。其函数形式为：

$$MP_L = \frac{\Delta TP_L}{\Delta L}$$

或 $$MP_L = \lim_{\Delta L = 0} \frac{\Delta TP_L}{\Delta L} = \frac{\mathrm{d}TP_L}{\mathrm{d}L}$$

特别要注意的是，平均产量曲线和边际产量曲线相交在平均产量曲线的最高点。

（二）边际报酬递减规律

从表 4-1 和图 4-2 中可以看出，在资本投入量不变的条件下，随着劳动投入的增加，劳动的边际产量开始时是递增的，由 8 增加到 16；当边际产量达到某一值（这里是 16）后，就出现递减。这种趋势被称为要素边际报酬递减规律，或边际产量递减规律、边际收益递减规律等。

边际报酬递减的原因是，对于任何一种产品的短期生产来说，可变要素与固定要素之间都有一个最佳的组合比例。当一种要素固定不变，可变要素投入逐渐增加时，会逐渐向这个最佳比例靠拢，直至最后达到最佳比例；一旦越过这一点后，再增加可变要素投入，要素组合比例就开始背离最佳比例，产出增量就会出现递减。

在理解边际报酬递减规律时需要注意：

（1）该规律体现的是短期生产时的规律，即假定一种要素不变，另一种要素可变，是一种投入要素可变的生产函数。我们前面讨论的是资本既定、劳动可变的情况，如果是劳动既定、资本可变的话，随着资本量的增加，边际报酬也是递减的。注意，资本和劳动同时变化的话，就不再是短期问题，而是长期问题，不再符合边际报酬递减的研究前提。

（2）该规律成立的前提是技术不变。如果技术变化了，该规律不一定成立。比如，技术水平提高的话，单位劳动带来的产出会增加，如果前一个小时劳动用的是旧技术，后一个小时劳动用的是新技术，那么前后两个小时之间不具备连续性，不符合边际报酬递减规律。

（3）该规律假定，连续追加的投入是同质的，即追加要素的生产力相同，后一个小时的劳动和前一个小时的劳动是一模一样的。

（4）严格来说，边际报酬递减规律不是一条经济规律，而是一条应用更为广泛的自然规律。如果你注意观察，生活中有很多这样的例子。例如，农民在土地上施用化肥，一开始会增加土地肥力，带来边际报酬递增，随着土地中化肥数量的增加，边际报酬就会递减，当达到最佳使用量之后，如果继续过多使用化肥，不仅不会促进粮食和蔬菜生长，还会造成土壤酸化、农作物病害增加。数据显示，以氮肥为例，从 1998 年到 2013 年，我国小麦的氮肥施用量增长接近 200%，但单产水平却只提升了 50%。与此同时，英国小麦的氮肥施用量不及我国的 85%，单产却是我国的 1.3 倍。$^{\ominus}$由此可见，我国化肥投入的边际报酬已经明显下降。

正是边际报酬递减规律导致总产量曲线呈现抛物线的形状，这里的分析和边际效用递减导致总效用曲线呈现抛物线的形状是一样的，请大家自己分析，这里就不赘述。

三、长期里的规模报酬

在短期内，如果一家汽车生产商想增加产量，只能增加劳动的使用量，最终会受到边际报酬递减规律的限制，当边际报酬等于 0 时，汽车总产量达到最大，无法再增加。但从长期看，厂商并不受此限制，它可以通过既增加生产线又增加工人的方法扩大产量。我们将这种情况视为企业的规模变化。从生产函数的表达式看，只要所有投入都增加，企业的规模就会扩大。现实中，汽车厂的生产线（即资本）增加意味着生产能力的扩大，这要求增加劳动和原料等的投入，因此可视为规模的变化。

经济学在讨论规模报酬问题时，规模扩大指的是所有生产要素同时等比例增加，比如资本增加为原来的 1.5 倍，劳动也增加到原来的 1.5 倍。当企业规模扩大时，产量（即报酬）如何变化，这就是规模报酬问题。企业的规模报酬会出现三种情况：规模报酬不变、规模报酬递增和规模报酬递减。

1. 规模报酬不变

企业的规模扩大 1 倍（所有要素投入都增加 1 倍），产量也扩大 1 倍，这种情况称为规模报酬不变。例如，如果一家企业投入的资本为 1 000，劳动为 500，对应的产量为 10 000。当其投入增加 1 倍时，即资本增加为 2 000，劳动增加为 1 000，那么，该企业对应的产量也将增加 1 倍，为 20 000。

2. 规模报酬递增

当企业的要素投入增加 1 倍时，产量增加的倍数超过 1 倍，则存在规模报酬递增。例如，上例中企业规模扩大 1 倍后，总产量超过 20 000。规模报酬递增的原因可能是，某些产业规模越大，其劳动分工能更为专业化，也就能更加充分地利用厂房、设备和管

　　$\ominus$　资料来源：http://finance.ifeng.com/a/20150317/13560454_0.shtml.

理人员，充分提高生产效率。汽车制造、飞机制造和电力供应等行业在从小规模向大规模扩张的过程中，在一定范围内存在典型的规模报酬递增现象。

3. 规模报酬递减

与规模报酬递增正好相反的情况我们称之为规模报酬递减。例如，上例中企业规模扩大1倍后，总产量少于20 000。出现规模报酬递减的原因可能是，当企业的规模过大时，管理的有效性就很难保证；管理机构庞杂，层次过多，生产部门分散，会使经理与工人的沟通变得困难；生产的各部门协调不灵、信息不畅。这些都有可能导致生产效率的下降。

一般来说，在长期生产中，随着企业规模逐步扩大，开始时会出现规模报酬递增现象。接着，在一个比较长的时期内，规模报酬基本不变。但是，如果继续扩大规模，就有可能出现规模报酬递减现象。

第三节　企业的成本分析

一、短期成本

（一）总成本：固定成本和可变成本

我们以赵六生产冰激凌的情况来讨论成本问题，假设赵六短期内的设备数量为1台，其成本为每天75元。赵六雇用劳动的成本为每天60元，那么，当赵六的产量变化时，其成本怎么变化呢？我们来看表4-2。

表4-2　赵六生产冰激凌的短期成本

总产量（1）	资本（2）	劳动（3）	TFC（4）	TVC（5）	TC（6）	MC（7）	AFC（8）	AVC（9）	ATC（10）
0	1	0	75	0	75	—	—	—	—
30	1	1	75	60	135	2.00	2.50	2.00	4.50
90	1	2	75	120	195	1.00	0.83	1.33	2.17
130	1	3	75	180	255	1.50	0.58	1.38	1.96
161	1	4	75	240	315	1.94	0.47	1.49	1.96
184	1	5	75	300	375	2.61	0.41	1.63	2.04
196	1	6	75	360	435	5.00	0.38	1.84	2.22

表4-2中的（4）（5）（6）列为三种不同的总成本。第（4）列为总固定成本（TFC），是在短期内所有固定投入的成本，它包括：契约规定的建筑物和设备的租金、债务利息、高层管理人员的薪金、自有资金的收入等。即使厂商的产量为零，它也必须

支付这些费用。而且，即使产量发生变化，这些费用也不会改变。赵六的总固定成本为75元，顺着第（4）列往下看，我们可以看到，赵六的总固定成本不随产量变化，是固定不变的。

第（5）列为总可变成本（*TVC*），是指那些随着产量变化而变化的成本。它包括：原材料购买费、劳动力的工资、电力消耗等。当产量为零时，厂商的总可变成本也为零。当厂商开始生产时，随着产量的增加，总可变成本也不断增加。

第（6）列是总成本（*TC*），是指厂商为了生产某一产量的产品所支付的总固定成本和总可变成本之和，即对全部生产要素的总支付：

$$TC = TFC + TVC$$

总成本、总固定成本和总可变成本与产量之间的关系，可以用图4-3中的成本曲线表示。

（二）边际成本

表4-2中第（7）列为边际成本，是指厂商增加一单位产品时，总成本的增加额。用 *MC* 代表边际成本，其定义式是：

$$MC(Q) = \frac{\Delta TC(Q)}{\Delta Q}$$

或者：

$$MC(Q) = \lim_{\Delta Q \to 0} \frac{\Delta TC(Q)}{\Delta Q} = \frac{\mathrm{d}TC}{\mathrm{d}Q}$$

例如，当产量从0单位增加到30单位时，对应的总成本从75元增加到135元，总成本增量为 $\Delta TC = 135 - 75 = 60$，$\Delta Q = 30$，则边际成本为：

$$MC(Q) = \frac{\Delta TC(Q)}{\Delta Q} = \frac{60}{30} = 2$$

仔细观察边际成本的数据我们会发现，随着产量的增加，边际成本开始时下降；当达到最小值时，随着产量的增加，它又开始上升。其曲线呈U形，如图4-4中 *MC* 曲线所示。

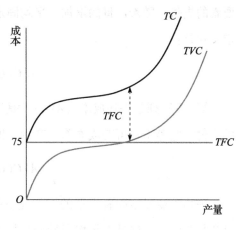

图4-3 总成本、总固定成本和总可变成本的变动规律

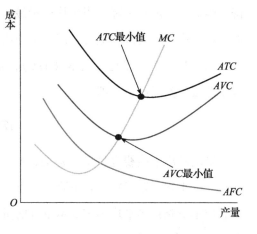

图4-4 短期成本曲线

边际成本之所以先下降后上升，是由要素的边际报酬递减规律决定的。在短期内，资本是不变的。随着劳动投入量的增加，劳动的边际产量先上升，然后下降。当劳动的边际产量上升时，也就是一单位劳动带来的产量增加时，每单位产品中的工资成本就下降，因而边际成本下降。当边际产量最大时，产品增量中的工资成本最小。当边际产量下降时，产品增量中的工资成本上升，因而边际成本上升。

（三）平均成本：平均固定成本和平均可变成本

平均成本也是经济分析中最重要的概念之一。当把平均成本与价格或平均收益进行比较时，厂商可以判断经营是否获得了经济利润。表 4-2 中的 (8)、(9)、(10) 列为三种平均成本。

第 (8) 列是平均固定成本 (AFC)，是厂商在短期内平均每生产一单位产品对不变要素的支付。随着产量的增加，平均固定成本呈不断下降的趋势，但不会下降到零。其定义式是：

$$AFC(Q) = \frac{TFC(Q)}{Q}$$

第 (9) 列是平均成本 (AVC)，是厂商在短期内平均每生产一单位产品对可变要素的支付。它等于总可变成本除以产量，即：

$$AVC(Q) = \frac{TVC(Q)}{Q}$$

平均可变成本随着产量的增加先下降，后上升，其曲线也呈 U 形，如图 4-4 中的 AVC 曲线所示，这是由平均产量变化规律决定的。在短期内，随着劳动投入量的增加，劳动的平均产量先上升，然后下降。当劳动的平均产量上升时，产品中的工资成本下降，因而平均成本下降。当平均产量最大时，产品中的工资成本最小。当平均产量下降时，产品中的工资成本上升，因而平均成本上升。

第 (10) 列为平均总成本 (ATC)，是厂商在短期内生产一单位产品所对应的成本，等于总成本除以产量，即：

$$ATC = \frac{TC}{Q}$$

平均总成本曲线也是呈 U 形的，原因是平均总成本等于平均可变成本加上平均固定成本，且平均固定成本一直下降。所以，当平均固定成本和平均可变成本都下降时，平均总成本下降；当平均固定成本下降的量等于平均可变成本上升的量时，平均总成本最小；当平均固定成本下降的量小于平均可变成本上升的量时，平均总成本上升。因为平均总成本是在平均可变成本上加上平均固定成本，所以，平均总成本曲线一定在平均可变成本曲线之上。

在图 4-4 中，上升的边际成本曲线总是通过平均成本曲线的最低点。这意味着，如果边际成本小于平均成本，那么，平均成本必然下降。因为，当边际成本小于平均成本时，生产的最后一单位产品的成本必然小于全部单位的平均成本。这样，新的平均成本必然小于原来的平均成本，呈下降趋势。用经济学的术语来说，就是当边际成本曲线位于平均成本曲线的下方时，平均成本曲线必然下降。同理，当边际成本大于平均成本时，生产的最后一单位产品的成本必然大于全部单位的平均成本。这样，新的平均成本必然大于原来的平均成本，呈上升趋势。当边际成本正好等于平均成本时，新的平均成本和原来的平均成本相同，平均成本曲线既不上升，也不下降。因此，在 U 形平均成本曲线的最低点，有边际成本等于平均成本，这是一个重要的经济关系。其他成本之间的关系如图 4-4 所示。

二、长期成本

（一）长期总成本和长期平均成本

任何企业都有长期生产的愿景，在长期内，由于企业所有投入要素的数量都是可调整的，因此不存在固定的投入或固定成本，所有的投入要素都是可变的，所有的成本都是可变成本。为了生产出期望的产量，企业必须决定其投入要素的组合。如果把所有的投入要素抽象为 K 和 L 两种，长期生产函数就是：$Q = f(L, K)$。

为了实现利润最大化的目标，企业必须采取最小成本原则：为了获得任何既定的产量，企业将选择具有最低成本的投入组合。我们就依据最小成本原则，看看赵六是如何选择的。假设赵六雇用工人使用设备生产冰激凌，每台设备的成本是 75 元，每单位劳动的成本是 60 元。再假设生产 196 个冰激凌的投入组合有 A、B、C、D 四种，根据投入要素的价格，很容易就计算出每种投入组合下的总成本，如表 4-3 所示。假设赵六现在有 1 台设备，在短期内，赵六无法调整其设备数量，因此他只能按照生产组合 B 进行生产，此时的成本是 435 元。在长期内，赵六可以调整其资本的数量，按照最小成本原则，他将设备数量调整为 2 台，劳动数量调整为 4，这样他生产 196 个冰激凌的成本就降低为 390 元。

一旦赵六选择了组合 C，他将不再考虑其余三种组合。以此类推，对于每个不同的既定产量，赵六都按照最小成本原则选择要素组合，我们把这些产量所对应的成本列在

表4-4中。其中，长期总成本是对每一个既定产量都选择最低成本的投入组合进行生产时的成本。当产量为0时，长期总成本为0，这点和短期生产不同。因为在长期内，可以退出生产从而将资本调整为0，但是短期内资本无法调整。所以，即使短期产量为0，仍然存在固定成本75元。表4-4中的第三列是长期平均成本（LATC），是当所有要素均可变化时的1单位产量对应的成本。

表4-3　赵六的生产函数

投入组合	资本	劳动	总成本（元）
A	0	9	540
B	1	6	435
C	2	4	390
D	3	3	405

表4-4　赵六生产冰激凌的长期生产成本

产量	长期总成本（元）	长期平均成本（元）
0	0	—
30	100	3.33
90	195	2.17
130	255	1.96
161	315	1.96
184	360	1.96
196	390	1.99
250	650	2.60
300	1 200	4.00

（二）长期平均成本和短期平均成本的关系

在长期内，厂商可以调整所有的投入要素，使既定产量下的平均成本最小。还以赵六的冰激凌厂为例，在短期内，赵六是在既定规模下生产的，其平均成本取决于其规模，但是在长期内，赵六要根据其计划产量选择规模，因此，其长期平均成本与规模大小有关。

为了说明原因，假设赵六计划每天生产90个冰激凌，对应于这个产量，赵六有四个生产规模可以选择，如图4-5所示。当采用1台设备的规模时，平均总成本曲线是ATC_1，对应于90个冰激凌的平均总成本是2.17元；当采用2台设备的规模时，平均总成本曲线是ATC_2，对应于90个冰激凌的平均总成本是3.56元；当采用3台设备的规模时，平均总成本曲线是ATC_3，对应于90个冰激凌的平均总成本是6.23元；当采用4台设备的规模时，平均总成本曲线是ATC_4，对应于90个冰激凌的平均总成本是11.41元。

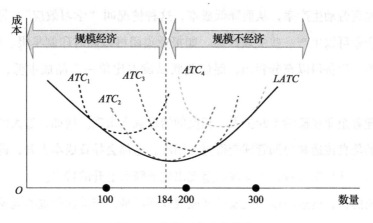

图 4-5　长期平均成本曲线

从以上四个规模的成本对比可以看出，对应于 90 个冰激凌的产量，最经济的生产规模是 1 台设备的规模。也就是说，四个不同的生产规模都可以生产出计划的产量，但是不同规模下的平均成本不同，企业将选择平均总成本最低的那个规模进行生产。对于赵六来说，如果产量为 90 个冰激凌，那么 1 台设备的规模成本最低；如果生产 196 个冰激凌，则 2 台设备的规模成本最低；如果生产 250 个冰激凌，则 3 台设备的规模成本最低；如果产量为 300 个冰激凌，则 4 台设备的规模成本最低。

这样，在每个产量下，厂商都选择最低成本的生产规模，随着厂商生产规模的调整，我们就可以得到长期平均成本曲线。它由所有短期平均成本曲线中平均成本最低的那几段共同组成，或者说，长期平均成本曲线是短期平均成本曲线的包络线。当规模无数多时，包络线就成为一条平滑的曲线，其形状也是先下降，后上升，呈 U 形，即在一定的产量之前，随着产量的增加，平均成本下降，达到一定产量之后，再增加产量，平均成本就会上升。

（三）长期内的规模经济

长期平均成本的变化规律是由长期生产中的规模经济和规模不经济决定的。规模经济是指厂商因扩大生产规模而引起的平均成本下降（见图 4-5），在产量达到 184 个冰激凌以前，赵六经历着规模经济；规模不经济是指厂商因扩大生产规模而引起的平均成本上升，在产量超过 184 个冰激凌之后，赵六经历着规模不经济。

在企业内部，厂商扩大规模后有多种因素可以促使平均成本下降。例如，通过劳动分工和专业化、技术进步以及管理改善等，就有可能降低产品平均成本。再如，在长期的生产过程中，工人、技术人员、管理人员等可以积累起产品生产、产品设计及管理方面的经验，提高劳动生产率，从而降低成本，这种情况叫"学习效应"。另外，随着规模的扩大，企业可以生产一些关联产品。如报业集团可以同时印制早报、日报、晚报、周报、杂志等，设备得以充分利用，促使关联品成本比单一产品成本低，这种情况叫"范围经济"。

但是，随着企业规模的不断扩大，相反的情形就会出现。例如，过大的规模导致不同部门之间的信息传递和协调管理变得更加困难，这都会导致成本上升，进入规模不经济阶段。所以，从长期来看，平均成本呈现出先下降后上升的特点。

需要指出的是，这里所说的规模经济或规模不经济，与前面所说的规模报酬递增或规模报酬递减不是一回事，两者不可混淆。规模经济指的是规模扩大，导致长期平均成本下降，讨论的是投入和成本之间的关系；规模报酬指的是资本和劳动同比例增加后，产量上升的比例更大，讨论的是投入和产出之间的关系。

当然，规模报酬和规模经济之间也有联系，即规模报酬递增是规模经济的原因之一。因为规模报酬递增意味着等量资本和劳动带来更多的产出，也就是每一单位产出对应的资本和劳动数量减少，那么，每一单位产出对应的成本必然下降，也就是规模经济。

本章小结

1. 企业是最基本的经济单位，其主要职能是生产物品或劳务。企业家管理企业的生产运营。在现代市场经济中，企业有个人业主制、合伙制和公司制等三种法定组织形式。其目标是利润最大化。

2. 总产量是指生产出来的、用实物单位衡量的产出总量。平均产量是指平均每一单位要素投入（例如劳动）得到的产量。边际产量是指在其他投入保持不变的情况下，由增加一单位要素（例如劳动）所带来的总产量的增加量。

   在其他投入量不变的条件下，随着某种投入的增加，其边际产量开始时是增加的；当达到某一产量后，就出现递减。这种趋势被称为要素边际报酬递减规律，或边际产量递减规律、边际收益递减规律等。

3. 总成本（TC）是总固定成本（TFC）和总可变成本（TVC）之和。固定成本不受任何产量的影响，而发生在诸如劳动、原材料等项目上的可变成本则随着产量水平的上升而增加。

4. 边际成本（MC）是增加一单位产量而导致的总成本的增加量。平均成本（AC）是平均固定成本（AFC）和平均可变成本（AVC）之和。短期平均成本通常用 U 形曲线来表示，该曲线在其最低点与不断上升的 MC 成本曲线相交。

5. 长期总成本是对每一既定产量都选择最低成本的投入组合进行生产时的成本。长期平均成本是当所有要素均可变化时的 1 单位产量对应的成本。

6. 长期平均成本是长期里所有要素投入都可变化时的单位产出的成本，长期平均成本曲线是短期平均成本曲线的包络线。其形状也是先下降，后上升。

7. 长期平均成本的变化规律是由长期生产中的规模经济和规模不经济决定的。规模经济是指厂商因扩大生产规模而引起的成本下降；规模不经济是指厂商因扩大生产规模而引起的成本上升。

8. 规模报酬是指在其他条件不变的前提下，企业内部各种生产要素按相同比例变化时带来的产量变化，规模报酬有三种情形：规模报酬递增、规模报酬不变和规模报酬递减。

习题与思考

一、判断题

1. 短期是指在这一期间内只有一种资源是可变的。　　　　　　　　　　　（　　）
2. 从长期来看，所有的资源都是可变的。　　　　　　　　　　　　　　　（　　）
3. 收益递减规律表明随着资源投入量的增加，单位投入的边际产量最终会下降。

　　　　　　　　　　　　　　　　　　　　　　　　　　　　　　　　　（　　）
4. 如果劳动的边际产量大于劳动的平均产量，则随着雇用工人数量的增加，劳动的平均产量会增加。　　　　　　　　　　　　　　　　　　　　　　　　　　（　　）
5. 总成本首先下降，然后随着收益递减发生作用，总成本随企业产量的扩大而上升。

　　　　　　　　　　　　　　　　　　　　　　　　　　　　　　　　　（　　）
6. 平均总成本曲线，同劳动的平均产量曲线一样，呈倒置的 U 形。　　　（　　）
7. 平均总成本曲线通常经过边际成本曲线的最低点。　　　　　　　　　　（　　）
8. 从长期来看，所有的成本都是可变成本，没有成本是固定成本。　　　　（　　）
9. 短期平均成本曲线的任何部分都位于长期平均成本曲线的上方。　　　　（　　）
10. 规模报酬和规模经济是一回事。　　　　　　　　　　　　　　　　　　（　　）

二、单项选择题

1. 短期是指一段时间，在这段时间里（　　　　）。
   A. 经过一年或更短的时间
   B. 所有投入要素都是可变的
   C. 所有投入要素都是不变的
   D. 至少有一种投入要素是不变的，其他投入要素是可变的
2. 从长期来看，（　　　　）。
   A. 只有企业使用的资本量是不变的　　　　B. 所有投入要素都是可变的
   C. 所有投入要素都是不变的　　　　　　　D. 一个企业要经历规模不经济阶段
3. 总产量除以工人数等于（　　　　）。
   A. 劳动的平均产量　　　　　　　　　　　B. 劳动的边际产量

　　　C．平均总成本　　　　　　　　　　　　D．平均可变成本

4．在什么情况下，收益递减发生？（　　　）

　　A．所有要素投入量增加，产量减少

　　B．所有要素投入量增加，产量以较小的比例增加

　　C．一种可变要素投入量增加，产量减少

　　D．增加1单位的可变要素投入，其边际产量减少

5．在什么情况下，劳动的边际产量等于劳动的平均产量？（　　　）

　　A．劳动的平均产量处在最高点时

　　B．劳动的平均产量处在最低点时

　　C．劳动的边际产量处在最高点时

　　D．以上选项都不对，因为劳动的边际产量永远都不等于劳动的平均产量。

6．当劳动的边际产量曲线位于劳动的平均产量曲线的下方时，（　　　）。

　　A．劳动的平均产量曲线的斜率为正

　　B．劳动的平均产量曲线的斜率为负

　　C．总产量曲线的斜率为负

　　D．企业处在规模不经济的情况下

7．张三包办酒席时发现，如果一周包办10桌酒席，其总成本是3 000元，总可变成本为2 500元，则他的固定成本是多少？（　　　）

　　A．250元　　　　　　　B．300元　　　　　　　C．500元　　　　　　　D．3 000元

8．如果平均总成本曲线向下倾斜，那么在这种产量水平下的边际成本曲线一定（　　　）。

　　A．向上倾斜　　　　　　　　　　　　　B．向下倾斜

　　C．在平均总成本曲线的上方　　　　　　D．在平均总成本曲线的下方

9．边际收益递减的概念（　　　）。

　　A．适用于劳动和资本　　　　　　　　　B．适用于劳动，但不适用于资本

　　C．适用于资本，但不适用于劳动　　　　D．对劳动和资本都不适用

10．多生产1单位的产品所引起的总成本的变化等于（　　　）。

　　A．平均总成本　　　　　　　　　　　　B．可变成本

　　C．平均可变成本　　　　　　　　　　　D．边际成本

三、思考题

1．如何认识边际报酬递减规律？

2．短期边际成本与边际产量曲线之间是什么关系？短期可变成本与平均产量曲线之间是什么关系？

3．平均总成本、平均可变成本和边际成本之间是什么关系？

4．短期平均成本曲线和长期平均成本曲线均呈"U"形，两者形成原因一样吗？

5．长期总成本与短期总成本是什么关系？长期平均成本与短期平均成本是什么关系？

专栏　智能技术降低企业成本

在 2018 年 1 月 23 到 26 日召开的达沃斯论坛上，人工智能技术是讨论的热点之一。根据英国智库研究，自动化智能技术将替代更多工作，英国几百万个工作岗位将被机器人替代。智能技术至少降低企业以下五个方面的成本。

（1）智能技术降低企业物流成本。企业仓库犹如一个繁忙工作间，不仅如此，机器人穿梭在物流配送中心，取出货物、运送货物、包装货物，机器人替代传统劳动者搬运重体力工作，物流环节中每个步骤几乎都由机器人来完成，实现更高效的物流配送、更低的运输物流成本。

（2）机器人降低企业生产成本。若走进一家全球上市汽车企业，生产流水线几乎都由机器人完成，机器人大手臂完成每一辆汽车从原材料到生产成零件整车的过程，汽车钢板焊接、旋拧螺丝、安装车窗车轮，智能技术提升传统制造业企业生产流水线效率，降低必要劳动时间，提升效率。

（3）机器人提升零售企业实体店卖场服务。无人商店、无人超市，智能技术提升零售企业服务，没有收银台，没有理货员，没有促销员。顾客走进一家商店，只需点点手机扫码，选择商品后，虚拟智能技术自动显示商品信息，走出商店时，移动手机自动结账。

（4）智能技术提升企业培训服务。企业为员工提供个性定制培训服务，员工、中层管理者通过互联网线上随时随地培训，教育培训时间更加灵活，课程更加多样，企业培训方式多种多样，不再固定在一间固定实体教室，而是随时随地线上学习，智能技术提升企业培训服务，视频或课件可反复多次随时随地下载，降低企业培训成本。

（5）智能技术降低企业采购成本与营销成本。企业采购原材料时，智能技术自动检索材料信息，辅助材料部门统计，做出最优采购计划，提高采购效率，降低成本。智能技术降低企业营销成本，互联网拉近消费者与企业之间的距离，企业更好地了解消费者，消费者通过智能技术获得企业的各种产品信息。智能技术降低采购成本，提高营销效率。

第五章
市场理论

为什么你可以和服装商讨价还价，却不能和移动通信商讨价还价？为什么有的电器商在大浪淘沙中销声匿迹，而有的电器商却在激烈的竞争中得以生存？为什么有的企业选择在亏损中的挣扎，而另一些却关门更张？为什么商人之间达成的维持高价的协议总是以失败告终？学习完本章内容，你将了解处于不同市场环境中的厂商到底是如何决定是否生产、生产多少，以及如何决定其价格的过程，并能够解释以上的所有问题。

第一节　市场与市场结构

一、市场

在现代经济社会中，我们到处都可以看到买卖产品的市场（或商场）。在市场上，交易的产品小到针头线脑，大到商业地产，也包括一些无形的东西，如产权。我们不论生活在哪里、从事什么工作，都离不开市场。例如，我们要消费，就需要找消费品市场；要就业，就需要找劳动力市场；要投资，就需要找证券市场；要买房置业，就需要找房地产市场，等等。那么，到底什么是市场呢？

从现象上看，市场是商品交换的场所，也可以是利用现代通信手段进行商品交易的接洽点，我们所看到的农村集市、城市商店以及电子购物商城等都是市场。根据研究的需要，我们可以对市场进行分类。例如，按产品的自然属性划分，市场可分为商品市场和要素市场，后者又可以分为资本市场、劳动市场、土地市场、技术市场、信息市场等；按市场的范围和地理环境划分，可分为国际市场、国内市场、城市市场、农村市场等；按市场的竞争程度划分，可分为完全竞争市场、垄断竞争市场、寡头市场和垄断市场等。

二、市场结构

根据市场结构的不同特征，我们可将市场划分为完全竞争市场、垄断竞争市场、寡头市场和垄断市场四种基本类型。划分的依据主要有以下四个方面。

第一，市场上买者与卖者的数目。在同一市场上，买者与卖者的数目越多，买者与买者之间、卖者与卖者之间的竞争程度就会越激烈，市场就越接近于完全竞争市场。

第二，不同厂商所提供交易产品的差异化程度。产品的差异化程度迎合不同买者的消费偏好。在同一市场上，如果各厂商所提供产品的差异化程度较小，那么厂商之间争夺同一偏好消费者的竞争就越激烈。

第三，单个厂商对市场价格的控制能力。厂商对市场价格的控制能力是指单个厂商通过对自身产品销售数量等的调控，从而影响市场价格的能力。如果市场上存在某个或某些厂商对产品的市场价格具有较强的控制能力，那么该行业的竞争性就越弱。

第四，厂商能否以及在多大程度上可以自由进入或退出一个行业。如果原属于其他行业的厂商可以改行很方便地进入某一行业从事生产经营，并且分割原有的市场份额，那么这意味着该行业不存在进入壁垒，行业的竞争性较强。

根据上述条件，各类厂商的产量价格决策及其在短期和长期内的利润各有不同，我们可以将四种市场类型的主要特点归结如表5-1所示，详细内容将在以下四节中介绍。

表5-1 四种市场结构的对比

	完全竞争	垄断竞争	寡头	垄断
企业的数量	非常多	较多	很少	一个
不同企业的产品	相同	不同	相同或不同	—
关于价格	价格接受者	价格制定者	价格制定者	价格制定者
进入或退出障碍	无	无	有	有
产量价格决策	$MC = MR$	$MC = MR$	通过战略互动	$MC = MR$
短期利润	正、负、零	正、负、零	正、负、零	正、负、零
长期利润	零	零	正、零	正、零

第二节 完全竞争市场

一、完全竞争市场的假设条件

完全竞争市场必须具备以下四个假设条件。

第一，市场上有大量卖者和买者。由此导致每个买者或卖者仅仅是市场中的沧海一粟，每个买者或卖者是否买卖、买卖多少，都对整个市场的交易数量几乎没有任何影响。在这种情况下，任何买者和卖者都没有能力影响市场供求和控制价格，从而只能被动地接受市场价格，成为市场价格的接受者。

第二，市场上每个厂商提供的产品都是同质的。同质意味着每个厂商提供的产品毫无差别，对于每个消费者来说，无法区分哪个产品来自哪一家厂商，任何厂商的产品之间具备完全替代性。也就是说，如果任何一家厂商想提价的话，消费者很自然就转向另外一家生产一模一样产品的厂商，因此任何厂商都没有能力提高价格，只能在市场中按照市场价格生产和销售。当然，既然厂商可以按照市场价格销售产品，也就没有必要降低其产品价格。因此，竞争性厂商只按照市场价格生产和销售其产品。

第三，所有生产要素都能自由流动。只要有利可图，劳动、资本、土地和企业家才能就可以毫无阻碍地流动到获得更高工资、地租、利息和利润的地方去，不存在任何人为限制。这意味着厂商能够自由地进入和退出某个行业，当厂商在某个行业中亏损时，它就可以从该行业中退出，将其要素转移到利润高的行业中去。

第四，完全信息。任何厂商和消费者都能获得与自身决策相关的所有信息，从而做出最优化决策。只要厂商和消费者在市场中有任何一点信息是无法获得的，那都不是完全竞争市场。比如，如果你在买手机时，无法了解手机续航能力到底如何，那么就存在不完全信息，这个市场就不是完全竞争市场。

在实际经济生活中，完全竞争市场并不存在。人们能观察到的只是一些比较接近完全竞争的市场，如大米市场、小麦市场等。我们在这里讨论完全竞争市场，主要的目的是解释市场机制及资源配置方面的基本原理，并为分析和评价市场效率提供参照系。

二、完全竞争厂商的需求曲线和收益曲线

（一）需求曲线

完全竞争厂商面临的需求曲线是一条由既定市场价格出发的水平线。这是因为，在完全竞争市场上，每一个厂商的产量在市场总供给量中所占的比例微乎其微，单个厂商没有能力影响产品的市场价格。如图 5-1a 所示，市场需求曲线 D 与供给曲线 S 相交于 E 点，决定了市场均衡价格为 P^*。相应地，在图 5-1b 中，从给定的价格 P^* 出发的水平曲线，即 d 曲线，就是单个厂商的需求曲线。其经济学含义是：厂商必须接受这个价格水平；他们没有必要也不可能改变这一价格水平。

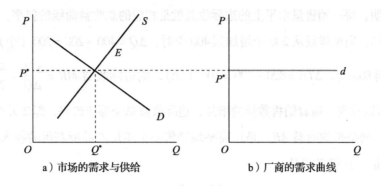

a）市场的需求与供给　　　　　b）厂商的需求曲线

图 5-1　完全竞争厂商的需求曲线

（二）收益曲线

我们以赵六冰激凌公司为例来说明完全竞争厂商的收益。假设赵六冰激凌公司处于完全竞争的冰激凌市场中，市场供求决定了每个冰激凌的市场均衡价格为 2 元，赵六冰激凌公司是价格接受者，以价格 2 元出售其每一个冰激凌。表 5-2 中的（3）（4）（5）三列为厂商的收益，分别为总收益、边际收益和平均收益。

表 5-2　赵六冰激凌公司的收益表

（1）价格 P（元/个）	（2）销售量 Q（个）	（3）总收益 TR（元）	（4）边际收益 MR（元）	（5）平均收益 AR（元）
2	200	400	2	2
2	400	800	2	2
2	600	1 200	2	2
2	800	1 600	2	2
2	1 000	2 000	2	2

第（3）列是总收益 TR，是厂商按一定价格水平销售产品所获得的全部收入。如果用 P 代表价格，Q 代表销售数量，总收益的定义式就是：

$$TR(Q) = P \cdot Q$$

当冰激凌的价格为 2 元/个，销售数量为 200 个时，总收益为 $2 \times 200 = 400$（元）。

第（4）列是边际收益 MR，是厂商增加一单位产品的销售所获得的总收益的增量。其定义式是：

$$MR = \frac{\Delta TR}{\Delta Q}$$

当销售量的变化趋于无穷小时，边际收益就等于总收益关于销售量的导数，即：

$$MR = \lim_{\Delta Q \to 0} \frac{\Delta TR(Q)}{\Delta Q} = \frac{\mathrm{d}TR(Q)}{\mathrm{d}Q} = \frac{\mathrm{d}(P \times Q)}{\mathrm{d}Q} = P$$

该式表明，每一销售量水平上的边际收益就是相应的总收益曲线的斜率，而且永远等于价格。例如，当销售量从 200 个增加到 400 个时，$\Delta Q = 400 - 200 = 200$（个），总收益从 400 元增加到 800 元，$\Delta TR = 800 - 400 = 400$（元），则边际收益 $MR = \dfrac{\Delta TR}{\Delta Q} = \dfrac{400}{200} = 2$（元/个）。我们可以发现，随着销售数量的增加，边际收益总是等于价格，即 2 元/个。

第（5）列是平均收益 AR，是厂商平均销售一个单位产品所获得的收入，等于总收入除以销售量。其定义式是：

$$AR = \frac{TR}{Q} = \frac{P \times Q}{Q} = P$$

例如，当销售量为 1 200 个时，总收益 $TR = P \times Q = 2 \times 1\,200 = 2\,400$（元），平均收益 $AR = \dfrac{TR}{Q} = \dfrac{2\,400}{1\,200} = 2$（元/个）。从表中数据可见，任何销售量下的平均收益都等于价格，即 2 元/个。

经过这样的计算之后，我们可以发现，赵六冰激凌公司的边际收益、平均收益和价格保持相等，与销售数量没有关系，即 $P = MR = AR$。由此，我们可以绘制赵六的边际收益和平均收益曲线，如图 5-2 所示。

根据表 5-2，我们可以绘制出冰激凌公司的收益曲线，如图 5-3 所示。从赵六的总收益曲线出发，我们可以得到这样的结论：总收益曲线是一条由原点出发，斜率保持不变，并向右上方倾斜的直线。其原因是，完全竞争厂商在既定的价格水平下，随着销售量的增加，收益随之等比例地增加，即 $TR(Q) = P \cdot Q$。或者，也可以通过边际收益 MR 是 TR 曲线的斜率来加以解释，用公式表示即为 $MR = \dfrac{\mathrm{d}TR}{\mathrm{d}Q} = \dfrac{\mathrm{d}(P \cdot Q)}{\mathrm{d}Q} = P$。在完全竞争市场上，商品的市场价格 P 是固定不变的，因此，总收益曲线的斜率也保持不变。

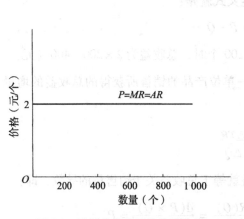

图 5-2　边际收益和平均收益曲线

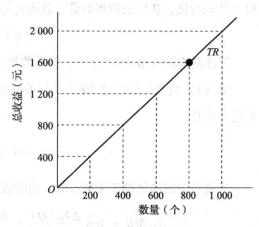

图 5-3　总收益曲线

三、完全竞争厂商的决策

完全竞争厂商的目标是在既定的约束条件下实现利润最大化，为了实现这个目标，厂商必须做出四个重要的决策：两个短期决策和两个长期决策。在短期内，厂商的资本量无法调整，因此，面对既定的市场价格，厂商需要做出两个决策：①生产还是停业；②如果生产，生产多少。在长期内，厂商不仅可以调整其规模，而且还可以决定是否进入或退出某个行业，因此，厂商需要做出两个决策：①扩大还是缩小生产规模；②留在行业中还是退出行业。

我们的分析将从短期开始，然后转向长期。

（一）利润最大化的条件

在完全竞争市场上，厂商实现其利润最大化的条件是：$MR = MC$。下面，我们结合图 5-4 略做说明。在图 5-4 中，MR 曲线是厂商的边际收益曲线，MC 曲线是厂商的短期边际成本曲线。E 点是完全竞争厂商的均衡点，Q^* 是厂商选择的利润最大化产量。

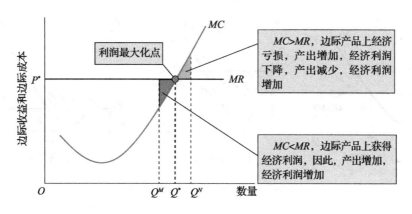

图 5-4　利润最大化的均衡条件

图 5-4 表明，当产量小于 Q^* 时，厂商的边际收益 MR 大于其边际成本 MC。例如，当产量为 Q^M 时，厂商生产第 Q^M 单位产品的成本小于销售这一单位产品的收益，厂商在第 Q^M 单位的产品上获得正的经济利润，这时，增加一单位产量所带来的总收益的增量大于其总成本的增量，增加产量是有利的。所以，厂商的选择是增加产量，即其产量向 Q^* 靠近。

当产量大于 Q^* 时，厂商的边际收益 MR 小于其边际成本 MC。例如，当产量为 Q^N 时，厂商生产第 Q^N 单位产品的成本大于销售这一单位产品的收益，厂商因生产这一单位产品而获得负的经济利润，也就是这一单位产品让厂商蒙受亏损，因此厂商不会生产这一单位产品，厂商的选择是降低产量，即其产量向 Q^* 靠近。

当产量增加或降低到 Q^* 时，边际收益等于短期边际成本 MC，利润达到最大。Q^* 就是利润最大化时的产量。根据上面的分析，在这一产量的基础上，再增加一单位产量，增加的这一单位产量将带来负利润，导致总利润减少。同样，若在这一产量的基础上，再减少一单位产量，将对应减少这一单位产量的正利润，导致总利润减少。

由此可见，在完全竞争市场上，处于生产中的厂商必须根据利润最大化原则选择产量。选择的原则是：$MR = MC$。这也是所有市场类型中厂商实现利润最大化的条件。

（二）短期的利润与亏损

当厂商经过调整，使产量达到了 $MR = MC$ 时，是否必定能获得正的经济利润呢？回答是不一定。因为，$MR = MC$ 仅仅说明，在这个产量水平上，如果厂商有正的经济利润，一定是最大的利润；相反，如果厂商有亏损，一定是最小的亏损。要说明厂商是否有正的经济利润，还必须比较总收益和总成本，或者比较平均成本和平均收益（价格）。

下面，我们结合图 5-5 分析短期内的三种可能性。

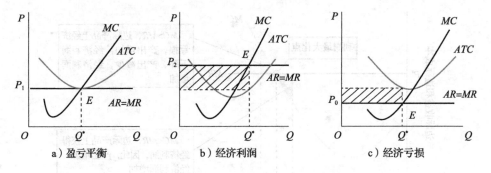

图 5-5　短期内三种可能的利润结果

在图 5-5 中，横轴代表产量，纵轴代表价格。MC 为边际成本曲线，ATC 代表平均成本曲线，$P = AR = MR$ 为平均收益和边际收益曲线。在图 5-5a 中，在给定价格 P_1 下，厂商按照 $MR = MC$ 的利润最大化原则，选择最优的均衡产量 Q^*，如 E 点所示。在 Q^* 的产量上，平均收益 AR 等于平均成本 ATC，厂商的收支相抵，既无正的经济利润，也无亏损。因此，E 点为盈亏平衡点。

在图 5-5b 中，在给定市场价格 P_2 下，利润最大化的均衡点为边际收益曲线 MR 与边际成本曲线 MC 的交点 E。此时厂商的均衡产量为 Q^*。在 Q^* 的产量上，平均收益 AR 大于平均成本 ATC，厂商获得经济利润。经济利润相当于图 5-5b 中的阴影面积。

在图 5-5c 中，在给定的市场价格 P_0 下，根据均衡点 E 和均衡产量 Q^* 可知，厂商

的平均收益 AR 小于平均成本 ATC，厂商出现亏损。亏损部分相当于图 5-5c 的阴影面积。

现在的问题是，当生产出现亏损时，完全竞争厂商会不会立即停止生产呢？这要视具体情况而定。一般有以下三种情形，如图 5-6 所示。①在图 5-6a 中，厂商出现亏损，但一般情况下厂商会继续生产。这是因为，在均衡产量 Q^* 下，厂商的平均收益 AR 大于平均可变成本 AVC，厂商的总收益除了弥补全部可变成本 TVC 以外，还可以弥补一部分固定成本 TFC。如果厂商停产的话，所有固定成本将全部亏损，因此生产比不生产境况要好。②在图 5-6b 中，厂商可以继续生产，也可以停产。这是因为，在均衡产量 Q^* 下，厂商的平均收益 AR 等于平均可变成本 AVC，厂商的总收益只能补偿全部可变成本，无论生产与否，都会损失全部固定成本。其中的均衡点 E 被称为停止营业点。③在图 5-6c 中，厂商必须停产。这是因为，在均衡产量 Q^* 下，厂商的平均收益 AR 小于平均可变成本 AVC。厂商若继续生产，不仅损失固定成本，还会损失可变成本。显然，此时不生产比生产的境况要好。

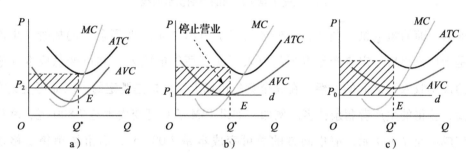

图 5-6　经济亏损的三种情况

综上所述，完全竞争厂商实现利润最大化的条件是：

$$MR = MC$$

式中，$MR = AR = P$。当实现短期内的利润最大化时，厂商可能盈亏平衡（零经济利润）、获得正的经济利润或发生经济亏损。

（三）供给曲线和生产者剩余

根据前面的分析，在任何一个给定价格 P 水平上，完全竞争厂商都可以根据利润最大化条件 $MR = MC = P$，确定其实现利润最大化的均衡产量 Q^*，如图 5-7a 所示。由此我们可以发现，短期边际成本曲线 SMC 反映了价格水平和均衡产量之间的关系。同时我们还应该注意到，当平均收益 AR 小于平均可变成本 AVC 时，厂商会停止生产，即不再供给商品。因此，完全竞争厂商的短期供给曲线可以用 SMC 曲线上大于和等于 AVC 的部分表示。在图 5-7b 中，短期边际成本曲线 SMC 的实线部分，即 E 点以上的部分就是厂商的短期供给曲线 S。

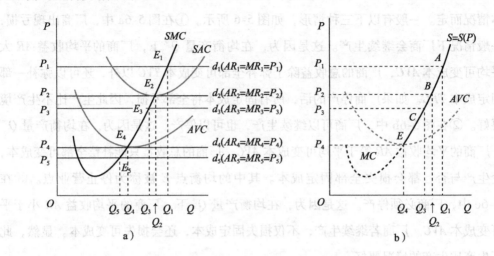

图 5-7   完全竞争厂商的短期供给曲线

根据厂商的短期供给曲线，我们还可以引申出"生产者剩余"的概念。生产者剩余是指厂商出售一定量产品得到的收入（实际所得的收入）和可变总成本（愿意接受的最小收入）之间的差额。在完全竞争市场上，价格是既定的，因而可变成本低的厂商，获得的生产者剩余就多。例如，如果 IBM 的总可变成本是 7 800 元，联想的总可变成本是 7 500 元，清华同方的总可变成本是 7 000 元，而市场销售价格都是 8 000元，那么，三家厂商出售 1 台电脑将分别获得 200 元、500 元和 1 000 元的生产者剩余。

图 5-8 中的阴影部分，即厂商的供给曲线 S（MC 曲线的相应部分）以上、需求曲线 D（市场价格线）以下的部分，就是生产者剩余。注意，生产者剩余中仍包含厂商的固定成本，因此生产者剩余并不等于厂商的利润。

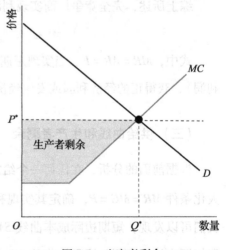

（四）长期经济利润为零

在短期内，完全竞争厂商的生产规模是既定的，他们只能通过调整产量，来谋求利润最大化的均衡，因而在短期均衡时厂商有可能亏损，如

图 5-8   生产者剩余

图 5-5 所分析的那样。但是，在长期内，投入要素是可变的，即不仅在位厂商可以调整生产规模，而且有新厂商的进入或在位厂商的退出。厂商规模和行业规模的同时调整，最终会使超额利润消失，并达到完全竞争厂商的零利润长期均衡。

如果行业的供给小于需求，市场价格水平较高，存在着超额利润，在位厂商就会扩大生产规模，同时有新厂商进入，从而使整个行业供给增加，导致该行业产品的市场价格下降，单个厂商面对的需求曲线下移，超额利润减少，直到完全消失为止。相反，如果行业的供给大于需求，市场价格水平较低，存在着亏损，在位厂商就会缩小生产规模，乃至退出，从而使整个行业供给减少，市场价格上升，单个厂商面对的需求曲线上移，直至亏损完全消失为止。

在长期内，由于厂商可以自由地进入或退出某一行业，并且可以调整自身的生产规模，因而供给小于需求或大于需求的非均衡状况都会自动消失，最终使 P 达到长期平均成本曲线 LAC 的最低点水平上。在这一价格水平上，行业内的各个厂商既无利润又无亏损。于是，不再有厂商进入或退出，行业内的各个厂商都实现了长期均衡。如图 5-9 所示，完全竞争厂商在达到长期均衡时，其产量为 Q^*，且 $MR = MC$ $= LAC = ATC = P^*$。

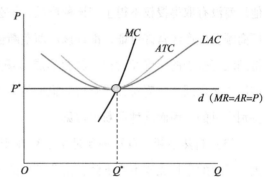

图 5-9　完全竞争厂商的长期均衡

第三节　垄断市场

一、为何存在垄断

在完全垄断市场上，只有一家厂商向市场提供产品，而且没有接近的替代品。该厂商可以单独地决定产品价格。因此，这个唯一的厂商就构成了一个行业。我们把这种行业中只有一家厂商提供产品的市场称为完全垄断市场，简称垄断市场。例如，在一个小市镇上，只有一家自来水公司，这就是局限于该镇的垄断。

垄断市场形成的根本原因在于，某些因素阻碍了厂商的自由进入，换言之，存在着进入障碍。具体地说，这类进入障碍主要有以下三类。

（1）垄断资源。例如，在一个偏僻的小镇上，居住着几十户居民，他们依靠地下水生活。如果每户居民都拥有水井，水的价格就等于其边际成本。相反，如果镇上只有一口水井，并且不可能从其他地方得到水，那么井的所有者就垄断了水的供给。尽管水的边际成本很低，垄断者也有可能把价格定得很高。

在实际生活中，这种类型的垄断很少，因为现实经济非常巨大，某种资源往往被许多人同时拥有。而且，许多资源可以在国际范围内交易，由某个厂商独家垄断就更加困难。所以，一家厂商独自控制重要投资资源的情形很少。

（2）政府创造的垄断。在许多情况下，政府给予一个人或一家厂商排他性地生产和销售某种产品或服务的权利，就会出现垄断。具体有两种情形：一是政府授予某家厂商生产某种产品的专利权。例如，当某制药公司发明了一种新药时，它就可以向政府申请专利。如果政府认定这种药品真正是原创的，就会批准其专利。在专利保护期间，其他厂商没有取得授权不得生产该种产品，该公司就成了唯一的生产者。二是政府给某家厂商颁发生产经营许可证，准许该厂商垄断性地生产或经营某种产品或服务。厂商一旦得到政府授予的特许经营权，就会形成市场垄断。相应地，为了换得此项排他性权力，该厂商必须同意政府对其经营行为施加某些规制。在我国，许多产品或服务都是由政府特别许可的，因而这种垄断很常见。

（3）自然垄断。自然垄断是由于存在规模经济而出现的，随着厂商生产规模的扩大，厂商的平均成本不断下降，由此带来的结果是，由一家厂商提供产品会比多家厂商各自以低规模共同提供更具有成本优势。自然垄断的一个例子是城市供水。为了向城市居民供水，自来水公司必须占用城市地下空间和居民住宅空间铺设遍及全市的水管网。如果两家或更多的厂商同时提供这种服务，它们就必须各自支付水管网的固定成本，因为城市居民数量既定，两家或更多家厂商经营时，每家厂商的需求数量都会比只有一家厂商时少，导致其平均成本比只有一家厂商时大得多。因此，由一家厂商为全市居民提供供水服务，平均成本就是最低的。从节约资源的角度来看，政府有必要限制其他厂商进入，以避免由此造成的资源浪费和"无序竞争"。

具体地说，自然垄断的形成有两种情形。一种情形是，行业内某个厂商凭借自己的优势最先进入该行业，逐渐形成巨额沉没成本，达到了能向整个市场提供所需产品的规模，其他厂商因为进入门槛太高而很难进入，使得捷足先登的厂商垄断了整个行业。从这个角度看，自然垄断厂商不太在意潜在竞争者的进入，因为潜在竞争者知道，自己进入后，每个厂商拥有的市场份额都减少了，不可能再享有在位厂商那样的低成本。或者说，自然垄断的市场对竞争者没有太多的吸引力。

另一种情形是，为了避免不必要的资源浪费，政府通过发放许可证来限制其他厂商进入，获得许可证的厂商就获得了排他性生产的地位。这种情形的直接原因是上面提到的许可证限制，间接原因是经济上的自然垄断特征。例如城市自来水、天然气、供电等，在这些行业中，既有自然垄断的原因，也是政府通过发放许可证或行政审批手续限制其他厂商进入的结果。

二、单一价格垄断的产量和价格决策

单一价格垄断是指垄断厂商以同样的价格销售所有商品，这时消费者以同样的价格获得同样的商品。因此，单一价格垄断厂商要做的决策包括利润最大化时的产量和价格决策。

（一）需求曲线

在垄断市场上，因为只有一家厂商，因此市场需求曲线就是垄断厂商的需求曲线。它是一条向右下方倾斜的曲线。该曲线表明：垄断厂商可以用减少销售量的方法来提高市场价格，也可以用增加销售量的方法来压低市场价格。换言之，垄断厂商可以通过改变销售量来控制市场价格，而且，垄断厂商的销售量与市场价格按相反的方向变动。

（二）收益曲线

前面我们已经讲过，厂商的总收益是价格乘以数量。我们可以假设垄断厂商具有线性需求曲线 $P = a - bQ$，那么该厂商的总收益、平均收益和边际收益分别为：

$$\text{总收益}: TR = P \times Q = aQ - bQ^2$$

$$\text{平均收益}: AR = \frac{TR}{Q} = \frac{P \times Q}{Q} = P$$

$$\text{边际收益}: MR = \frac{\mathrm{d}TR}{\mathrm{d}Q} = a - 2bQ$$

根据边际收益曲线、平均收益曲线和总收益曲线的函数，我们可以发现：①平均收益曲线 AR 与垄断厂商的需求曲线 d 重合。②垄断厂商的边际收益曲线 MR 向右下方倾斜，并且位于曲线 AR 的左下方，垄断厂商的边际收益 MR 总是小于平均收益 AR。③在每一单位销售量上，边际收益 MR 的值都是相应的总收益曲线 TR 的斜率，当 MR 等于 0，也就是产量是 5 单位时，总收益达到最大值。④当垄断厂商的需求曲线为直线时，需求曲线 d 和曲线 MR 的纵截距相等，曲线 MR 的横截距是需求曲线横截距的一半，其斜率为需求曲线的 2 倍。

根据边际收益曲线、平均收益曲线和总收益曲线的函数，我们也可以绘制出该垄断厂商的需求曲线和收益曲线，如图 5-10 所示。

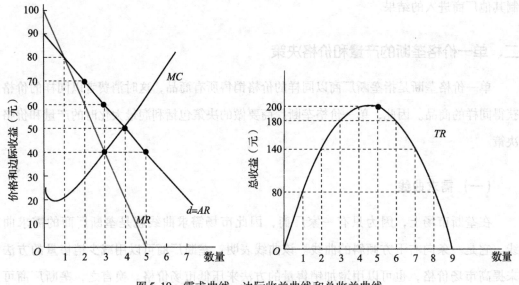

图 5-10 需求曲线、边际收益曲线和总收益曲线

（三）产量和价格决策

垄断厂商也按照利润最大化原则 $MR = MC$ 进行决策，从图 5-10 中我们可以看到，当其 MC 曲线如图所示时，垄断厂商将其产量确定为 3 单位，在此产量下的价格确定为 60 元，总收益为 180 元。

在短期内，垄断厂商不能调整其固定要素投入的数量，只能在既定规模下调整其产量或价格，以实现利润最大化。所以，厂商将按照利润最大化原则，选择边际收益曲线和边际成本曲线的交点 E 所决定的产量 Q^*。如图 5-11 所示，厂商的短期生产规模由短期成本曲线 MC 和短期平均成本曲线 ATC 来代表。向右下方倾斜的需求曲线 d，既是厂商面对的需求曲线，也是厂商的平均收益曲线 AR。厂商的边际收益曲线位于 d 的左下方。在这种情况下，垄断厂商有可能获得正的经济利润，也有可能收支相抵或亏损。

在图 5-11 中，$AR > ATC$，厂商的平均收益大于平均成本，获得超额利润，超额利润总额为阴影部分的面积。

在图 5-12 中，$AR < ATC$，厂商的平均收益小于平均成本，厂商亏损，总亏损额为阴影部分面积。和完全竞争厂商一样，当垄断厂商亏损时，如果 $AR > AVC$，垄断厂商将继续生产。在该图中，由于 $AR > AVC$，所以厂商将继续生产。

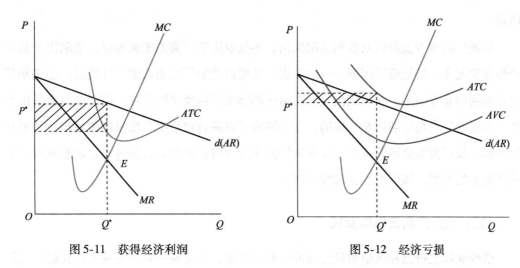

图 5-11　获得经济利润　　　　　　　　　图 5-12　经济亏损

在图 5-13 中，$AR = ATC$，厂商的平均收益等于平均成本，垄断厂商的经济利润为
0，即垄断厂商既无利润，也不亏损。该均衡点为垄断厂商的盈亏平衡点。

在图 5-14 中，$AR = AVC$，厂商的平均收益等于平均可变成本，垄断厂商损失全部
的固定成本，总亏损额为阴影部分面积。此时，对于垄断厂商来说，生产和不生产是一
样的，此均衡点称为垄断厂商的停止营业点或关闭点。

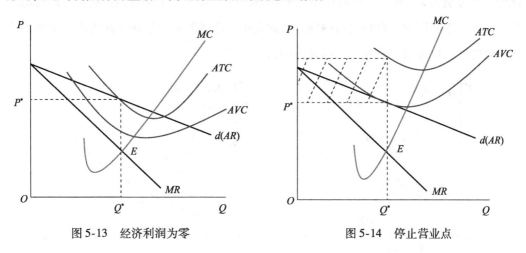

图 5-13　经济利润为零　　　　　　　　　图 5-14　停止营业点

此外，如果 $AR < AVC$，则厂商的全部收益不足以弥补其可变成本。这时垄断厂商将
选择停产。

综上所述，垄断厂商在短期内可能获得经济利润、盈亏平衡和经济亏损。

在长期内，垄断厂商可以调整全部生产要素的投入数量，即通过调整其生产规模
以实现利润最大化。在完全竞争市场上，厂商能够自由地进出该行业，一个厂商要想
在长期内保持超额利润是不可能的。但是，垄断厂商通过持有专利或政府发放的许可
证等手段可以阻止新厂商进入该行业，因此，垄断厂商总能获得经济利润，如图 5-11

所示。

垄断厂商能否盈利以及盈利情况如何，不仅取决于厂商的垄断地位，也取决于其生产经营状况和市场规模等因素。一般来说，长期内垄断厂商会面临三种情况：①垄断厂商在短期内是亏损的，在长期内也无法通过调整生产规模摆脱亏损，该厂商就会退出生产。②垄断厂商在短期内是亏损的，在长期内可以通过调整生产规模摆脱亏损，甚至获得利润，该厂商就会继续生产。③垄断厂商在短期内有利润，长期内通过调整规模，能获得更多的利润，该厂商也会继续生产。

（四）垄断厂商无供给曲线

供给曲线是价格和供给数量之间的一对一关系，当这种一对一关系不存在时，供给曲线自然就不可能存在。在图 5-15a 中，一家垄断厂商的边际成本如图中 MC 曲线所示，当消费者的需求曲线分别为 d_1 和 d_2 时，这家垄断厂商利润最大化的均衡产量分别为 Q_1 和 Q_2，但是这两个数量对应的价格却是同一个价格，出现了不同产量对应同一价格的现象。在图 5-15b 中，当消费者的需求曲线分别为 d_1 和 d_2 时，这家垄断厂商利润最大化的价格分别为 P_1 和 P_2，但是均衡产量却都是 Q_1，出现了不同价格对应同一产量的现象。因此，垄断厂商不存在供给曲线。以此类推，在垄断竞争市场和寡头市场上也不存在供给曲线，这点请大家在后面的学习中自行分析。

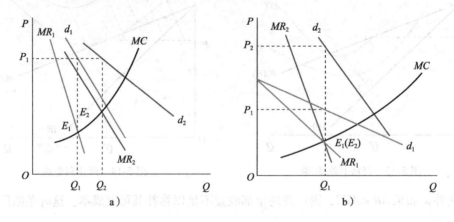

图 5-15　垄断厂商无供给曲线

三、差别定价

到目前为止，我们讨论的都是单一价格垄断的情形，也就是假设所有的消费者为同种产品支付同样的价格。然而事实上，厂商有可能对不同的消费者收取不同的价格。例如，很多电影城都规定，中小学生可以凭学生证购买半价电影票。再如，有些通信公司规定，10 元套餐可享受 1.5GB 的流量；当上网流量超过 1.5GB 时，收费标准改为 0.01 元/KB；对于未购买套餐的消费者，手机上网的标准资费则是 0.02 元/KB。厂商就相同的产品对不同的消费者收取不同的价格的行为，被称为差别定价，也叫价格歧视。

我们再看图 5-10。这家垄断厂商实行单一价格垄断，按照利润最大化原则将产量确定为 3 单位，价格为 60 元，总收益为 180 元。但是，如果这家厂商以差别价格来销售产品的话，其总收益和利润会增加。例如，厂商以 70 元的价格销售 2 单位产品，以 60 元的价格销售 1 单位产品，厂商的总收益增加为 200 元，比单一垄断时增加了 20 元的收益。只要为实施差别价格而付出的成本低于 20 元，厂商的利润就增加。

除此以外，垄断厂商还可以增加销售量，获取更多的收益和利润。再看图 5-10，在实行差别价格时，厂商以 70 元的价格销售 2 单位产品，以 60 元的价格销售 1 单位产品之后，可以按照 50 元的价格继续销售第 4 单位产品，总收益增加 50 元。在销售第 4 单位产品时，其边际收益即为其价格，根据图示第 4 单位产品的价格高于其边际成本，因此销售第 4 单位产品给厂商带来利润的增加。也就是说，只要销售价格大于边际成本，厂商可以继续沿着需求曲线销售下 1 单位产品，直到价格等于边际成本为止。由此可以看到，差别定价和单一价格垄断相比，可以增加市场销售数量。

差别定价增加了厂商的总收益和利润，但是厂商必须防止消费者之间的倒卖，比如以 50 元价格购买产品的消费者将他购买的产品转卖给原本应以 70 元价格购买产品的消费者，此时厂商也不会因此而增加收益和利润。因此，厂商必须要有能力甄别消费者，并阻止消费者之间的转卖可能。

厂商在甄别消费者方面的做法很多。比如，电影院每个工作日的上午电影票半价，而下午和晚上就是全价，这本身就是一种甄别方式。工作繁忙或不能随意请假的人是不可能在工作日上午去看电影的，他们只能在周末或下班后看电影，因而没有足够的时间去找寻替代电影院，也不会为了低价看电影而冒旷工的风险。当他们决定要看哪部电影时，他们的需求价格弹性就比较小，因此这类人只能面对比较高的电影票价。而时间充裕或工作日休假的人，有时间找寻低价电影院和低价时段，那么他们的需求价格弹性就比较大，对价格比较敏感，为了让这部分消费者走进自己的电影院看电影，电影院必然为他们制定较低的折扣价格。

电影院的这种甄别方式很常见，例如，提前几个月订机票时，机票的折扣比较大，而临时订机票出发的话，机票价格就比较高，原因也是临时订机票的人必然是那些公务飞行或紧急出行的人，他们的需求价格弹性较小，因此支付高价购买机票。再比如，有些酒店在某些时段为参加网上团购的消费者提供折扣价格，这也是为了吸引那些不愿意高价吃饭的顾客，如果没有团购折扣，他们是不会来这家饭店消费的。那些不参与团购的消费者必然是对价格不敏感的消费者，所以他们支付较高的价格。如此看来，很多场所对学生、孩子和老人提供折扣价格，这并不是提供者的慷慨大方，而是追求更大利润的差别定价行为。

总体来说，垄断厂商的差别定价原则是，在需求价格弹性小的市场上制定较高的产品价格，而在需求价格弹性较大的市场上制定较低的价格。也就是说，对价格变化反应不敏感的消费者制定较高的价格，对价格变化反应敏感的消费者制定较低的价格。这样，垄断厂商就可以获得更多的利润。

第四节　垄断竞争市场

我们在前两节中讨论的完全竞争市场和完全垄断市场，是两种极端的市场结构。在实际生活中极为少见。常见的市场一般处于两者之间，既有竞争因素，又有垄断因素。其中，竞争因素多些的，属于垄断竞争市场；垄断因素多些的，属于寡头垄断市场。本节讨论垄断竞争市场，第五节讨论寡头垄断市场。

一、垄断竞争市场的特征

垄断竞争市场是一种竞争与垄断并存的市场，它有以下特点。

第一，行业中存在着大量的厂商。每个厂商的规模都很小，其产量在行业总产量中只占很小的份额。因此，每个厂商的行为一般不会引起其他厂商的注意。同时，每个厂商也可以忽略其竞争对手的反应。比如，在服装行业中品牌众多，每个品牌所占市场份额很小，没有一家企业的价格和数量足以影响其他厂商的决策，如果北京一家服装企业调整夏季裙装价格，其对广州一家服装企业的影响微乎其微，因此可忽略彼此之间的影响。

第二，厂商生产有差别的同种产品，这些产品都是非常接近的替代品。但是，它们之间又有差别。这些差别不仅包括质量、构造、外观和销售服务等方面的不同，还包括产品在商标、广告等方面的不同，以及以消费者的想象为基础的任何虚构的不同。产品差别决定了每个厂商对价格都有一定的控制力。

比如，在手机市场上，"果粉"们认为苹果手机的性能超过任何其他品牌，任何其他品牌的手机都无法替代苹果手机，因此他们对苹果手机的需求价格弹性非常小，对价格不敏感。在这种情况下，苹果手机就具备一定的价格控制力，可以制定比其他品牌手机更高的价格。但是，这种控制力并不强大，也不一定长久。苹果手机如果不能通过持续不断的创新保持其优势，令消费者始终相信苹果手机在技术性能上独领风骚，其价格必将下降。这在电子产品和智能产品中很常见。

第三，不存在进入障碍，厂商可以比较容易地进入和退出某行业或生产集团。比如，在具有垄断竞争特点的服装、饮料、食品等市场上，只要按照国家法律法规经营，任何人都可以进入这些行业或退出这些行业，不存在任何限制进入和退出的壁垒。

具备上述特性的市场，普遍存在于现实生活中，是我们接触最多的市场。在与我们的日常生活密切相关的零售业和服务业中，多数产品的市场都可以说是垄断竞争市场的典型例子，比如餐饮服务、洗化用品、服装鞋帽、书刊杂志、电子产品等。

二、垄断竞争厂商的价格和产量

垄断竞争厂商生产有差别的同种产品，能够通过改变销售量来影响价格。所以，如同垄断厂商一样，垄断竞争厂商面临的需求曲线也是向右下方倾斜的。但是，在垄断竞争市场上，厂商生产的是有差别的同种产品，需求方在市场中很容易找到替代品，这导致消费者对行业内某家企业的需求价格弹性比垄断市场要大，因此，垄断竞争厂商的需求曲线比垄断厂商的需求曲线更加平坦。

在短期内，垄断竞争厂商的生产规模不变，厂商只能通过调整产量或价格来实现 $MR=MC$ 的均衡。图 5-16a 说明了垄断竞争厂商的短期均衡。厂商根据 $MR=MC$ 的利润最大化原则，选择产量 Q^*，相应的均衡价格为 P^*。因为 P^* 大于平均成本 SAC，所以厂商可以获得经济利润，相当于图中的阴影部分面积。当然，在短期内，垄断竞争厂商也有可能亏损或收支相抵。这取决于均衡价格与 SAC 的比较。当企业亏损时，只要均衡价格大于平均可变成本 AVC，企业在短期内将继续生产；如果均衡价格小于 AVC，企业在短期内就会停止生产。

在长期内，厂商可以调整生产规模，也有新厂商进入和在位厂商退出，因而和竞争性市场一样，长期均衡时的利润为零。图 5-16b 说明垄断竞争厂商的长期均衡。由于企业可以无障碍地进出该市场，所以如果单个厂商能获得经济利润，就会吸引新厂商进入该行业。这样，在位厂商的销售量便会减少，导致垄断竞争厂商的需求曲线向下移动，直到长期需求曲线与厂商的平均成本曲线相切为止，即该行业每个垄断竞争厂商的利润为零。此时厂商长期均衡价格为 P^*，均衡产量为 Q^*。从该图中也可以看出，厂商在平均总成本曲线向下方倾斜的部分运行，其价格高于边际成本。

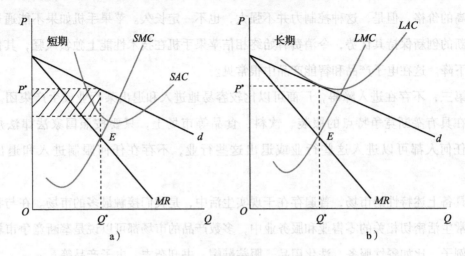

图 5-16　垄断竞争厂商的短期和长期均衡

三、非价格竞争手段

垄断竞争厂商在竞争时，除了运用价格手段竞争以外，也运用非价格手段。其中主要有以下两种。

（一）创造产品差别

垄断竞争厂商的市场势力源于产品差别。为了保持垄断地位，厂商首先需要保持产品差别，同时还要创造产品差别。垄断竞争市场没有进入障碍，一个厂商的优势产品很容易被模仿，消极地保持产品差别的难度很大。所以积极的做法是通过设计或引进，进行技术创新，开发新产品，形成新的差异化产品。

从厂商的角度看，开发与创新产品，扩大产品的差异化，需要增加投入或成本。通过成本收益分析，使产品开发的 $MR = MC$，厂商可以实现利润最大化的均衡。从社会的角度看，差异化产品的成功开发加强了垄断，降低了资源配置效率。从消费者的角度看，产品差异化满足了多样化的需求，为此放弃部分效率是值得的。这也许是垄断竞争普遍存在的原因。

（二）广告策略

完全竞争厂商的产品同质，因此不需要做广告，垄断厂商的产品独一无二，因此也不需要做广告。你一定没有见过哪个企业为小麦做广告，或者我国铁路公司在我国境内做广告。当然，我国铁路公司在我国境内是独家垄断的，但是在全世界范围内，各个国家的铁路公司之间又是垄断竞争的，因此我国铁路公司也要在世界市场上做广告，在世界市场上与其他铁路公司展开竞争。

对垄断竞争厂商来说，广告有两个作用：一是吸引更多消费者购买其产品，使其需求曲线右移，即扩大市场需求和份额；二是使消费者相信其产品独具优势，愿意为其产品支付较高价格，使其需求曲线更陡峭，即需求更缺乏弹性。所以，厂商都非常重视广告策略。其主要做法是：

（1）发布信息性广告。这主要是将自己产品的有关信息及时传递给消费者，使消费者知悉自己的产品及其特性，进而购买自己的产品。比如，我国有句古话说"酒香不怕巷子深"，酒的香气本身就是一种广告，让消费者直接体验到酒的品质。但是，这句古话只适用于市场范围很小的情况，随着消费者生活空间的扩展、酒类市场的扩大和企业数量的增加，消费者很难直接了解每种酒的信息，这就需要酒类企业发布信息，即所谓的"酒香也怕巷子深"。

（2）宣传并强化消费者的产品差别感。这主要是通过广告与品牌包装等营销策略，使消费者产生差别感，从而树立企业自身产品的良好形象，以扩大消费者对自身产品的需求。比如，洗发水行业是垄断竞争性的，这类企业通常会请明星代言其产品，利用明星效应令消费者相信其产品的去屑、柔顺、滋养等功效确实优于其他企业产品，从而影响消费者偏好，增加销量、提高定价。

（3）树立或者打破某种无形的进入壁垒。这主要是通过比其他厂商以更有力的方式传播产品信息，获得消费者更多的关注，从而形成一种无形的进入壁垒。这样，就会增加其他厂商获得消费者关注的难度，保持自身产品的某种垄断地位。例如，尽管肯德基和麦当劳早已家喻户晓，但是它们仍然铺天盖地地做广告。其动机就是在快餐业中制造无形的进入壁垒，巩固自己的垄断地位。但是，这也会促使其他厂商采取反制措施，打破这种无形壁垒。

从厂商的角度看，实施广告策略，促进产品销售，需要支付巨大的广告成本。通过广告的成本收益分析，使其 $MR=MC$，厂商可以实现利润最大化的均衡。但从消费者的角度看，广告在向消费者提供产品差别的准确性信息的范围内，是有利于消费者的，有助于消费者的理性选择。但是，广告费用也增加了交易成本，提高了产品销售价格，增加了消费者负担。如果广告的好处不能补偿费用的增加，这种广告就是不值得的。如果广告误导消费者，就更适得其反了。

第五节　寡头市场

一、寡头市场的特征

寡头市场又称寡头垄断市场，是指少数几家厂商控制整个市场的产品生产和销售的市场组织。寡头产生的主要原因是规模经济。在某些行业中，只有产量达到相当高的水平时，才能使平均成本达到最低，实现规模经济，为此就需要巨大的投资。同时，由于每家厂商的产量都非常大，只要有几家这样的厂商，就可以满足全部市场的需求。这样，就形成了寡头垄断。这种市场结构更接近于垄断的市场结构，在现代经济中比较常见。

寡头市场有如下特点：①少数几家大厂商（寡头）提供大部分或全部的供给，相互影响很大，决策有不确定性。②产品可能有差别，也可能没有差别。其产品没有差别的，叫纯粹寡头；其产品有差别的，叫差别寡头。③厂商对价格有相当大的控制力。④进入困难。这种困难主要是指初始投资很大，进入门槛较高，而不是因为自然的或法律的限制。

寡头市场厂商对价格与产量决定的特点是：①很难对价格和产量决定给出确切而肯定的回答。因为各个厂商在决策时，都要考虑竞争对手的反应，而竞争对手的反应又是多种多样的，很难准确预测。②价格和产量一旦确定后就相对稳定。这是因为，任何一家厂商都很难摸清竞争对手的行为，所以一般不会轻易改变已经存在的产量和价格均衡。③寡头之间更容易形成某种形式的勾结。当然，这种勾结不会取代竞争，而只是一种暂时的妥协。

寡头市场的典型例子有：各国的汽车业，比如通用、福特、大众、丰田、现代、标志、本田、宝马、菲亚特等；国际大飞机市场，主要有法国的空中客车公司和美国的波音公司；计算机芯片市场，由英特尔和 AMD 占有了绝大部分的市场份额；中国的电信市场，基本上由中国电信、中国移动和中国联通控制；中国的石油市场，主要由中石油、中石化和中海油三家控制。

二、寡头博弈

寡头垄断厂商在做决策时，都要考虑竞争对手对自己决策的反应。这就像下棋一样，任何一方出棋时，都要考虑对方会做出什么样的反应。对弈的思想启发经济学家发展出了一种博弈理论。博弈论是研究一个人或一家企业的选择受到其他人、其他企业选择的影响，而且反过来又影响到其他人、其他企业的选择时的决策问题和均衡问题。博弈论不仅适用于经济学分析，也可以运用于政治、军事、外交、国际关系、公共选择等学科领域。在犯罪学中，也运用了博弈论。

（一）博弈论的基本要素

任何一个博弈都有三个基本要素：参与者、策略和支付。下面，我们通过著名的"囚徒困境"博弈模型简单说明这些要素。

甲和乙入室偷盗时，被警方抓获，同时警方怀疑他们还合谋参与了一起抢劫案。目前证据尚不充分，警方需要他们交代案情，以确定如何量刑。于是，甲和乙分别被关进不同的房子里，而且两人无法串谋。警方告诉他们中的每一个人：如果他们俩都坦白合谋参与了抢劫，则每个人将被判刑 3 年；如果一个人坦白而同伙不坦白，坦白者将被判刑 1 年，同伙将被判刑 10 年；如果两人都不坦白，则警方由于证据不足，只能按偷盗行为对甲、乙两人各判刑 2 年。

在这个博弈中，参与者是甲和乙二人；他们每个人可能选择的决策或可能采取的行为称为策略。从上述文字可知，甲和乙每个人都有两种可能的策略：坦白和否认。当参与者在博弈中最终选定某个策略实施行动后，参与者必然因此而得到报酬，这个报酬称为支付，支付可能是正的，也可能是负的。在这个例子中，支付是负的，因为不论哪一种行动，最终结果都会使参与者入狱，从而在人生中失去几年的自由时光。支付是所有参与者各自选择策略共同行动之后的结果。在本例中，由于只有甲和乙两个博弈者，每个人有两种可供选择的策略，因此有四种可能的结果：甲和乙都坦白，甲和乙都否认，甲坦白而乙否认，乙坦白而甲否认。甲、乙两人都知道这四种情况会给自己带来什么样的支付（结局）。

下面，我们用博弈论中的支付矩阵来说明每一个嫌疑犯的四种可能结局。图 5-17表示甲和乙的支付矩阵。图中每个方格中的数字是甲、乙两人所选择策略对应的支付，其中每个方格左侧的数字是甲的支付，右侧的数字是乙的支付。例如，图中左下角的方格表示，当甲采取否认策略，乙采取坦白策略时，甲的支付是 –10，乙的支付是 –1。

（二）纳什均衡

博弈均衡是指博弈中的所有参与者都不想改变自己的策略的相对静止状态。在图 5-17 中，（坦白，坦白）就是一种

		乙的策略	
		坦白	否认
甲的策略	坦白	–3, –3	–1, –10
	否认	–10, –1	–2, –2

图 5-17　囚徒困境的支付矩阵

博弈均衡，解释如下。

从甲的角度考虑，如果乙坦白，甲的最优策略是坦白。因为他坦白会被判 3 年，否认会被判 10 年，因此，坦白是甲此时的最优策略。我们把甲在乙选择坦白条件下的最优策略叫作甲的条件优势策略，简称条件策略，把甲在这一条件策略下的策略组合（坦白，坦白）叫作甲的条件优势策略组合，简称条件策略组合。

同样，如果乙否认，甲的最优策略还是坦白。因为他坦白会被判 1 年，否认会被判 2 年，因此，坦白是甲的条件最优策略，对应的条件最优策略组合是（坦白，否认）。因此，在这个博弈中，甲有两个条件策略，在乙选择坦白时甲选择坦白，在乙选择否认时甲选择坦白，与此联系的两个条件策略组合是（坦白，坦白）和（坦白，否认）。

以同样的分析方法可以得到，乙也有两个条件策略，即在甲选择坦白时乙选择坦白，在甲选择否认时乙选择坦白，对应的条件策略组合为（坦白，坦白）和（否认，坦白）。

由以上分析可知，不论对方选择什么策略，坦白策略都是甲和乙的条件最优策略，两个参与人的条件最优策略组合都是（坦白，坦白）。此时，整个博弈达到均衡，这种均衡叫作纳什均衡，在纳什均衡状态上，任何一方都不想单独偏离各自的条件最优策略，因为只要任何一方单独改变自己的策略，其自身境况都会变坏。

（三）囚徒困境和社会福利

上述博弈均衡也说明，（坦白，坦白）只是甲、乙两人从个人理性角度考虑的最优均衡。如果他俩可以串谋，甲、乙两人都选择否认策略，即（否认，否认）对他们更有利，每个人被判处的刑罚时间最短。然而，进一步思考我们会发现，当其中一方根据串谋采取否认策略，而另一方偷偷采取坦白策略时，采取坦白策略一方的判刑时间更短。因此，作为理性经济人，任何一方都想做出对自己最有利的行为，都存在坦白的利己动机，导致（否认，否认）策略组合不可能实现。这就是著名的"囚徒困境"。

囚徒困境模型可以应用到寡头垄断厂商博弈的均衡中。设想甲、乙两人为两个寡头，其支付矩阵如图 5-18 所示。两个寡头之间如果彼此串谋，就价格和产量等达成某种合作协议，即（合作，合作）策略组合，就可以实现集体的利益最大化，其收益为 5 + 6 = 11，从而使得个体得到好处，就如同坚决不坦白的囚徒一样。但是，寡头之间的合作通常无法稳定持久。

		乙厂商的策略	
		合作	不合作
甲厂商的策略	合作	5, 6	1, 5
	不合作	7, 1	2, 3

图 5-18　寡头垄断厂商的合作博弈

因为，任何一方都有强烈的动机暗中违背合作协议。在对方守约的情况下，违背协议采取不合作策略的一方必然获得更大的收益。这就会激励各个厂商都选择违背协议，最终纳什均衡为（不合作，不合作）策略组合，而集体收益为 2 + 3 = 5，远小于合作的收益。寡头之间的囚徒困境均衡虽然对参与人不利，但却有利于促进竞争，从而提高整个社会的福利，对于消费者和社会来说反而是件好事。

但是，囚徒困境并不一定总是提高社会福利。我们现在把囚徒困境的参与人变换为比邻而居的甲、乙两户居民。假设他们与公路之间的距离比较远，为了更快捷地把他们的农产品运输出去，他们非常需要有一条好路从居住地通往公路。假设修一条路的成本为 4，每户居民从修好的路上获得的好处为 3，则其支付矩阵如图 5-19 所示。如果两户居民共同出资联合修路，并平均分摊修路成本，则每户居民获得的净好处（支付）为 3 − 4/2 = 1；当只有一户居民单独出资修路时，修路的居民获得的支付为 3 − 4 = − 1（亏损）。假设修路的居民没有能力禁止不修路的居民使用这条路，那么不出资修路但仍然可以使用道路的另一户居民获得的支付为 3 − 0 = 3。

根据博弈均衡的分析，对于甲、乙两户居民来说，不修路是双方的条件最优策略，而（不修路，不修路）是该博弈的纳什均衡。该博弈说明，对于那些无法收费也无法禁止他人使用的公共设

		乙的策略	
		修路	不修路
甲的策略	修路	1, 1	−1, 3
	不修路	3, −1	0, 0

图 5-19 修路博弈的支付矩阵

施，个体理性的最优策略就是不生产。如果把甲、乙看作一个集体，不修路和修路比较，修路的策略组合的总收益为 1 + 1 = 2，大于不修路的集体总收益 0，因此从集体理性的角度来说，修路比不修路更能促进集体福利。

因此，大多数道路、桥梁等公共设施，以及国防、教育、社会保障，环境卫生等公共服务，都由政府承担资金投入生产和提供，私人一般没有积极性生产和提供。这是政府必须介入市场的一个理由。具体更详细的分析，将在第六章中介绍。

本章小结

1. 在完全竞争市场上，完全竞争厂商是价格接受者，因而他的收益与产量是同比例的。物品的价格等于厂商的平均收益和边际收益。

为了实现利润最大化，厂商选择边际收益等于边际成本的产量。由于完全竞争厂商的边际收益等于价格，所以，厂商选择使价格等于边际成本的产量。因此，厂商的边际成本曲线是它的供给曲线。

在短期内，当物品价格小于平均可变成本，厂商不能收回固定成本时，厂商将

选择停止营业。在长期内，当物品价格小于平均可变成本，厂商不能收回固定成本和可变成本时，厂商将选择退出。

在有厂商自由进入与退出的市场上，长期利润为零。在长期均衡时，所有的厂商都在有效规模上生产，价格等于最低平均总成本，而且，厂商数量的调整能满足在这种价格时的需求量。

2. 当市场上只有一个卖者的时候，垄断就产生了。其形成条件是：一个厂商拥有一种关键资源，一个厂商获得排他性地生产一种物品的权力，一个企业可以比许多企业以较少的成本供给整个市场。

垄断厂商面临着向右下方倾斜的需求曲线，因而其边际收益总是小于其物品的价格。

同完全竞争厂商一样，垄断厂商也通过选择边际收益等于边际成本的产量来实现利润最大化。这时，垄断厂商根据需求量来选择价格。与完全竞争厂商不同，垄断厂商的价格高于其边际收益，因此它的价格也高于边际成本。

垄断厂商通常可以通过价格歧视增加利润。与单一价格相比，价格歧视减少了消费者剩余。

3. 垄断竞争市场有三个特点：许多企业、有差别的产品以及进入自由。

垄断竞争厂商收取的价格高于边际成本。

垄断竞争市场中固有的产品差别激励厂商广泛地使用广告和品牌策略。广告和品牌一方面向消费者提供了信息，并使价格和产品质量竞争更加激烈；另一方面也强化了产品差别，维护了厂商的垄断地位。

4. 当几家大厂商能够控制整个市场的产品生产和销售时，寡头就产生了。寡头产生的主要原因是规模经济。

寡头市场的特征决定了很难把它们放在一个统一的分析框架中讨论。经济学家的一般做法是，根据自己对寡头间的互动所做的假定，提出特殊的分析模型，用以解释寡头市场上的某些现象。现在人们一般用博弈论来解释寡头的行为特征。

"囚徒困境"表明，利己使人们即使在合作符合他们的共同利益时，也无法维持合作。囚徒困境的逻辑适合于许多情况，包括军备竞赛、做广告、共有资源问题和寡头等。

习题与思考

一、判断题

1. 如果企业没有经济利润，就不应当生产。   （   ）
2. 只要商品价格高于平均可变成本，企业就应生产。   （   ）
3. 在短期内，厂商的供给曲线是 MC 曲线在 AC 曲线之上的部分。   （   ）
4. 在长期内，不同规模的企业都在其平均成本的最低点从事生产。   （   ）
5. 垄断厂商所面临的需求曲线就是市场的需求曲线。   （   ）

6. 垄断厂商是市场价格的制定者。　　　　　　　　　　　　　　　　　（　　）

7. 垄断厂商按照边际收益等于边际成本的原则确定产量。　　　　　　　（　　）

8. 垄断竞争市场上的厂商，在进行有关竞争决策时，需要考虑其他厂商的反应。

（　　）

9. 垄断厂商在长期内既可能亏损，也可能获得超额利润。　　　　　　　（　　）

10. 囚徒困境博弈的结果是两个囚徒订立攻守同盟。　　　　　　　　　　（　　）

二、单项选择题

1. 如果某厂商的边际收益大于边际成本，那么为了取得最大利润，（　　　）。

　　A. 他在完全竞争条件下应该增加产量，在不完全竞争条件下则不一定

　　B. 他在不完全竞争条件下应该增加产量，在完全竞争条件下则不一定

　　C. 任何条件下都应该增加产量

　　D. 任何条件下都应该减少产量

2. 对垄断厂商来说，下述哪种说法是不正确的（　　　）。

　　A. 面临的需求曲线向右下方倾斜

　　B. 在利润最大化的产量上，价格等于边际收益

　　C. 边际收益与平均收益不相等

　　D. 在利润最大化的产量上，价格高于边际成本

3. 垄断厂商在长期内实现均衡时，可以（　　　）。

　　A. 获得垄断利润　　　　　　　　　　B. 利润为零

　　C. 蒙受最小亏损　　　　　　　　　　D. 以上可能全都存在

4. 垄断竞争厂商在短期均衡时，厂商（　　　）。

　　A. 可能获得超额利润　　　　　　　　B. 可能存在经济亏损

　　C. 只能得到正常利润　　　　　　　　D. 三种情况都可能发生

5. 垄断竞争厂商在长期均衡点上，长期平均成本曲线处于（　　　）。

　　A. 上升阶段　　　　　　　　　　　　B. 下降阶段

　　C. 水平阶段　　　　　　　　　　　　D. 以上三种情况都可能

6. 在垄断竞争的市场条件下，厂商实现长期均衡时，（　　　）。

　　A. 只能获得正常利润　　　　　　　　B. 可获得超额利润

　　C. 往往存在超额利润　　　　　　　　D. 往往存在亏损

7. 对于"囚徒困境"博弈，下面哪个说法不正确（　　　）。

　　A. 两个囚徒都不坦白是最好的结果

　　B. 对每个囚徒而言，坦白是最优策略

　　C. 最终的均衡结果不能够实现对双方都最好的结果

　　D. 两个囚徒都想要与对方合作，所以肯定能够合作

三、思考题

1. 借助图示，分析完全竞争厂商如何在短期内实现利润最大化。

2. 举例说明什么是价格歧视，并分析不同价格歧视的条件和特点。

3. 完全垄断厂商的需求曲线为什么向右下方倾斜？怎样理解完全垄断厂商的总收益曲线 TR、平均收益曲线 AR 和边际收益曲线 MR 之间的关系？

专栏　中国手机进入寡头时代

随着国产手机制造业的发展和用户品牌意识的增强，一些小而杂的手机品牌所占的市场份额越来越小，有的甚至逐渐退出市场，中国智能手机市场的马太效应正在加剧。根据国际调查机构 GFK 在 1 月 19 日发布的数据显示，2017 年，中国手机市场上五大品牌占绝对主导地位（见表5-3），华为以 1.02 亿部的销量排名第一，销量份额为 23%。排在第二位的是 OPPO，全年销量为 7 756 万部，第三位 vivo 的全年销量为 7 223 万部，第四位苹果的全年销量为 5 105 万部，第五位小米的全年销量为 5 094 万部。据此可以判断，我国手机市场已经进入寡头时代。

表　5-3

品牌	销量（万部）	市场份额
华为	10 255	23%
OPPO	7 756	17%
vivo	7 223	16%
苹果	5 150	11%
小米	5 094	11%
魅族	1 681	4%
GIONEE	1 494	3%
三星	1 107	2%
乐视	1 107	1%
联想	179	0%
其他品牌	4 583	10%

资料来源：腾讯科技，http://tech.sina.com.cn/roll/2018-01-21/doc-ifyquixe5556703.shtml。

这五大手机厂商之所以在中国市场上分别占据不小的份额，是因为它们在中国市场上发展的战略方向不同，相互之间达到了一定的互补效果。比如，OPPO 和 vivo 是以线下为主力军，主要市场并不在一线城市；而小米一直作为线上销售领导品牌，与荣耀一起分蛋糕；华为几乎都在走高端线，主要针对城市市场；iPhone 则是轻奢品牌。对此，雷军说："我们几家有竞争，但还没有到拼刺刀的时候。"

2015 年，三星手机在中国的份额是 19%，而到了 2018 年第 1 季度，市场份额急跌到低于 1%，由此可以看到，手机市场的竞争异常激烈，拼刺刀的时候也许很快就会到来，谁将笑到最后，请拭目以待。

第六章
经济效率与政府的作用

市场机制在很多时候并不能导致资源的有效配置，这种情况被称为"市场失灵"，这也是政府介入经济的原因之一。导致市场失灵的主要因素是：垄断、外部性、公共物品和信息不对称等。政府规制有助于消除或缓解市场失灵。

第一节 垄 断

一、垄断与低效率

2009 年 3 月 18 日，我国商务部正式宣布，根据中国反垄断法禁止可口可乐收购汇源。这是《中华人民共和国反垄断法》自 2008 年 8 月 1 日实施以来首个未获通过的案例。此后 7 年间，我国政府依据《中华人民共和国反垄断法》分别对一汽大众、克莱斯勒、奔驰、微软等多家企业提起垄断诉讼和罚款。比如，在 2017 年，一汽大众销售有限责任公司组织湖北省内 10 家奥迪经销商达成并实施整车销售和服务维修价格的垄断协议。其目的在于控制经销商对第三人转售的整车销售和售后维修价格。湖北省物价局认为上述行为违反了《中华人民共和国反垄断法》第十四条的规定，属于"固定向第三人转售商品的价格"和"限定向第三人转售商品的最低价格"的违法行为。因此，湖北省物价局对一汽大众销售有限责任公司处上一年度相关市场销售额 6% 的罚款，共 2.485 8 亿元。

那么，我国政府为何要制定并实施《中华人民共和国反垄断法》，垄断到底造成了什么利益损失呢？要说明这个问题，我们需要先解释市场效率的概念，也就是对于一种经济安排来说，如果不存在一种方式能够在其他人的境况没有变坏的情况下，使得任何人的境况得以改善，那么，它就是有效率的。反之，如果存在一种方式能够在其他人的境况没有变坏的情况下，使得一个人的境况得以改善，那么，它就是低效率的。

根据这一标准，我们看看垄断厂商的产量水平是否有效率。在经济分析中，一般以完全竞争市场作为参照系，通过对比完全竞争市场的效率和垄断市场的效率，得到垄断市场低效率的结论，进而为政府反垄断提供理论依据。

（一）完全竞争市场的效率

我们在第五章中已经讲过，完全竞争市场和垄断市场是两个极端，尽管两个市场中的厂商都按照 $MR = MC$ 的原则确定其最优产量，但两个市场中厂商的 MR 极为不同。在完全竞争市场中，厂商是价格的接受者，因此按照市场均衡价格 P 销售其所有产品，因此其边际收益 $MR = P$，当厂商按照利润最大化原则确定最优产量 Q^* 时，在该产量水平上，$P = MC$，也就是社会为该单位产品支付的价格和社会为生产该单位产品付出的成本相同。

如图 6-1a 所示，横轴表示产量，纵轴表示价格。曲线 D 和 MC 为完全竞争市场的需求曲线和供给曲线。前面我们已经讲过，完全竞争厂商的边际成本曲线在关门点以上的部分就是完全竞争厂商的供给曲线，市场中所有厂商的供给曲线水平加总得到市场的供给曲线。因此，市场供给曲线反映的就是市场中所有厂商加总的边际成本。

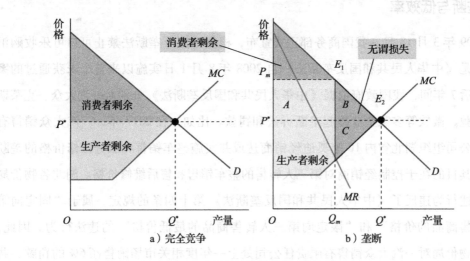

图 6-1　垄断、低效率和无谓损失

从图 6-1a 中我们可以看到，当市场实现均衡时，均衡价格 P^* 等于边际成本 MC。此时消费者剩余是需求曲线和价格线之间的三角形区域面积，生产者剩余是价格线和边际成本曲线之间的区域面积，两者之和为总剩余，总剩余的大小体现了社会总福利水平的高低。那么此时，是否实现了总剩余最大化呢？

设想在 Q^* 的基础上增加额外一单位的产量。从图中可见，这一单位产品的边际成本一定大于市场价格，导致生产者剩余减少，厂商利润减少，境况变坏。根据需求曲线可知，消费者对额外这一单位产品的支付意愿也低于市场均衡价格，因此额外这一单位产品带给消费者的剩余是负的，导致消费者剩余减少，境况也会变坏。同理可以分析在 Q^* 基础上减少一单位的产量也会导致消费者和厂商的境况变坏。

因此可以得到结论，完全竞争市场的均衡产量 Q^* 是有效率的产量。

（二）垄断厂商的效率

以图 6-1a 作为参照，我们再来看图 6-1b 的垄断市场。图中曲线 D 和 MR 分别为该厂商的需求曲线和边际收益曲线，曲线 MC 为垄断厂商的边际成本曲线。我们在第五章中已经讲过，边际收益曲线总是处于需求曲线之下，也就是任何产量水平下的边际收益总是小于价格。当垄断厂商按照 $MR = MC$ 的利润最大化原则确定其均衡产量为 Q_m 时，在该产量上的垄断价格 P_m 一定高于 MC。那么此时，是否可以通过某种方式在不使厂商利益受损的情况下，改善双方的境况呢？

从图 6-1b 中可知，在垄断厂商的均衡产量 Q_m 上，消费者为购买额外一单位产品愿意支付的价格为 P_m，此时 $P_m > MC$。如果厂商在 Q_m 的基础上再多生产一单位产品，并按照低于 P_m 的价格 P 出售给这个人，即 $P_m > P > MC$，那么这个消费者的境况就得到了改善，因为他为产品支付的价格 P 低于其愿意支付的价格 P_m。同时，垄断厂商为这一单位产品所增加的生产成本 MC 低于其出售价格 P，也就是这一单位产品带给厂商的边际收益大于边际成本，厂商的利润也因此增加。由此我们可以看到，厂商出售这一单位的额外产量之后，双方的境况都得到了改善。因此可以说，垄断均衡产量 Q_m 并非有效率的产量水平。

既然垄断是低效率的，那么，这种效率损失有多大呢？我们再看图 6-1b，有效率的产量出现在 Q^* 的水平上，对应的价格为 P^*。在此处，消费者为额外一单位产量所支付的数量等于生产该单位产量所引起的成本。此时，不再存在福利增进的余地，因此 Q^* 是有效率的最优产出。如果能够将产量由 Q_m 增加到 Q^*，就可以实现效率。

由图 6-1 可见，如果产量由 Q^* 减少到 Q_m，垄断厂商的剩余增加为面积 $(A - C)$，消费者剩余的减少为面积 $(A + B)$，两者剩余增加之和为 $(A - C) - (A + B) = -(B + C)$，换言之，两者剩余之和减少了面积 $(B + C)$。在垄断厂商增加的剩余中，A 部分是从消费者那里转移过来的，C 部分则消失，而在消费者减少的剩余中，A 部分转移给了垄断厂商，而 B 部分也消失。因此，$(B+C)$ 的面积就是垄断厂商将产量由 Q^* 减少到 Q_m 的额外净损失，也叫作社会福利的无谓损失。

以上关于垄断情况的分析，也适用于垄断竞争和寡头垄断等其他非完全竞争的情况。实际上，只要市场不是完全竞争的，厂商面临的需求曲线必然向右下方倾斜，其边际收益总是小于其价格，当按照 $MR=MC$ 的利润最大化原则确定最优产量时，在该产量水平上必然存在价格高于边际成本的低效率状况。这恰恰就是政府反垄断的理由。

二、寻租

在图 6-1 中，垄断厂商凭借垄断地位可以把消费者剩余 A 变成自己的利润。这表明，取得和维持垄断经营权，对厂商来说是值得的。而这种垄断地位往往是政府用行政权力赋予的。这样，厂商就有动力向政府（有关部门）游说，争取这种垄断经营权。这类活动包括为竞选捐款、通过宣传间接发生作用、雇用律师游说政府等。厂商的这些活动没有用于生产，也没有创造出任何有用的产出，完全是一种"非生产性的寻利活动"，这些非生产的寻利活动就是"寻租"活动，即为了获得和维持垄断地位从而获取垄断利润的活动。

对于单个厂商来说，寻租成本的上限是垄断地位可能给他带来的好处，即相当于图 6-1 中 A 的部分，否则就得不偿失了。因此，从理论上来说，单个寻租者的寻租代价小于或等于 A。但是，当多家厂商同时寻租时，它们之间就会出现竞争，寻租的代价就可能很大。并且，随着竞争激烈程度的加剧，这种代价也会大幅度增加。因此，寻租活动造成的经济损失不仅仅包括图 6-1 中的 $(B+C)$ 部分，还包括垄断厂商的经济利润 A，甚至更多。

三、政府对垄断的规制

由以上分析可知，垄断会造成市场失灵，导致市场低效率，并引发寻租活动和政治腐败，因而政府一般都会对垄断进行规制。其办法主要有以下两种。

（一）反托拉斯法

欧美国家的做法主要是制定和执行遏制垄断的反垄断法和反托拉斯法，以避免和减少垄断。从 1890 年到 1950 年，美国国会通过了一系列法案反对垄断，其中主要有《谢尔曼法》（1890）、《克莱顿法》（1914）、《联邦贸易委员会法》（1914）、《罗宾逊 – 帕特曼法》（1936）、《惠特 – 李法》（1938）、《塞勒 – 凯弗维尔法》（1950）。这些法规被统称为反托拉斯法。

反托拉斯法规定，限制贸易的协议和共谋、垄断和企图垄断市场、兼并、排他性规定、价格歧视、不正当竞争或欺诈行为等都是非法的。例如，《谢尔曼法》就规定，凡以托拉斯或其他形式，或以相互勾结的形式签订协议或从事联合，以限制州际或对外贸易与商业者，均属非法行为；凡垄断或企图垄断，或与其他任何人联合或勾结，以垄断州际或对外贸易与商业之任何部分者，均作为刑事犯罪处理。美国反托拉斯法的执行机构是联邦贸易委员会和司法部反托拉斯局。

自20世纪末开始，至今仍未结束的微软反垄断案就是一个典型案例。1997年10月，美国司法部指控微软垄断操作系统，将浏览器软件与视窗操作系统软件非法捆绑销售。1998年10月，微软反垄断案正式立案，法官认定微软公司滥用自己在个人电脑操作系统领域的绝对优势，凭借着Windows系统的独占优势，不正当地抢占其他市场，打压竞争对手，阻碍技术进步，从而构成了违法的垄断行为。在此后旷日持久的案件审理过程中，欧盟、日本和韩国也就微软的垄断行为展开调查，并先后裁定微软涉嫌利用垄断进行不正当竞争。自2004年3月以来，欧盟给微软开出的罚单，已经累计达到16.8亿美元。其中最大的一单是2008年2月27日开出的8.99亿欧元（约合13.5亿美元）的罚单，其根据是微软公司拒不执行欧盟的反垄断决定。

我国的反垄断法于2008年8月1日起正式生效。该法案严格禁止三种垄断行为，即经营者达成垄断协议；经营者滥用市场支配地位；具有或者可能具有排除、限制竞争效果的经营者集中。其中，垄断协议是指两个或者两个以上的经营者（包括行业协会等经营者团体），通过协议或者其他协同一致的行为，实施固定价格、划分市场、限制产量、排挤其他竞争对手等排除、限制竞争的行为；市场支配地位是指经营者在相关市场上没有竞争者，或者相对于其他竞争者具有明显的或者突出的优势，从而有能力在相关市场上控制商品价格、数量或者能够阻碍其他经营者进入相关市场；经营者集中是指经营者通过合并、资产购买、股份购买、合同约定（联营、合营）、人事安排、技术控制等方式取得对其他经营者的控制权或者能够对其他经营者施加决定性影响的情形。此外，该法案还设立专章对滥用行政权力排除、限制竞争做出禁止性规定。

（二）价格规制

对于自然垄断厂商，政府通常会对其价格进行规制。例如，自来水、燃气和电力的价格一般都是由政府规定的，厂商不能收取它们想收取的任何价格。

政府应当为自然垄断者规定什么样的价格水平呢？一种观点认为，价格应该等于垄断者的边际成本。其根据是，厂商有效率的产量出现在边际社会收益等于边际社会成本的水平上，即价格等于边际成本时的产出水平。在图 6-2 中，就是将价格定为 P_{MC}，相应的产出为 Q_{MC}。这就是经济学上所说的边际成本定价法。

利用边际成本定价会遇到两个问题。第一个问题是对于某些自然垄断行业来说，这样定价有可能会导致厂商亏损，亏损额为平均成本减去价格，即图 6-2 中的阴影面积。如果长期亏损，厂商就会离开该行业。针对这一问题，政府可以补贴垄断厂商，其补贴额相当于亏损部分。这种办法的实质是，政府承担边际成本定价固有的亏损。其缺陷是，如果政府支付补贴，就需要通过增加税收筹措收入，而税收降低居民收入，会引起整个社会的福利损失。

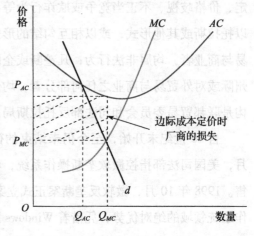

图 6-2　对自然垄断的规制

按边际成本定价的第二个问题是，厂商没有降低成本的动力。在竞争市场上，低成本意味着高利润，所以每个厂商都有动力降低成本。相反，垄断厂商知道，只要降低成本，规制者就会降低规制价格，垄断者不可能从降低成本中得到好处。所以，厂商没有动力去降低成本。

此外，实施边际成本定价方法，规制者面临着如何取得厂商真实成本资料的问题。因为，垄断厂商往往利用信息优势隐瞒成本信息，这必然增加规制者获取成本资料的难度。在美国，通常是由一个共用事业委员会负责调查垄断厂商的成本，以确定其实际的成本，然后再确定一个能够补偿成本的价格。

另一种观点认为，价格应该等于垄断者的平均成本，即 P_{AC}，对应的产出为 Q_{AC}。其根据是，$AC = AR$，利润等于零，是"公平"的价格。其问题是，该产出小于有效率的产出 Q_{MC}。如果厂商增加产量，将会增加社会总收益。因此，产出 Q_{AC} 处于低效率的产出水平。

第二节　外　部　性

一、外部性的定义与分类

外部性是指某个人或厂商的经济活动对没有参与这种活动的人或厂商的影响。外部性有生产的外部经济（正外部性）、消费的外部经济，和生产的外部不经济（负外部性）、消费的外部不经济等两种情形。

外部经济是指某个人或厂商的经济活动，给没有参与这种活动的人或厂商带来了好处或利益，但自己却没有得到相应的补偿，造成私人收益小于社会收益。例如，蜂农在果园附近放蜂，蜜蜂为果树传粉，使得果树增产，而蜂农无法因果农受益而要求补偿，这就产生了外部经济。当存在外部经济时，社会利益大于私人利益，整个社会的福利水平提高。

外部不经济是指某个人或厂商的经济活动，给没有参与这种活动的人或厂商带来了损害或成本，但自己却没有承担这部分成本，造成私人成本小于社会成本。例如，造纸厂将污水排入鱼塘，导致池鱼死亡，但是造纸厂不承担治理污水的成本或池鱼死亡的成本，这就产生了外部不经济。当存在外部不经济时，整个社会承担的总成本大于私人经济活动的成本，整个社会的福利水平降低。

外部性的产生可能来自生产过程也可能来自消费过程。一个生产企业的生产行为可能会影响到其他企业的生产行为或其他消费者的消费行为，同样，一个消费者的消费行为可能影响其他消费者的消费行为或其他生产企业的生产行为。外部性的分类方式如表6-1所示。

表6-1 外部性的分类

	正外部性	负外部性
生产者对生产者	养蜂人养的蜜蜂为果农的果树授粉	企业对河流的污染影响下游渔业
生产者对消费者	果园对于自然爱好者的景观效应	企业造成的环境污染造成周围不动产减值
消费者对生产者	消费者之间的关于产品信息传播形成的对产品的宣传	狩猎者干扰了农场驯养的动物
消费者对消费者	漂亮的庭院对于邻居的益处	吸烟危害了他人的健康

资料来源：戴星翼，等. 城市环境管理导论［M］. 上海：上海人民出版社，2008.

二、外部性与低效率

不论是外部经济，还是外部不经济，都会造成市场低效率，资源配置失当。

外部经济给社会带来的好处，一般很难通过市场得到补偿。在这种情况下，经济活动的私人收益必然小于社会收益，导致企业愿意提供的产品数量小于社会期望其提供的产品数量，造成市场低效率。例如，大学教育活动会产生外部经济影响，如果让受教育者承担全部教育成本，其私人收益小于教育成本，人们接受大学教育的年限就会少于均衡数量。

造成外部不经济的主体一般不承担外部成本。在这种情况下，经济活动的私人成本必然低于社会成本，导致企业愿意生产的数量大于社会期望其生产的数量，造成市场低效率。例如，驾驶私家车上路，排放的尾气会污染环境，造成外部不经济，如果车主不承担排污成本，私人汽车数量就会超过社会期望的数量。

三、外部性的解决方案

（一）征税和补贴

按照福利经济学家庇古和旧制度经济学家康芒斯的理论，凡出现外部性问题的领域，都需要由政府出面解决。一般的做法是，对造成外部不经济的经济主体征税（庇古税），对造成外部经济的经济主体给以财政补贴。其根据是，对造成外部不经济的经济主体征税，可以使其私人成本等于社会成本；对造成外部经济的经济主体给以财政补贴，可以使其私人收益等于社会利益。这样，前者就会减少产量，进而减少外部不经济；后者就会增加产出，进而扩大外部经济。这都有利于实现资源的优化配置。例如，政府对排放污水的造纸厂征税，其税额等于治理污染所需要的费用，造纸厂就会减少排污量。同理，政府对教育进行补贴，入学的学生就会增加。

（二）企业合并

如果将具有外部不经济的企业和受其影响的企业合并，就会使这种外部性"内部化"，从而实现资源的优化配置。因为，两家企业合并之后，形成了利益共同体。为了减少产量过多造成的经济损失，企业必然会使产量确定在边际收益等于边际成本的水平上，使得合并企业的成本和收益等于社会的成本和收益。

（三）明确产权

在有些情况下，如果产权界定明晰，并得到有效保护，就会消除外部不经济。科斯对此进行了开创性研究，其观点被称为"科斯定理"。其主要内容是：在市场交换中，若交易费用为零，产权对资源配置的效率就没有影响；反之，若交易费用大于零，产权的界定、转让及安排等就会影响产出与资源配置的效率。

例如，有一家工厂的烟囱冒出的烟尘使周围的居民不能在户外晾晒衣服，其损失合计为375元。对此，有两种解决办法。一种办法是在工厂的烟囱上安装一个除尘器，费用为150元；另一种办法是给周围的居民提供烘干机，使他们不用在户外晒衣服，成本为250元。显然，第一种方法比较好，因为成本较低。

按照科斯定理，只要产权明确，且交易费用为零，无论初始产权如何界定，最终结果都必然是选择第一种方法。因为，如果工厂有排污权，居民就会选择出钱给工厂安装一个除尘器；如果居民有在户外晒衣服的权利，则工厂就要自己出钱买一个除尘器安装在烟囱上。

如果交易费用大于零，产权即使是明确的，资源也不一定得到优化配置。例如，在上例中，如果双方的交易费用大于 100 元，居民就会自己买烘干机，而不是给工厂买除尘器，尽管后者成本更低。

第三节　公共物品

一、公共物品的特点

到目前为止，我们讨论的都是私人物品。私人物品有两个特点：排他性和竞用性。排他性是指，只有支付了商品价格的人才可以使用该商品；竞用性是指某个人消费了某个商品，其他人就不能消费该商品。例如，衣服是私人物品，因为当一件衣服在某个人身上时，其他人就不能穿了（竞用性消费），而且当它为某个人所有时，所有者就能够决定在某一时间谁可以穿这件衣服（排他性所有权）。

公共物品是具有非排他性和非竞用性的物品。这里所说的非竞用性，是指对某一物品的消费而言，增加一个人的消费不会影响其他人的消费；非排他性是指无法从技术上或经济上把不交费的人排除在消费之外。例如，一种既定水平的国防是非竞用性消费，因为所有公民从中获益同时又不减少他人的利益——一位新的公民在享有利益的情况下并没减少那些已受保护的公民的利益。如果一个人无法维持对一件物品的使用权的控制，那么它就是非排他的。例如，对于海洋中活动范围很广的鱼种，通常人们在使用上具有非排他性，因为它们能够在各个区域中自由移动，以至于没有哪个人可以有效地把其他人排除在捕捞活动之外。

根据公共物品的非竞用性和非排他性的特征，我们可以对公共物品进行分类。由于一件公共物品并不一定同时具有非竞用性和非排他性，据此，公共物品分为纯公共物品和混合公共物品（也称准公共物品）。混合公共物品中包括两种情况，一种是在消费上具有非竞用性，但是可以基本做到排他性的物品，这是"俱乐部物品"；另外一种是在消费上具有竞用性但无法实现排他性的物品，这是"公共池塘资源物品"。现实中的公共物品大多数都属于混合公共物品，即介于私人物品与公共物品之间，具有不同程度的非竞用性和非排他性。图 6-3 显示了公共物品的基本分类。

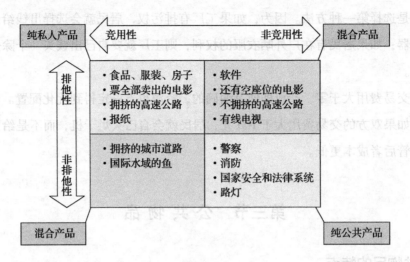

图 6-3   公共物品的分类

由于公共物品具有非排他性，因此很容易导致"搭便车"行为，即消费一种物品却不必为此付费。公共物品是社会所需要的，但生产者不能或很难收费以补偿其成本，因此其产量必然少于均衡数量。这就是公共物品导致的市场失灵。公共物品可以看成是外部性造成市场失灵的特殊例子。

二、公共物品与微观经济政策

有些公共物品可以通过市场调节来提供。例如，住宅小区里的公共绿地或休闲广场（实际上是俱乐部物品），就是通过市场调节的办法提供的。但是，有些公共物品市场是不能有效提供的，如国防、环境保护、法律等，这些只能求助于政府。

（1）政府在确定某一公共物品是否应该提供及提供多少时，一般采用成本－收益分析法，先估算提供某一公共物品的成本和收益，然后进行比较，最后确定要不要提供该公共物品。

（2）政府可以通过多种方式提供公共物品：由政府直接经营企业并生产公共物品；政府授权或委托私人部门提供公共物品；政府给私人部门补贴，鼓励它们提供公共物品；等等。

第四节   信息不对称

一、信息不对称的含义

在经济活动中，信息是一种重要的资源。人们获取并拥有必要的信息，就可以减少决策的风险和失误。但是，获取信息是有成本的。人们在决策时不可能收集到全部信息，这种情形就叫作信息不完全。在市场交易过程中，交易双方所掌握的信息量不相同，即一方掌握的信息多些，另一方掌握的信息少些，这种情形叫作信息不对称。例如，厂商对自己的产品质量拥有较多的信息，而购买者知道的则少得多。人们通常所说的"会买的不如会卖的""买的不如卖的精"，就是一种典型的信息不对称。在信息不对称时，市场就会失灵，主要有逆向选择和道德风险两种情形。

二、逆向选择

逆向选择是指在买方不了解卖方的产品质量信息时，市场上劣质产品驱逐优质产品并占领市场的情形。例如，在二手车市场上就存在着明显的逆向选择。

假定：①在没有担保的二手车市场上，有300辆二手车待售，其中有质量好的，也有质量差的。但车的质量好坏只有卖方（车主）心里清楚，买方并不知道。②对质量好的车，买方愿意支付10万元，而卖方愿意接受的最低价格为8万元。对质量差的车，买方愿意支付5万元，而卖方愿意接受的最低价格为4万元。③假定买方知道这300辆车中有一半是质量好的车，也就是在交易中买到好车的概率是50%。在这种情况下，买方对二手车愿意支付的最高价格就是 $10 \times 50\% + 5 \times 50\% = 7.5$（万元），而这一价格低于卖方愿意接受的好车的最低价格8万元，高于卖方愿意接受的坏车的最低价格4万元。这样，卖方将不愿意出售质量好的车，而只想出售质量差的车。结果就是，质量好的车会退出市场，留在市场上的都是质量差的车。

在二手车市场上，质量好的汽车被质量差的汽车排挤到市场之外，市场上留下的只有质量差的汽车。也就是说，质量好的汽车在竞争中失败，市场选择了质量差的汽车，这违背了市场竞争中优胜劣汰的选择法则。人们通常所说的选择，都是选择好的，而这里选择的却是差的，所以把这种现象叫作逆向选择。这说明，在信息不对称的条件下，市场是不能有效运行的。

为了避免出现逆向选择，市场参与者都试图明确产品或服务的价格与其质量之间的关系。信息经济学家斯彭斯将这种关系用"市场信号"的概念来描述。例如，在二手车市场上，由中间商给出汽车质量的信号，就可以较好地解决逆向选择问题。中间商是买方与卖方之间的中介，他们从自己对汽车维修的记录中，可以像车主一样掌握汽车的质量。以此为基础，他们向购买汽车的人提供担保，承诺一旦汽车质量有问题就可以免费维修。这样，有担保的车就是好车，没有担保的车就是坏车。这种担保就是一种信号，通过这种信号，买车人就可以识别二手车的质量。

此外，买方还可以根据价格来判断产品质量。例如，在二手车市场上，平均来说，好车价格要高些。在价格低的二手车中，质量差的居多。其他商品也是这样，所以有"一分钱一分货，十分钱买不错"之说。消费者从长期的交易实践中发现，价格高的商品一般质量较高，因而偏好于买贵的商品。这就是信号传递的功能。

消费者偏好于购买价格高的商品，对不同的厂商有不同的影响。那些打算长期经营的厂商，为了长远利益，非常重视自己的信誉，一般不用次品欺骗客户，也不轻易降价。相反，那些只顾眼前利益，"做一锤子"买卖的厂商，就有可能用次品欺骗消费者。这又向消费者传递一个信息：那些明天就有可倒闭的小厂商传递的信息靠不住，所以，要同大厂商打交道。这就是信息筛选问题。消费者通过筛选信号，捕捉正确信号，有利于克服信息不对称。

三、道德风险

道德风险是指从事经济活动的人在最大限度地增进自身效用的同时，做出不利于他人的行动，或者说，是签约一方不完全承担风险后果时所采取的自身效用最大化的行为。道德风险也称为败德行为。

在经济活动中，道德风险问题相当普遍。例如，美国经济学家斯蒂格利茨曾经观察到，在他任教的斯坦福大学里，学生自行车被盗的比率约为10%。有几个想发财的学生发起了一个对自行车的保险，保费为保险标的的15%。根据事前的测算，这几个经营保险的学生应能获得5%左右的利润。但经过一段时间的运作后，这几个学生发现，自行车被盗的比率迅速提高到15%以上，为什么会这样呢？原来是学生们在对自行车投保后，对自行车安全防范的措施就明显减少了。其经济逻辑是，在没有投保之前，学生独立承担自行车被盗的风险后果，因而会选择合适的防范措施；而在自行车投保之后，投保的学生只承担部分自行车被盗的风险后果，就会放松对自行车被盗的防范。这种放松防范的不作为行为，就是道德风险。

克服道德风险的办法有很多，其中之一是做记号。最明显的记号就是车主把自己的失窃记录交给保险公司。如果你记录良好，证明是有责任心的，收的保费可以少些。相反，对于记录差的、道德风险严重的，就多收保费。这样，保险公司就可以为每一个人提供保险。

信息经济学对信息不对称问题进行了深入的研究，提出了许多开创性研究成果，丰富和发展了现代微观经济理论，也已成为经济学的一个重要分支。对本节内容有兴趣的同学，可参阅这方面的著作。

本章小结

1. 同完全竞争厂商相比，垄断厂商的产品价格高于竞争价格，产量少于竞争产量，并且会造成无谓损失。这就是垄断导致的市场失灵。

   垄断厂商为了保持或取得垄断地位，必然向政府（有关部门）寻租，这进一步降低了经济效率。

   政府通过法律规制、价格规制、资本回报率规制以及实行公有制等办法，可以减少垄断造成的效率损失。

2. 某个人或厂商的经济活动，有可能对没有参与这种活动的人或厂商造成影响。这种影响叫作外部性。如果某个人或厂商的经济活动，给没有参与这种活动的人或厂商带来了好处或利益，但却没有得到相应的补偿（私人利益＜社会利益），就叫作外部经济。如果某个人或厂商的经济活动，给没有参与这种活动的人或厂商造成了损害或成本，但却没有承担这些成本（私人成本＜社会成本），就叫作外部不经济。外部经济导致实际产量低于均衡产量；外部不经济导致实际产量高于均衡产量。这都是市场失灵。

   政府通过对外部不经济征税，对外部经济补贴；或者将具有外部不经济的企业和受影响的企业合并，使外部性"内部化"；或者通过界定和明晰产权，有效保护经济主体的利益等方式，就可以消除外部不经济，提高资源配置效率。

3. 如果一种物品在消费中既没有排他性，也没有竞用性，就叫作公共物品。其特点是增加一个人的消费不会影响其他人的消费，但无法从技术上或经济上把不交费的人排除在消费之外，由此决定了公共物品生产量少于均衡产量，导致市场失灵。解决的办法是由政府提供公共物品。事实上，政府的主要职能就是提供公共物品，如国防、法律、秩序、环保等物品。

4. 在市场交易过程中，买卖双方所掌握的信息量往往是不同的，即一方掌握的信息多些，另一方掌握的信息少些，这种情形叫作信息不对称。信息不对称必然导致逆向选择和道德风险，即市场失灵。

   逆向选择是指买方不了解卖方的产品质量信息时，市场上劣质产品驱逐优质产品并占领市场的情形。道德风险是指从事经济活动的人在最大限度地增进自身效用的同时做出的不利于他人的行动，或者说，是签约一方不完全承担风险后果时所采取的自身效用最大化的行为。道德风险也称为败德行为。

   信号传递或信号筛选有助于化解逆向选择和道德风险。

习题与思考

一、判断题

1. 市场失灵指的是私人市场无法生产有效数量的产品的情况。　　　（　　）
2. 在宽阔的电影院放映的电影属于非排他性、非竞用性的消费品的例子。　（　　）

3. 公共物品，而非私人物品，面临着搭便车的问题。　　　　　　　　　　（　　）

4. 政府所提供的任何物品都是公共物品。　　　　　　　　　　　　　　　（　　）

5. 当存在外部性成本时，私人市场就会生产低于有效产量的物品。　　　　（　　）

6. 科斯定理指出，如果产权明晰而且交易成本很低，那么就不会存在外部性问题。

　　　　　　　　　　　　　　　　　　　　　　　　　　　　　　　　（　　）

7. 当拥有私人信息的合同一方达成使自己能够获取更多利益而另一方获取较少利益的
协定时，往往会出现逆向选择问题。　　　　　　　　　　　　　　　　（　　）

二、单项选择题

1. 下列哪些选项不是市场失灵的原因？（　　）
   - A. 公共物品的存在
   - B. 外部性的存在
   - C. 一些产品的消费具有竞用性
   - D. 垄断的存在

2. 市场失灵指的是（　　）的情形。
   - A. 市场不会造成无谓损失
   - B. 市场无效率地利用资源
   - C. 政府禁止搭便车
   - D. 没有正确答案

3. 搭便车者是指（　　）。
   - A. 不纳税的人
   - B. 即使不付费也无法从公共物品的消费中被排除出去的人
   - C. 为所获得的公共物品超额支付费用的人
   - D. 不能强迫其为所消费的私有物品付费的人

4. 外部性是在经济交易中所产生的由（　　）承担（或获得）的成本或利益。
   - A. 消费者而非生产者
   - B. 生产者而非消费者
   - C. 非参与交易者
   - D. 竞争对手

5. 当市场生产高于有效产量的、具有外部性成本的物品时，这种状况被称为（　　）。
   - A. 消费者主权
   - B. 政府失灵
   - C. 公共失灵
   - D. 市场失灵

6. 假定政府准许企业排放二氧化硫污染空气，只要企业排放每吨二氧化硫时向政府支
付 70 美元即可。这种解决污染的方法是（　　）的例子。
   - A. 科斯定理
   - B. 排污费
   - C. 可交易许可证
   - D. 没有正确选项

7. 人们达成协定，然后采取增加自身利益但损害对方利益的行为叫作（　　）。
   - A. 做记号
   - B. 逆向选择
   - C. 道德风险
   - D. 订立合同的成本

8. 如果买者无法评估二手车的质量，也没有质量保证书，那么（　　）。
   - A. 只有质量低劣的二手车会被售出
   - B. 只有质量较好的二手车会被售出
   - C. 质量较好的车的售价将会高于质量低劣的车的售价

　　D. 不会存在逆向选择问题

三、思考题

1. 试比较完全竞争市场和垄断市场的效率问题。

2. 什么是外部性？外部性有哪两种类型？试用图形分析这两种类型的效率损失。

3. 请举例说明纯公共物品的非竞用性与非排他性特点。为什么二者对纯公共物品而言都是必需的？

4. 为什么银行通常更愿意向使用信用卡付款并且过去从银行借过款的客户提供贷款，而不大愿意向使用现金付款和从未向银行借过款的客户提供贷款？

专栏　"公地的悲剧"和"反公地的悲剧"

　　在一个村民众多的社区，有一片公有的草场，村民可在此自由牧羊。对于草地而言，存在最佳的牧羊数量使草地达到最佳利用状态。但是某个村民可能会这样想：如果我多放牧一只羊，对于草场的不利影响微乎其微，可以忽略不计，我却多得到一只羊的价值。他决定多放牧一只羊。然而，他的想法也正是其他所有村民的想法。结果，草场上羊的数量远超过最佳牧羊数量。公共草场被过度使用了！

　　这就是著名的"公地的悲剧"。草场的公共所有权使得每个人都无法阻止别人进入，也无法限制别人的牧羊数量。每个村民都有强烈的动机多放牧，而且都知道其他所有村民也有强烈的动机多放牧；大家都明白最后的结果必然是草场资源因过度使用而枯竭，但每个村民对阻止事态的继续恶化都深感无能为力；这种无能为力的现实反过来也助长了村民赶在资源枯竭前"捞一票"（多牧羊）的心态。

　　面对悲剧怎么办？社区找到了解决办法，那就是界定私人产权。社区将这片公有草场划分成块，分割给每个村民。每个村民对所割得的地块拥有完全的产权。从此，每个村民都有权禁止别人进入自己的地块，他们不再担心（也不必关心）他人多放牧，于是每个人都不再多放牧。最后草场上的牧羊数量，正好就是草场的最佳承载数量。

　　日子就这样平静地过去，一晃十数年。社区的经济和社会环境发生了很大变化，工业和商业开始崛起，土地价格也开始上升。在那片草地上有些村民建起了房屋，有些兴建了娱乐设施，也有些继续放羊。这片草场给村民带来的总产出价值（比如按照现行利用方式，在可以预计的年限内所有价值的贴现值）是100万元；而今，社区希望在这片草场上兴建一个机场，据评估，该机场将给社区及其村民（在可预期的年限内）带来（贴现）价值500万元。也就是说，集中改变草地的用途可以为每个村民带来好处。

　　这个机场建成了吗？似乎应该可以建成，因为500万元的新价值完全可以弥补村民的既有价值100万元（这是村民放弃草场的机会成本总和）。可是好几年过去了，这个机场项目最终还在胎腹之中。原因何在？因为每个村民都有权使得机场项目无法实施（只要他拒不出售自己拥有的地块），而且都想趁此机会"捞一票"，试图索要一个比自己的机会成本高一点点的价格，因为单个人的这种行为并不会伤害机场项目。遗憾的是，绝大多数村民都有这样的想法，甚至有些村民把这看作一次难得的发财机会，索要了极高的价格，最后村民们索要的总价值超过了 500 万。一个本来可以给社区和村民带来更大好处的机场项目，因为草地支离破碎的所有权所形成的障碍而最终无法实施。

上述现象，正是现在逐渐为人们所知的"反公地的悲剧"。

事实上，"公地的悲剧"和"反公地的悲剧"在一个社会中往往同时存在。我们所熟悉的事实是，在过去计划经济体制下，国有或集体所有的公有产权往往导致低效率，这是典型的"公地的悲剧"；但是在计划经济体制下，开办一个企业、申报一个项目，乃至个人工作调动等，需要盖上无数的红头印章，这同样导致低效率，而此种现象恰恰就是"反公地的悲剧"。而今，我国已建立起市场经济体制，但某些领域仍存在大量的计划管理的流弊。在某些领域（如土地利用、城市建设、企业开办、劳动力管理等）行政审批项目过多过滥，甚至形成地域封锁、部门壁垒，使得资源得不到充分有效的利用，市场的资源配置作用难以发挥；在某些领域（如金融、环保等），多头监管导致监管不足或监管过度。这一样体现着"反公地的悲剧"思想。

资料来源：节选自新浪读书，董志强，"公地的悲剧"与"反公地的悲剧"。

第七章
什么是宏观经济学

2017 年我国全年国内生产总值为 82.7 万亿元，比上年增长 6.9%，这个数据在历史背景下应该如何解读？2018 年 1 月 1 日，美国《减税与就业法案》正式生效，这个法案是否会影响到你的生活？2017 年人民币汇率持续升值，其中的原因到底是什么？诸如此类的问题还有很多，要想弄清这些问题，就必须了解经济体的总体运行方式，而宏观经济学能为我们提供分析以上问题的合适工具。

第一节　宏观经济学的概念

本书前六章的内容讲述的是消费者、企业、市场等单个经济主体最优化行为的微观经济学，除此之外，在经济学体系中还有一个非常重要的组成部分，那就是宏观经济学。与微观经济学相比，宏观经济学最大的特点在于其研究对象，或者说是它研究经济世界时的独特视角。如果说微观经济学研究的是一棵棵"树木"的话，那么，宏观经济学研究的就是整个"森林"。

一般而言，宏观经济学是研究经济总体情况与趋势的基本理论。如果说微观经济学关注的是个别价格的决定与变化，那么宏观经济学就是把一个社会视为一个经济运行的整体，主要考察该经济体的总量指标，如产品和服务的总产量、价格水平、失业等的决定因素及其变动规律。宏观经济学的最终研究目标是通过研究这些问题，提高整个经济社会的资源利用效率。

宏观经济学在研究经济总量及其变化时必须要借助一些总量指标，如总产出、总收入、总需求、总投资等。注意，在学习宏观经济学时要避免"合成谬误"，即个体经济变量的简单加总不能直接等于整体经济变量。例如，对于单个家庭来说，节俭和增加储蓄是其积累财富、缓解未来生活风险的必要手段。但是，如果所有的家庭都这样做，则有可能导致社会购买力的下降，减少社会对产品需求，引起生产萎缩和失业增加。因此，微观上可行的经济行为在宏观上并不一定可行，我们不能认为宏观经济学的变量就是微观经济学中相应变量的简单加总。

尽管宏观经济学与微观经济学在研究对象、研究方法上均有所区别，但两者在内在逻辑上却是一致的。因为宏观经济学与微观经济学的根本目标都是要在既定的经济制度下实现社会福利的最大化。整体经济的事件是基于无数居民户和企业的相互作用而形成的，因而我们在研究宏观经济学的总量时，必须联系微观变量。例如，在考察一个社会的总消费时，必须考虑决定每一个家庭支出的因素是什么，他们为现在的消费支出多少，为未来的消费储蓄多少。

综上所述，我们知道宏观经济学要研究的是一个经济社会的总量问题、整体性问题。例如，宏观经济学要回答一个经济社会的资源是否全部被生产部门所利用，如果回答是否定的，那么，为什么会有资源闲置现象？如何减少这种现象？再如，决定一个社会一般物价水平的因素有哪些？在价格水平不稳定的情况下会产生什么样的影响？此外，在宏观经济学中，政府将作为一个重要的经济主体出现在模型中，政府的税收水平、国债规模等都是影响总量指标的重要变量。

第二节　宏观经济学的研究主题

从宏观经济学研究涉及的基本内容看，宏观经济学家在解释整体经济如何运行的时候，主要关注一国的长期经济增长、短期的经济周期、充分就业、通货膨胀以及开放经济条件下的宏观经济学等问题。

一、经济增长

经济发展的最终目标是提高人们的福利水平，这也是各国政府制定相关经济政策的基本出发点。经济增长是经济发展的主要表现，更多的劳动供给、更多的机器设备、更好的技术以及更合理的制度都可以提高社会的经济产出，实现经济增长，让人们享受到更多的食品和服装、更好的医疗服务和教育，以及更加方便、舒适的生活。尽管不是所有的人都能绝对平均地分享经济增长带来的好处，但总的来说，人们的平均生活水平在增长中不断提高。

经济增长一般以 GDP 增长率来表示，图 7-1 显示的是我国 1978～2017 年间的经济增长率变化趋势。可以看到，在这40年间，经济增长速度处于持续变化中，有些年份的经济增长速度非常快，比如1984年时的经济增长速度高达15.2%；而有些年份却在降低，比如1990年时的增长速度低至3.8%。前30年的增速平均超过9%，而在2012年之后，我国经济进入新常态，GDP增长速度持续下降，最近两年维持在6.5%~7%。所有这些变化体现出了我国经济体制改革、对外开放、技术进步、劳动供给、投资水平、财政和货币政策、经济结构等诸多方面的变化，与此相关的理论都是宏观经济学中的重要部分。

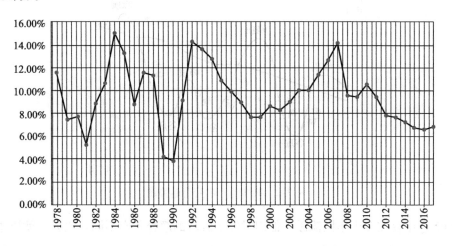

图7-1　1978~2017年期间中国经济增长率
资料来源：根据国家统计局官方网站数据库数据整理而成。

　　世界各国的实践表明，每个国家实现其经济增长的具体途径并不相同，那么，究竟经济增长的决定因素有哪些？劳动的增加、资本的积累、技术的进步以及制度的改进在经济增长中的作用到底有多大？有没有规律性的经济增长模式？国家可以采取什么政策提高经济增长率？发达市场经济国家的经济增长道路对其他落后国家意味着什么？这些问题是宏观经济学家在探讨整体经济长期发展时必须给予回答的。

二、经济周期

　　经济增长理论揭示的是总产出的长期变化趋势。从经济发展的历史事实来看，每个经济体在短期内均表现出繁荣和衰退交替出现的经济波动现象。如图7-1所示，我国经济在1984年到1986年、1992到1994年都出现高增长的繁荣态势，但是在1988年到1990年却出现增长速度急速下降的衰退态势。从理论上来说，当经济持续两个季度出现下滑时，预示着衰退来临，失业率将不断攀升，物价水平下降；当经济持续两个季度上升时，经济就处于扩张状态，此时一般会伴随就业率的增加和通货膨胀率的上升。

图 7-2 描述了某个经济体在不同时期的总产出变化趋势图。图中向右上方倾斜的曲线代表的是长期经济增长趋势，围绕增长趋势上下波动的曲线代表的是经济短期内繁荣和衰退交替出现的周期性波动现象。为说明整体经济的这种变动，宏观经济学家建立了经济周期理论，以研究一个经济社会的总产出在短期内为什么会时好时坏，并会呈现出某些规律性的特征。

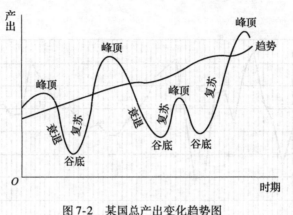

图 7-2　某国总产出变化趋势图

经济学中存在多个不同流派，他们对经济波动的解释各有不同。比如，就资本主义世界在 1929 年出现的大萧条而言，货币主义者认为，这是由政府错误的货币政策导致的，因此得到政府不该干预经济运行的结论，而凯恩斯主义经济理论则认为，总需求不足是导致失业和萧条的主要原因，因此提出政府应干预经济，实施有效的需求管理政策的结论。到目前为止，当代的宏观经济学家还在继续对经济波动和经济周期理论进行探索。

三、失业

当经济衰退时，会有一部分劳动者愿意工作但却无法找到工作，出现周期性失业。在经济持续低迷时期，社会不得不面对长期持续的高失业率。失业不仅影响失业者自身和家庭的生活与命运，也给社会带来了很多不稳定因素。失业者在失业期间遭遇的不仅仅是收入降低和生活水平下降的问题，更重要的是长期失业会让失业者无法融入社会，失去立足于社会的能力和尊严，从而导致很多社会问题。

图 7-3 描述的是五个工业化国家从 2000 年到 2009 年的失业状况。数据显示，这五个工业化国家在这 10 年间的平均失业率从高到低依次为德国 8.9%、法国 8.7%、美国 5.5%、英国 5.3%、日本 4.7%。从图中可以看出，德国和法国在这 10 年间的失业率

远高于其他三个国家。除德国外，2009 年全球经济危机让这些发达国家的就业形势变得十分严峻，失业率平均上升近40%。

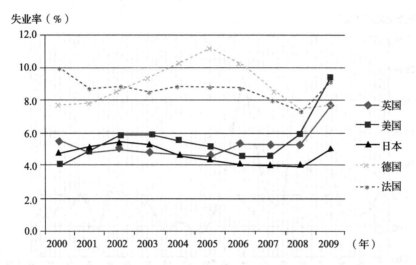

失业率（%）

图 7-3　英美日德法五个工业化国家的失业率情况（2000～2009）
资料来源：经合组织官方网站，www. oecd. org。

　　要治理失业问题，就必须了解失业产生的原因、机制、影响及相应的解决方案。宏观经济学家花费了大量的精力研究这些问题，但是目前仍然没有达成共识。例如，对于政府是否应该以及能否运用财政政策和货币政策进行干预，为什么不同国家的失业率会出现明显的差异，最低工资法对失业率的影响等问题，经济学家还在争论不休。

四、通货膨胀

　　维持物价稳定是宏观经济学的一个重要研究议题。在物价水平持续上涨的通货膨胀时期，人们的生活成本将大大提高，依靠固定收入来维持生活的人的生活水平会大幅度下降，更为严重的是，通货膨胀扭曲了市场价格带来的信号，导致市场机制配置资源的功能失去了最基本的工具。世界各国的历史和现实都表明，通货膨胀是经济活动中一个十分敏感的社会问题，政府必须给予充分重视。

　　图 7-4 是我国 1980 年到 2016 年 36 年间的通货膨胀率。在这 36 年中，通货膨胀率时刻发生着变化，最高出现在 1994 年，达到 24.1%，1998 年和 1999 年出现通货紧缩，通货膨胀率为负值，之后持续出现小幅波动，2012 年后趋于稳定。

　　宏观经济学家必须回答到底：是什么因素带来了通货膨胀，它的传导机制是什么，政府有没有合适的手段去预防它，对于已经发生的通货膨胀，政府或其他组织能不能采取适当的措施去控制它，政府反通货膨胀的措施有哪些副作用，比较温和的价格上涨有利于刺激经济吗，不同国家通货膨胀率之间为什么会存在巨大差异，等等。

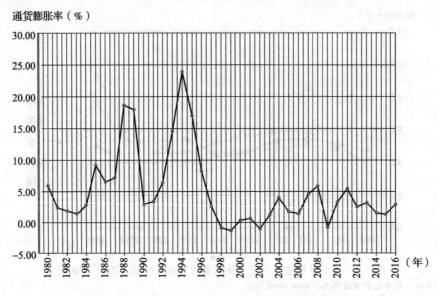

图 7-4　我国从 1980 年到 2016 年的通货膨胀率

五、开放条件下的宏观经济

交通、通信技术的革新，国际贸易和资本流动规模的不断扩大，跨国公司对全球经济整合力度的加强，以及众多国家开放政策的推行，都极大地推动了各个国家之间的经济往来。随着全球经济一体化步伐的加快，各个国家之间的联系越来越紧密，任何一个国家都无法脱离其他国家而取得发展。因而，一国在经济发展中所遇到的宏观经济问题必须要放到开放的背景中去分析。

进入新世纪以后，中国已经成为"世界工厂"，为全球提供了无数的服装、玩具、电子产品，同时也成为全球铁矿石、原油等原材料的主要需求者。随着中国金融市场的逐步开放，外国政府和经济主体将给中国的宏观经济带来越来越大的影响，中国财政政策、货币政策的有效性必须考虑国际贸易和资本流动的影响。例如，美联储提高利率对中国的外商直接投资有何影响？人民币对美元的升值会对中国的出口产生哪些影响，会增加中国公民出境旅游和留学吗？外资银行进入中国后货币政策的传导机制会有哪些改变？等等。可以说，21 世纪的宏观经济学必然以经济视角的国际化为主要方向。

第三节　宏观经济学的研究方法

一、总量分析方法

由于宏观经济学以国民经济的整体运行为研究对象，关注宏观问题，所以，它必须借助总量分析方法来完成研究任务。所谓总量分析方法，就是在分析有关问题时，把一些具体的、分散的经济变量合理地综合与抽象成一些反映总体经济情况和问题的、更加概括的经济变量。通过总量分析，宏观经济学家可以方便地认识到经济的原貌，着重于大的经济趋势和动向、整体经济的反应和效果，而忽略具体的、个别的问题或经济变量。

宏观经济学中经常用到的国民收入、总支出、总供给、总需求、物价水平等都是总量指标。与其他几个概念不同的是，物价水平或物价指数不是把商品和服务的价格相加，而是一个平均数，它反映了一个经济社会商品和服务价格的平均水平或基本走势。

二、动态分析方法

宏观经济学广泛运用动态分析方法，即对经济变动的过程进行分析，其中包括分析有关变量在一定时间过程中的变动，这些经济变量在变动过程中的相互影响和相互制约，以及这些变量在某一时点的速率等。因此，动态分析方法侧重于把研究对象的发展变化看作一个连续的过程，各个变量在时间维度的变动规律将成为模型研究的重点。

现代宏观经济理论中的经济增长理论、经济周期理论等，采用的都是动态分析方法。这些理论模型都要借助对经济指标动态变化的具体考察，来反映经济的运行过程。

三、规范分析方法

在微观经济学的学习中我们已经知道，实证分析方法更接近自然科学的研究范式，深受那些极力把经济学作为一门"科学"的经济学家的推崇；规范分析方法则更接近标准的社会科学研究范式，反映了经济学从属于社会科学的规定性特征。现代经济学的一个发展趋势是推动经济学的"科学化"进程，尽可能用与事实一致的实证分析方法观察、衡量各种经济变量，用抽象的经济模型刻画经济因素之间的因果关系，并对经济事件进行客观预测。然而，作为一门研究经济主体行为规律的学科，经济学家很难完全摆脱自身价值取向对研究结果的影响。无论研究者自己是否意识到，其自身的家庭背景、教育经历、价值偏好等因素都会对其研究思路、模型假定、结论取舍产生或大或小的影响。

1987 年诺贝尔经济学奖获得者、经济增长理论的奠基人——美国经济学家索洛曾说："社会科学家和其他人一样，也具有阶级利益、意识形态的倾向以及一切种类的价值判断……不论社会科学家的意愿如何，不论他是否察觉到这一切，甚至他力图避免它们，他对研究主题的选择，他提出的问题，他没有提出的问题，他的分析框架，他使用的语言，很可能在某种程度上反映了他的利益、意识形态和价值判断。"现代宏观经济学的开创者凯恩斯更坦诚，他承认自己是"站在有教养的资产阶级一边的"。

在宏观经济政策的分析中，某项政策是否应该实施这一问题主要涉及分析者的价值判断，属于规范分析的范畴，而旨在描述这项政策的经济影响的客观分析则属于实证分析。实际上，宏观经济学家之间的争论主要集中在规范分析层面上。例如，不管是保守的经济学家还是激进的经济学家，他们对减税会增加富人收入这一观点大都持肯定意见（实证分析），但会对国家是否应该减税产生争论（规范分析）。有些经济学家认为富人是市场经济中的"优胜者"——他们是创造社会财富的主力军（因而也获得了较多的财富），所以减税有助于提高这些人提供劳动的积极性，有利于增加社会财富；而另一些经济学家则可能认为减税等于给予富人税收优惠，会加大贫富差距，引起社会不公平。

本章小结

1. 宏观经济学是西方经济学的重要组成部分，是致力于研究经济总体情况与趋势的基本理论。

2. 宏观经济学把一个社会视为一个经济运行的整体，主要考察该经济体的总量指标，如产品和服务的总产量、价格水平、社会总收入等的决定因素及其变动规律。

3. 尽管宏观经济学与微观经济学在研究对象、研究方法上均有所区别，但二者在内在逻辑上却是一致的。

4. 现代宏观经济学的产生是西方经济学界面对 1929～1932 年发生的资本主义大萧条做出的回应。

5. 宏观经济学主要研究经济增长、经济波动与经济周期、充分就业、通货膨胀问题，以及开放经济条件下的宏观经济问题。

6. 宏观经济学的研究方法主要为总量分析方法和动态分析方法。

习题与思考

1. 宏观经济学的性质和研究对象是什么？

2. 如何看待宏观经济学与微观经济学的关系？

3. 宏观经济学关注的主要问题有哪些？
4. 宏观经济学的分析方法有何特点？

专栏　凯恩斯革命和宏观经济学

"宏观经济学"一词首次出现在学术文献中是在 20 世纪 40 年代。可以肯定的是，宏观经济学的主题，即通货膨胀、失业、经济增长、经济周期、货币和财政政策，长期以来激起了经济学家的兴趣。宏观经济学作为一个独特而又活跃的研究领域，却是在大萧条的阴影下出现的。没有任何事像危机那样引起人们的关注。

大萧条对生活在那个时代的人产生了深远的影响。1933 年，美国失业率达到了 25%，真实 GDP 比 1929 年低 31%。同这次海啸相比，美国经济之后的所有波动，都是平静海面上的涟漪。该领域杰出经济学家的自传体文章，比如劳伦斯·克莱因、弗兰克·莫迪利亚尼、保罗·萨缪尔森、罗伯特·索洛以及詹姆斯·托宾，都证实了大萧条是其职业生涯中的一个重要激励事件。

约翰·梅纳德·凯恩斯的《通论》，对于如何理解这些发展，是专业人士讨论的焦点。上述五位诺贝尔奖得主均从第一手经历中证实了这一点。托宾记录了他在哈佛大学时的下述反应，他在 20 世纪 30 年代末 40 年代初是那里的一个学生："年长的教师基本是坚决反对的……年轻的教师和研究生则对凯恩斯的书充满热情。"正如通常的情形那样，对于新思想的冲击，年轻人比年长的人更有眼光。

凯恩斯和马歇尔在 20 世纪 30 年代是经济杂志引用最多的经济学家，在 40 年代是仅次于希克斯之后获第二多引用的经济学家，这种影响持续了许多年。在 1966～1986 年期间，即使凯恩斯在期初就已去世 20 年，但他在获得引用方面仍排在第 14 位。

凯恩斯不仅影响了经济研究，而且影响了教学。萨缪尔森的经典教科书《经济学》出版于 1948 年，其组织结构反映了他察觉到对于入门者应提供什么样的专业知识。供给和需求在我们向新生讲授经济学时处于核心位置；在 608 页的教科书中，直至第 447 页才引进来。

《经济学》最先讲的是宏观经济学，包括财政政策乘数、节俭悖论等概念。萨缪尔森写道（第 253 页）："尽管这种分析的大部分，应该归功于英国经济学家约翰·梅纳德·凯恩斯，但目前，其广大的基础被所有学派越来越多的经济学家所接受。"

作为一种科学，《通论》获得了极大的成功。它所激发的革命，吸引了当时许多最优秀的年轻学者。他们的丰富成果，为理解短期经济波动提供了新的方式。作为对于这些事件的反应，萨缪尔森做出了简洁的总结："凯恩斯革命，是 20 世纪的经济科学的最重要事件。"

资料来源：节选自 Mankiw N G. The Macroeconomist as Scientist and Engineer [J]. Journal of Economic Perspectives, 20(4): 29-46.

第八章
GDP：总产出和总收入的核算

汤姆在美国纽约生活，他的收入等于美国的平均收入水平，赵六在北京生活，他的收入等于中国的平均收入水平，汤姆比赵六生活得更好吗？我们如何评价他们的生活水平呢？为了回答这两个问题，我们需要衡量一个国家中所有人获得的总收入、花费的总支出。国内生产总值（GDP）数据则清楚地提供了一种国际通用的衡量方式。

第一节　以 GDP 衡量总产出

一、GDP 的概念

在宏观经济分析中，国内生产总值（GDP）是一个最受瞩目的指标，被认为是衡量社会经济福利的最佳指标。GDP 是指一个国家或一个地区在一定时期（一般是一年）内生产的最终产品和服务的市场价值总和。理解这个概念需要把握以下几个要点：

（1）GDP 只包括最终产品和服务，不包括中间产品。最终产品是指在一定时期内生产的、由其最终使用者购买的产品和服务。中间产品是指为了生产最终产品而作为中间投入品的原材料、燃料、半成品等。例如，造纸厂生产纸张出售，如果印刷厂购买 10 万元纸张用于印刷经济学教材，然后再将教材以 30 万元直接销售给经济学院的大学本科生，那么，这 10 万元纸张就是中间产品，不计入 GDP，而教材则是最终产品，30 万元计入 GDP。这 30 万元中包含了 10 万元纸张的价值。因此，不把中间产品计入 GDP 就避免了重复计算。

（2）GDP 是指最终产品和服务的市场价值（市场价格），而非使用价值。换言之，GDP 的计量单位是货币单位。产品的市场价值就是用这些最终产品的产量乘以单位价格获得的。一方面，这种处理方式可以将不同度量单位的实物形态用相同的价值形式统一起来，使经济学家能很方便地测度一国的整体经济水平，而不用再为如何把面包的产量与经济学家的演讲进行加总而犯难。另一方面，基于市场价值的 GDP 概念本身就表明，该总量指标衡量的仅仅是市场活动导致的价值。家务劳动、自给自足的生产因为没有经过市场，无法计算其市场价值而被排除在 GDP 范围之外，而对于地下经济、犯罪活动所产生的经济活动而言，虽然它们有市场价值，但由于缺乏准确的统计信息也没有被统计在 GDP 中。

（3）GDP 是指当期生产出来的，而非当期实现的产品和服务的市场价值。当期生产而未出售的产品，计入"存货投资"；二手货是以前生产的，不计入当期 GDP。例如，如果某企业年生产 100 万元的产品，而产销率只有 70%，即只卖出去 70 万元，那么，在核算其产出时应该将 100 万元计入 GDP。没有卖出去的 30 万元产品被认为是存货投资，即企业自己买下当期未出售产品。相反，如果当期企业销售额为 120 万元，那么，在核算其产出时仍应该将 100 万元计入 GDP。此时，该厂商存货减少的 20 万元产品是其以前年份生产的，已经计入当时的 GDP 中了，所以不能再计入本期的产出中。在这里还要提醒的是，当年发生的旧货交易金额，不能计入当期的 GDP 中。但如果旧货交易产生了经纪人费用或佣金，则这些费用应计入当期的 GDP 中。

（4）GDP 是在一国地理范围内生产出来的，而不是一国国民生产的。一国国民在一定时期内生产的最终产品和服务的市场价值，叫国民生产总值（GNP）。

（5）GDP 是在一定时期内生产出来的。GDP 是一个流量指标，而非存量指标。流量是一定时期发生的变量，存量是一定时点上存在的变量。从某种程度上讲，流量是一个动态概念，存量是一个静态概念。流量分析和存量分析是宏观经济学经常用到的分析方法。GDP 的衡量时间一般是一年。

二、产出、收入和循环流动图

为简化宏观经济的运行，我们把经济体系中购买最终产品和服务的主体分成四个：家庭（居民户）、企业、政府以及国外经济主体。这四个主体分别通过产品市场、要素市场、金融市场建立联系。图 8-1 描述的就是一个经济体系中四个主体通过三大市场建立联系的主要经济行为，图中箭头为资金流动方向。

在图 8-1 中我们可以看到，居民户向要素市场提供要素（如劳动、土地、企业家才能等）获得工资、租金、利润、利息等收入，然后购买生活所需的商品和服务；企业向市场提供商品和服务，然后向要素所有者支付要素报酬；政府通过向企业和居民户征税来形成财政收入，为社会提供相应服务，购买政府机构运行所需商品，进行公共投资，并向部分企业和居民户提供转移支付；国外经济主体通过商品的进出口与国内经济建立联系。以上四个主体收入的结余部分形成储蓄，并经金融市场转化成投资。

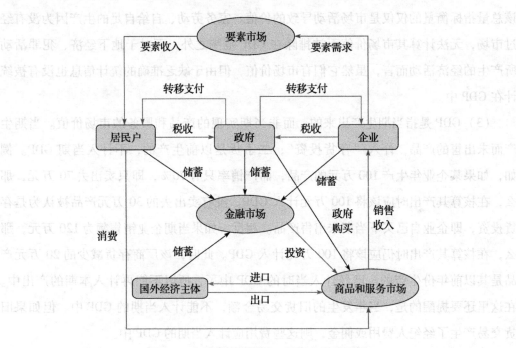

图 8-1　宏观经济循环图：以资金流动为例

三、GDP 核算方法

（一）生产法

GDP 是生产出来的。通过加总一国企业生产出来的产品和服务，就可以核算出该国的 GDP。但是，企业生产的产品或服务有实物和价值两种形式。从实物形式上看，各个企业的产品是不能相加的。例如，5 个苹果不能和 2 个橘子加总为 7 个。从价值形式上看，各个企业的产出则完全相同，因而可以加总。把各个企业生产的产品或服务的价值加起来，就可以得到总产出。这种核算方法叫生产法。

但是，GDP 是各个企业生产的最终产品的价值总和，而不是产品的总价值之和。二者的区别是企业总价值中包括中间产品的价值。这部分价值是其他企业生产的。所以，在核算 GDP 时，应当加总各个企业的增加值。这里所说的增加值是指一个企业的总价值（销售收入）扣除该企业购买的中间产品价值后的余额，也就是企业生产的净值。

不同的企业组成了国民经济的各个行业或部门，所以，生产法实际上是按部门核算的，因而生产法又叫作部门法。目前，我国把国民经济分为农业、采掘业、化学工业、金融保险业等 17 个部门，分别进行统计核算。

按部门法核算 GDP，可以反映 GDP 的来源，分析产业的结构，如第一产业、第二产业和第三产业等，对制定产业政策、调整和优化产业结构有重要意义。表 8-1 为我国部分地区按三次产业核算的国内生产总值。

表 8-1　我国按三次产业分地区核算的国内生产总值（2016 年）　单位：亿元

地区	北京	天津	上海	浙江	山东	广东
地区生产总值	25 669.13	17 885.39	28 178.65	47 251.36	68 024.49	80 854.91
第一产业	129.79	220.22	109.47	1 965.18	4 929.13	3 694.37
第二产业	4 944.44	7 175.35	8 406.28	21 194.61	31 343.67	35 109.66
工业	4 026.68	6 805.13	7 555.34	18 655.12	27 588.70	32 650.89
建筑业	917.76	786.89	879.81	2 160.72	3 806.31	2 551.82
第三产业	20 594.90	10 093.82	19 662.90	24 091.57	31 731.69	42 050.88
交通运输、仓储和邮政业	1 060.97	725.31	1 237.32	1 774.37	2 725.41	3 209.72
批发和零售业	2 372.89	2 256.54	4 119.59	5 754.19	9 044.61	8 382.48
住宿和餐饮业	399.35	292.11	388.98	1 119.00	1 440.16	1 569.37
金融业	4 270.82	1 793.57	4 765.83	3 050.61	3 364.56	6 127.05
房地产业	1 672.68	4 197.87	2 125.62	2 607.00	2 773.29	6 229.05
其他	10 708.84	805.92	6 992.69	9 680.12	12 109.90	16 352.30

资料来源：和讯宏观数据网。

（二）支出法

支出法是通过加总一定时期内四个主体在产品市场上购买最终产品和服务的支出来核算 GDP 的方法。支出法是从需求角度核算的。因为购买是由需求决定的。从购买主体看，一个经济中的购买者包括家庭（消费者）、企业（生产者）、政府和外国。从购买的对象看，主要购买的是消费品和投资品。把购买主体和购买对象结合起来看，购买支出则包括以下几方面内容。

（1）消费者购买支出（一般用 C 表示），是指居民家庭或个人用于购买消费品和服务的支出。其具体包括居民对耐用消费品（如电脑、电视机、洗衣机、空调、小汽车等）、非耐用消费品（如食物、饮料、洗涤用品、衣服等）和服务（如医疗、教育、保险、旅游等）的支出。美国是一个高消费国家，居民户的消费支出在 GDP 中的比例在 20 世纪 60 年代中期时不到 62%，到 21 世纪初已经增加到超过 70%。

（2）私人企业投资（一般用 I 表示），是指包括企业固定资产投资、企业存货投资和居民购买新房屋等在内的支出。其中，固定资产投资是指新建设、安装的厂房、机器、设备和新建造的住宅。存货投资是指企业存货值的变动。如果一家汽车企业 2017

年生产了 10 万辆汽车，但只销售 9 万辆，则尚未售出的 1 万辆汽车计入存货投资。或者，如果这家企业年初有 2 亿元尚未出售的汽车，到年末这一数字变成 3 亿元，那么该企业在这一年里支出了 1 亿元的存货投资。

（3）政府购买支出（一般用 G 表示），是指政府对最终产品和服务的购买支出。其具体包括政府的薪金支出（购买公务员的服务），向厂商购买的产品和服务，主要是国防用品和其他办公用品。这里应注意政府的转移支付支出，如公债利息、救济金等，这种支出只是简单地把收入从一部分人或组织手中转移到另一部分人或组织中，并没有相应的产品和服务交易发生，因而不应计入总支出。

（4）产品和服务的净出口（一般用 NX 表示），随着国际交往的扩大，一国既要从国外进口一定量的产品，也会向他国出口一定量的产品。进口意味着本国对他国的支出，即货币收入的流出；出口则意味着他国对本国的支出，即货币收入的流入。因此，在核算 GDP 时，需要核算出口收入减去进口支出的净出口额。

综上所述，用支出法核算出的 GDP 为：$GDP = C + I + G + NX$。

表 8-2 是根据美国商务部经济分析局数据库中提供的数据列出的 GDP 构成的。从表 8-2 中可以看出，在 2015～2017 年间，个人消费支出是美国 GDP 中最重要的一种需求，在 GDP 中所占比重稳定在 66% 左右。其他三种支出所在比重较小，其中 2015 年私人国内总投资占总需求的 15%，政府购买支出和政府投资占近 29%，产品和服务的净出口对 GDP 的贡献率为负。

表 8-2　2015～2017 年美国 GDP 及构成（现价，单位 10 亿美元）

项目	2015 年	2016 年	2017 年
国内生产总值	17 393.1	18 036.6	18 596.1
个人消费支出	11 608.2	11 904.8	12 254.5
商品	1 250.7	4 630.4	3 714.01
服务	1 118.25	3 146.8	1 168.3
私人国内总投资	2 604.8	4 395.6	3 734.4
固定资产投资	1 016	767.8	977
私人存货变化	58	162	406
产品和服务净出口	-1 192	-1 138.5	-1 274.3
出口	7 651.7	8 078.3	8 787.6
进口	8 843.7	9 216.8	10 061.9
政府购买支出和政府投资	5 107.6	5 305.4	5 200.5

资料来源：美国商务部经济分析局，网站地址：www.bea.gov。

在此需要指出的是，用支出法核算 GDP 时有一些支出是不能计入的。第一种情形是二手商品的购买，因为这些商品在其生产之初已经被计算到当期的 GDP 中了。例如，一台 2008 年生产的个人电脑如果于 2009 年在二手市场上交易，那么这台电脑的交易额不应该是 2009 年 GDP 的一部分，因为这台电脑的价值是 2008 年 GDP 的一部分（如果在二手交易中支付给经纪人一笔佣金，则该佣金应是 2009 年国内生产总值的一部分）。第二种情形是对股票、债券、古董、邮票等的购买支出。尽管我们在日常生活甚至是比较专业的金融学中都把这种购买行为称作投资或金融投资，但这些支出并不属于宏观经济学所定义的投资。在宏观经济学中，投资是指机器、设备、厂房等资本品的购买或居民用于新住宅的支出，会带来生产能力的扩大。

（三）收入法

在市场经济条件下，企业生产的最终产品或服务经过分配和再分配，最终会转化为各种收入，包括劳动工资、资本利息、地租、厂商利润和政府税收等。把这些收入加起来，就可以得到一国的总产出。这种通过加总一定时期内整个社会的收入来核算 GDP 的方法，就是收入法。

需要指出的是，GDP 并没有全部转化为要素收入，如折旧留在了厂商手里，间接税进入了政府账户等。所以，在用收入法核算 GDP 时，需要进行相应的调整，主要是要考虑要素收入和非要素收入。其中，生产要素收入是指居民户提供要素而取得的收入，包括工资、利息、租金、利润和非公司企业主收入；非要素收入包括企业间接税、企业转移支付和折旧等。经过上述调整，GDP 就等于工资 + 利息 + 租金 + 税前利润 + 折旧 + 间接税 + 企业转移支付。

从收入的最终归宿看，GDP 归结为个人收入、公司收入和政府收入。从收入的最终使用看，个人收入和公司收入的一部分用于缴税（T），一部分用于消费（C），一部分用于储蓄（S）。所以，$GDP = T + C + S$。

总产出（GDP）、总支出和总收入是分别从生产、流通和分配三个角度对同一成果的衡量，如果不考虑误差，三种方法的核算结果应当是相同的。目前，各国通常采用支出法衡量 GDP。

四、GDP 与经济福利

GDP 通常被认为是反映经济运行状态的最好指标。因为其中重复计算的部分较少（相对于总产值而言），其总量能较准确地反映一国经济发展规模和实力，能反映一国居民的福利状况。但是，这个指标也有缺陷，主要体现在以下几个方面。

第一，GDP 漏掉了对家务劳动、自给自足生产活动的统计。忽略这些非市场化活动对经济社会的产出所做的贡献，不可避免地会影响 GDP 想要反映的经济意义。

第二，GDP 并没有衡量经济活动给自然环境带来的负面影响。因工业生产对大气环境的破坏、砍去那些难以再生的红杉林等，都会计入 GDP 中，但是由此带来的自然环境的日益恶化会影响人们的生活质量，使长期经济增长难以持续，并带来未来的治理成本，这些并没有计入 GDP。

第三，GDP 指标很难反映产品和服务的质量改进。例如，随着技术的突飞猛进，计算机的质量明显提高，与此同时，其价格却大幅度下降。并且，计算机在越来越多的领域中得到应用，极大地提高了这些领域的生产效率。但是，GDP 或 GNP 指标没有办法反映这种质量上的改进。

第四，GDP 并不反映一国的收入分配情况。如果一个国家的 GDP 很高，但是贫富差距却很大，换言之，少数人拥有社会的大部分财富和收入，那么，GDP 高并不意味着这个国家居民的经济福利水平就一定高。

第五，GDP 带有某种过分的物质主义色彩，例如犯罪增加的警务费用，这种 GDP 的增加只能反映生活质量被破坏，对国民而言并不是件好事。

第六，GDP 受名义汇率影响，不能准确地进行国别比较。

第二节　衡量国民收入的其他数据

一、国民生产总值

从国内生产总值的概念可以看出，GDP 是从生产活动的空间范围角度（如一国或一个地区）来定义的。但与此相联系的一个概念是国民生产总值（GNP），它指的是一国国民在一年内所生产的全部最终产品的市场价值，即 GNP 是从生产活动的主体即国民的角度来定义的。如果说 GDP 反映的是一个地域概念，那么 GNP 反映的则是国民概念。

二者的核算区别是：

GDP = 本国居民在本国范围内的产值 + 他国居民在本国范围内的产值

GNP = 本国居民在本国范围内的产值 + 本国居民在他国范围内的产值

两者之间的关系是：

$GNP = GDP$ + 来自国外的要素收入 – 对国外的要素支付

例如，福特（中国）有限公司的产出应该计入中国的 GDP 中，而不能计入美国的

GDP 中。不过，该产出值应计入美国的 GNP 中，却不能计入中国的 GNP 中。所以，如果某国的 GDP 超过了 GNP，则说明外国国民从该国获得的收入超过了该国国民从外国获得的收入，而当 GNP 大于 GDP 时，则说明情况正好相反。

在实际应用中，大多数国家对生产总值的核算指标主要采用的是 GDP。一方面，与国际多数国家采用相同的指标，便于国际比较；另一方面，这也带来数据采集、核算的方便，降低了具体核算的操作难度，减少了核算成本。

二、国内生产净值

国内生产净值（NDP）是国民经济核算中另一个重要的总量指标。由于国内生产总值（GDP）中包含资本折旧（在美国，资本折旧约占 GDP 的 10%），所以 GDP 在刻画经济体在既定时期的产量时，还不能准确地反映社会净增的价值。只有从 GDP 中扣除在这一时期内工厂厂房、设备等资本品和居民住宅的磨损以后，才能得出国内生产净值，它代表了全社会在既定时期内经济活动的净结果。

$$NDP = GDP - 资本折旧$$

尽管从理论上说 NDP 比 GDP 更富有经济意义，然而，在实际工作中，许多经济学家和政府部门还是更愿意使用 GDP，而不是 NDP。其原因就在于，对机器设备等资本品的使用期限进行准确估计是非常困难的，因为资本品的损耗除了有形磨损以外，还有因技术进步而带来的无形磨损，如生产同样的资本品效率更高了，或者有了更好的替代品等。在这种背景下，每个时期对资本品的损耗或折旧的认定就会有很大的随机性，从而导致经济学家对国内生产净值的可靠性产生了不信任。

三、国民收入

狭义的国民收入（national income，NI）是指经济社会的所有要素所有者在本期因向市场提供要素而获得的报酬总和。为了得到国民收入，我们需要将国内生产净值中的某些组成部分（如企业间接税和企业转移支付）剔除掉，因为尽管它们是产品价格的组成部分，但却并没有形成要素所有者的收入。另外，还要在 NDP 上增加政府给企业的补贴，因为政府补贴虽然不列入产品价格，却成为居民户的要素收入。所以，国民收入衡量经济中的所有人在既定时期的收入，它的计算公式可以表示为：

$$NI = NDP - （企业间接税 + 企业转移支付）+ 政府给企业的补贴$$

四、个人收入

以上推出的国民收入，并不等于该社会的个人收入（personal income，PI）。个人收入是指要素所有者在计算期内应该拿到手的收入。为了求出个人收入，在此需要对 NI 作以下调整：首先，从 NI 中减去企业赚到但并没有支付给个人的量，包括公司所得税、公司未分配利润。其次，从 NI 中扣除个人向政府交纳的社会保险税。最后，在 NI 中加上人们从政府那里得到的各种转移支付，包括失业救济金、退伍军人津贴、职工养老金等。因而，个人收入的计算公式为：

$$PI = NI - 公司所得税 - 公司未分配利润 + 政府给个人的转移支付$$

五、个人可支配收入

在实际生活中，个人收入中总有一部分是要素所有者无法支配或控制的。例如，个人在获得要素收入时必须依法交纳的所得税，而对于宏观经济学家来说，更有意义的是居民户的个人可支配收入（disposable personal income，DPI）。如果从个人收入中扣除个人所得税（还包括个人对政府的非税支付），就可以得到个人可支配收入。个人可支配收入才是个人可以用来消费或储蓄的收入。

$$DPI = PI - 个人所得税 = C + S$$

以上的推导只是理论意义上的推导，在国民经济核算实务操作中，情况要复杂得多。例如，在计算个人收入时要对资本损耗、个人获得的公债利息收入以及个人为消费信贷支付的利息进行相应调整，使个人收入更符合实际。

第三节　名义 GDP 和实际 GDP

一、计算实际 GDP

GDP 是用价格计量的，而价格又会随着时间的变化而变化，所以在宏观经济分析中有必要区分名义 GDP 和实际 GDP。名义 GDP 是在特定时期内生产的以当期价格（也称为即期价格或现期价格）衡量的最终产品和服务的价值。实际 GDP 是在特定时期内生产的以不变价格（又称为基年价格或基期价格）衡量的最终产品和服务的价值。

以表 8-3 中的简单模型来具体说明。假定某经济社会只生产球和球棒这两种最终产品，它们在 2015 年和 2016 年的生产数量与市场价格分别如表 8-3 所示。那么，该经济社会在 2015 年的名义 $GDP = 100 \times 1 + 20 \times 5 = 200$（元），2016 年的名义 $GDP = 160 \times 0.5 + 22 \times 22.5 = 575$（元）。下面计算实际 GDP。

表 8-3　某经济体的 GDP

	产品	数量	价格（元）
2015 年	球	100	1.00
	球棒	20	5.00
2016 年	球	160	0.50
	球棒	22	22.50

（一）以基年价格计算实际 GDP

为了计算实际 GDP，需要选择一年作为其他年度的参照年，称为基年。我们选择 2015 年作为基年，根据定义，2015 年的实际 GDP 等于名义 GDP 为 200 元。下面我们以基年价格计算实际 GDP，其方法就是以基年价格乘以某年的产量。计算结果为：2016 年的实际 $GDP = 160 \times 1 + 22 \times 5 = 270$（元）。

（二）根据环比加权产出指数计算实际 GDP

环比加权产出指数（chain-weighted output index）法使用相邻两年价格计算实际 GDP 的增长率。这种方法有四步：第一步，按照去年的价格计算去年和今年的产出，计算增长率。第二步，按照今年的价格计算去年和今年的产出，计算增长率。第三步，计算平均增长率。第四步，根据平均增长率计算今年的实际 GDP。下面我们就按照这个方法计算 2015 年和 2016 年的实际 GDP。

第一步：以 2015 年的价格计算 2015 年产出为 $100 \times 1 + 20 \times 5 = 200$（元）。2016 年的产出为 $160 \times 1 + 22 \times 5 = 270$（元）。按照 2015 的价格，产出从 200 元增加至 270 元。增长率 $= (270 - 200) \div 200 = 35\%$。

第二步：以 2016 年的价格计算 2015 年的产出为 $100 \times 0.5 + 20 \times 22.5 = 500$（元）。2016 的产出为 $160 \times 0.5 + 22 \times 22.5 = 575$（元）。按照 2016 年的价格，产出从 500 元增加到 575 元，增长率 $= (575 - 500) \div 500 = 15\%$。

第三步：按照 2015 年的价格，2016 年的增长率为 35%。按照 2016 年的价格，2016 年的增长率为 15%。平均增长率 $= (35\% + 15\%) \div 2 = 25\%$。

第四步：以 2015 为基年，按照平均增长率计算，2016 年的实际 GDP 为 250，超过 2015 年的 25%。2015 的实际 GDP 是 200 元。2016 的实际 GDP 是 250 元。

二、GDP 平减指数

GDP 平减指数（GDP deflator）是将某年价格表示为基年价格的比例，该指数反映了整个经济体价格总水平的变化。GDP 平减指数的计算公式如下：

$$GDP \text{ 平减指数} = \frac{\text{名义 } GDP}{\text{实际 } GDP} \times 100\%$$

接着上面的例子计算，2015 年的 GDP 平减指数为 $\frac{200}{200} \times 100\% = 100\%$，2016 年的 GDP 平减指数为 $\frac{575}{250} \times 100\% = 230\%$。

在此需要特别说明的是，从现在开始，在本书的分析中除了有特别说明的之外，所使用的 GDP 均为实际 GDP。在进行国别比较时，也应当用实际 GDP。

本章小结

1. 国内生产总值（GDP）是指一个国家或一个地区在一定时期（一般是一年）内生产的最终产品和服务的市场价值总和。在宏观经济分析中，GDP 被认为能够较好地反映一国经济规模和经济运行态势，是衡量社会经济福利的最佳指标，但它也有明显的缺陷。经济学家正在考虑用绿色 GDP 进行校正。

2. GDP 是一国的总产出，经过交换和分配，最终变成全体国民的收入。在宏观经济分析中，可以用不同的方法核算 GDP。其中，生产法是通过加总各个企业生产的物品或服务的价值核算 GDP；支出法是通过加总整个社会购买最终产品和服务的支出核算 GDP；收入法是通过加总整个社会的收入核算 GDP。上述核算方法是分别从生产、流通和分配三个角度对同一成果的衡量。所以，如果不考虑误差，三种方法的核算结果应当是相同的。

3. 衡量国民收入的其他数据：GNP、NDP、NI、PI、DPI。GNP 是一国国民在一年内所生产的全部最终产品的市场价值；$NDP = GDP -$ 资本折旧；NI 是指经济社会的所有要素所有者在本期因向市场提供要素而获得的报酬总和；PI 是指要素所有者在计算期内应该拿到手的收入；DPI 是从个人收入中扣除个人所得税后的收入。

4. GDP 在实际应用中还要区分实际 GDP 与名义 GDP。

习题与思考

一、判断题

1. GDP 通常不能很好地反映社会的福利状况。   （   ）
2. 国民生产总值等于各种最终产品和中间产品的价值总和。   （   ）
3. 国民生产总值中的最终产品是指有形的物质产品。   （   ）
4. 今年建成并出售的房屋的价值和去年建成而在今年出售的房屋的价值都应计入今年的国民生产总值。   （   ）
5. 用作钢铁厂炼钢用的煤和居民烧火用的煤都应计入国民生产总值。   （   ）

6. 同样的服装，在生产中作为工作服穿就是中间产品，而在日常生活中穿就是最终产品。　　　　　　　　　　　　　　　　　　　　　　　　　　　（　　）

7. 某人出售一幅旧油画所得到的收入，应该计入当年的国民生产总值。　（　　）

8. 居民购买住房属于个人消费支出。　　　　　　　　　　　　　　　（　　）

9. 从理论上讲，按支出法、收入法所计算出的国民生产总值是一致的。（　　）

10. 实际 GDP 小于名义 GDP。　　　　　　　　　　　　　　　　　（　　）

二、单项选择题

1. 在下列三种产品中应该计入当年国民生产总值的是（　　　）。
   A. 当年生产的拖拉机
   B. 去年生产而在今年销售出去的拖拉机
   C. 某人去年购买而在今年转售给他人的拖拉机
   D. 去年生产仍在库存中的拖拉机

2. 在下列三种情况中应该计入当年国民生产总值的是（　　　）。
   A. 用来生产面包的面粉　　　　　　　B. 居民用来自己食用的面粉
   C. 粮店为居民加工面条的面粉　　　　D. 超市购入准备销售的面粉

3. 在下列三种情况中作为最终产品的是（　　　）。
   A. 公司用于联系业务的小汽车　　　　B. 工厂用于运送物品的小汽车
   C. 旅游公司用于载客的小汽车　　　　D. 都不是

4. 国民生产总值中的最终产品是指（　　　）。
   A. 有形的产品
   B. 无形的产品
   C. 既包括有形的产品，也包括无形的产品
   D. 不确定

5. 在国民收入核算中，最重要的是核算（　　　）。
   A. 国民收入　　　　　　　　　　　　B. 国民生产总值
   C. 国民生产净值　　　　　　　　　　D. 折旧

6. GDP 等于（　　　）。
   A. 总支出
   B. 总收入
   C. 一国在某一给定时期内的总产出的市场价值
   D. 以上选项都对

7. 投资是用（　　　）衡量 GDP 的组成部分。
   A. 收入法　　　　　B. 支出法　　　　　C. 联系法　　　　　D. 产出法

8. （　　　）不是实际 GDP 不适宜用于衡量一国经济福利水平的理由。
   A. 实际 GDP 忽略了对政治自由的衡量　　B. 实际 GDP 没有考虑人们闲暇的价值
   C. 实际 GDP 没有包括地下经济　　　　　D. 实际 GDP 高估了家庭生产的价值

9. 以下 （ 　　 ） 不是宏观经济学的研究对象。
  A. 经济增长和周期性波动　　　　　　B. 失业和通货膨胀问题
  C. 汇率和国际贸易问题　　　　　　　D. 厂商的产量和价格决策

三、思考题

1. 利用表 8-4 中的数据回答以下两个问题。

表　8-4

年份	名义 GDP （10 亿元）	实际 GDP （2000 年 10 亿元）	GDP 平减指数
2006 年	4 500		150
2007 年		3 100	156

  （1） 2006 年的实际 GDP 是多少？
  （2） 2007 年的名义 GDP 是多少？

2. 如何理解 GDP 与经济福利之间的关系？

专栏　GDP 先生的自述

  我叫 GDP，英文全名是 Gross Domestic Products，中文名叫国内生产总值。我能代表一个国家 （或一个地区） 在一定时期内生产活动 （包括产品和劳务） 的最终成果，可以反映一国经济的规模和运行状况。如果没有我，你们无法谈论一国经济及其景气周期，无法获取经济健康与否的最重要依据。没有我，你们也无法获知一国的贫富状况和人民的平均生活水平，无法确定一国应承担的国际义务和享受的优惠待遇。所以诺贝尔经济学奖获得者萨缪尔森和诺德豪斯在 《经济学》 教科书中把我称为 "20 世纪最伟大的发明之一"。

  中国人深深地爱我，我也深深地爱中国人。1978 年，我是 3 624 亿元人民币，到 2002 年增加到 102 398 亿元人民币。按可比价格计算，我每年增长 9.4%。再过 10 年，我将有可能超过 35 万亿元人民币。我在见证一种神奇速度的同时，也见证着一个古老民族的复兴。

  美国参议员罗伯特·肯尼迪在 1968 年竞选总统时说："GDP 能衡量一切，但并不包括使我们的生活有意义这种东西。" 这位先生说得很对，我确实不是上帝，也不是万能的，有许多东西我压根儿就没想去衡量。正如许多有识之士看到的，我能反映增长，却不反映资源耗减和环境损失。

  我能反映经济增长，但不能衡量增长的代价和方式。例如，有专家估计，中国每年因资源浪费、环境污染、生态破坏而造成的经济损失至少为 4 000 亿元。假如按要素生产率计算，我在中国的增加额中靠增加投入取得的增长占 3/4，靠提高效益取得的增长只占 1/4，而在发达国家的增加额中 50% 以上是靠效益提高的。

  我可以反映你们从事生产活动所创造的增加值，但是衡量你们生产的效益如何，产品能否卖出去，报废、积压、损失多少，真正能用于扩大再生产和提高人民生活质量的有效产品增长是多少，这些都不是我的职责。据媒体披露，中国历年累计积压的库存（包括生产和流通领域）已高达 4 万亿元，相当于我的 41%。更有甚者，天灾人祸和灾后重建会让我增长，"拉链工程"也能使我长大。至于你们从中得到什么好处，我就爱莫能助了。

一位德国学者和两位美国学者在合著的《四倍跃进》一书中，对我这样描写："乡间小路上，两辆汽车静静驶过，一切平安无事，它们对 GDP 的贡献几乎为零。但是，其中一个司机由于疏忽，突然将车开向路的另一侧，连同到达的第三辆汽车，造成了一起恶性交通事故。'好极了。'GDP 说。因为，随之而来的是：救护车、医生、护士、意外事故服务中心、汽车修理或买新车、法律诉讼、亲属探视伤者、损失赔偿、保险代理、新闻报道、整理行道树等，所有这些都被看作是正式的职业行为，都是有偿服务。即使任何参与方都没有因此而提高生活水平，甚至有些还蒙受了巨大损失，但我们的'财富'——所谓的 GDP 依然在增加。"他们最后指出："平心而论，GDP 并没有定义成度量财富或福利的指标，而只是用来衡量那些易于度量的经济活动的营业额。"

此外，我也不能衡量社会分配是否公正，人民生活是否幸福。

我有见贤思齐的美德，希望不断完善自己。现在有学者提出了绿色 GDP 概念。我觉得很好。联合国开发计划署也提出了人力发展理念，开始逐渐突破"GDP 越高就越幸福"的传统思维。从第六个"五年计划"开始，中国原来的"国民经济五年计划"已明智地改为"国民经济与社会发展五年计划"，虽然只加上了"与社会发展"五个字，但却表明你们对经济发展的认识有了质的飞跃。

第九章
总供给与总需求

在大多数年份，产品与服务的生产是增长的，但在一些年份会出现经济衰退与萧条的非正常增长。比如：美国 1929～1933 年的大萧条，衰退持续了 10 年并带来世界经济的低迷；亚洲国家的例子是 1998 年的亚洲金融危机及其引发的各国经济衰退，我国用了五年时间才实现经济软着陆；最近的事实是自 2008 年以来世界经济危机带来的衰退仍在困扰着许多国家。是什么原因引起了经济的短期波动呢？对此经济学家仍然存在争论，但大多数经济学家使用总供给和总需求模型解释经济波动。本章内容将教会你用这一模型解释经济波动的事件和政策的短期效应。

第一节 总 需 求

一、总需求曲线

总需求是指在一定时期内经济社会对最终产品和服务的需求总量，一般用产出水平 Y 表示。总需求由消费需求、投资需求、政府需求和国外需求构成，即：

$$Y = C + I + G + NX$$

总需求受多种因素影响，其中主要有物价水平、收入水平、税收、汇率、利率、预期、偏好等。如果抽掉其他因素，只讨论总需求量和物价水平之间的关系，就被定义为总需求函数。它表示，在某个特定的物价水平下，经济社会需要生产多少投资品和消费品。如果用 AD 表示总需求水平，用 P 表示物价水平，总需求函数就是：

$$AD = f(P)$$

在其他条件不变时，一国的总需求量与价格水平呈相反方向的变化。总需求量与总价格水平之间的负相关关系，还可以用总需求曲线表示。在图 9-1 中，纵轴代表价格水平，横轴代表产出水平，*AD* 就是总需求曲线。在一般情况下，总需求曲线向右下方倾斜。这意味着总需求量与价格水平之间呈负相关。

总需求曲线之所以向右下方倾斜，主要有四个原因。

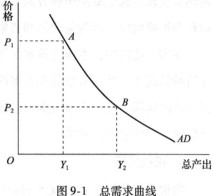

图 9-1　总需求曲线

1. 财富效应

物价会影响货币的购买力，进而影响总需求量。一般情形是，在其他条件不变的情况下，如果物价水平下降，货币的购买力就会上升，人们会感到更加富有，因而会购买更多的产品和劳动。相应地，消费者的总消费支出会增加。相反，如果物价水平上升，货币的购买力就会下降，人们会感到相对贫穷，因而会减少购买产品和服务。相应地，消费者的总消费支出就会减少。在宏观经济分析中，这种物价水平与货币购买力向相反方向变动，货币购买力和总需求量向相同方向变动的现象，被称为财富效应。因为庇古特别强调这种效应，所以又叫庇古效应。又因为物价变动会影响人们的实际货币余额，所以财富效应又叫实际余额效应。

2. 利率效应

物价会影响利率和投资，进而影响总需求量。一般情形是，当物价水平上升时，人们购买同样多的产品，就需要用更多的货币，或者说，物价水平上升会导致货币需求增加。如果这时货币供给量没有相应地增加，利率水平就会上升。我们在第六章讨论资本市场时曾经指出，利率是厂商使用资本品的成本。在收益既定的情况下，资本需求（即私人投资）与利率按相反的方向变化。所以，当利率上升时，厂商的投资需求就会减少，总需求量也相应地减少。在图 9-1 中，这种变化表现为，物价水平由 P_2 上升到 P_1，总需求量由 Y_2 减少至 Y_1，物价水平和总需求水平的组合点由 *B* 点沿着 *AD* 曲线移动到 *A* 点，这种变化叫总需求量的变化。根据同样的道理，物价水平下降，会导致利率水平下降，投资需求增加，总需求量增加。在宏观经济分析中，这种物价变动引起利率同方向变动，进而使投资和需求量向相反方向变动的现象，被称为利率效应，因为凯恩斯特别强调这种效应，所以又叫凯恩斯的利率效应。

3. 汇率效应

在开放经济条件下，物价会影响汇率，进而影响净出口和总需求量。一般情形是，当国内物价水平下降时，本币的汇率会随之下降，导致出口增加，进口减少，净出口增加，总需求量相应地增加。相反，当国内物价水平上升时，本币的汇率会随之上升，导致出口减少，进口增加，净出口减少，总需求量也相应地减少。在宏观经济分析中，这种物价变动引起汇率按相同方向变动，进而使净出口和需求量按相同方向变动的现象，被称为汇率效应，因为蒙代尔和弗来明特别强调，所以又叫蒙代尔－弗来明汇率效应。

在实际生活中，本国物价水平下降，会使外国产品相对昂贵，本国产品相对便宜。在这种情况下，外国人会购买更多的本国产品，导致出口增加；本国人一方面增加对本国产品的购买，另一方面减少对外国产品的购买，导致进口减少。两个因素共同作用，导致净出口和总需求量增加。

4. 税收效应

物价水平会影响名义收入和纳税额及可支配收入，进而影响总需求量。一般情形是，当物价水平下降时，名义收入会下降，纳税减少，可支配收入增加，总需求量会相应地增加。相反，当物价水平上升时，名义收入会上升，纳税增加，可支配收入减少，总需求量会相应地减少。在宏观经济分析中，这种物价与税收按相同方向变动，进而使可支配收入和总需求量按相反方向变动的现象，被称为税收效应。

综上所述，物价水平下降，会使利率下降，私人投资增加；货币购买力上升，消费支出增加；（本币）汇率下降，净出口增加；税收减少，可支配收入和消费支出增加。所有这些，都会导致总需求量增加。不过，据斯蒂格利茨研究，物价水平变化对消费、投资和净出口的影响很小，因而总需求曲线比较陡峭，弹性较小。

二、总需求曲线的移动

我们在前面讨论总需求量的变动时，一直假定其他条件不变。这些条件主要是指收入水平、消费倾向（储蓄倾向）、资本边际效率、利率、汇率、预期、偏好、政策等。如果这些条件全部或其中某一个发生变化，即使物价水平不变，总需求量也会变化。这种变化表现为整个总需求曲线的平行移动。在图 9-2 中 AD_0 移动到 AD_2 或 AD_1，在经济分析中，这种变化叫总需求的变化。在讨论总需求变化时，前提是假定物价水平不变。

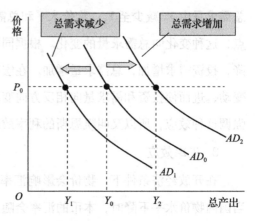

图 9-2 总需求曲线的变化

（一）预期

预期对总需求的影响主要有两个渠道，一是通过影响居民消费，进而影响总需求。

预期对居民的影响可能是未来收入的持续增加，或者未来通货膨胀率的上升。如果这种预期具有普遍性，就会增加居民现期消费，从而提高总需求水平，使总需求曲线向右移动，表现在图9-2中，就是总需求曲线 AD_0 向右移至 AD_2；反之，总需求曲线 AD_0 向左移至 AD_1。二是通过影响投资进而影响总需求。如果企业家预期利润率上升，或者企业家普遍对宏观经济形势抱有信心，就会扩大企业投资，从而增加总需求，使总需求曲线向右移动，表现在图9-2中，就是总需求曲线 AD_0 向右移至 AD_2；反之，总需求曲线 AD_0 向左移至 AD_1。

总之，收入、边际消费倾向、资本边际效率、灵活偏好规律、汇率、财政政策和货币政策、预期等因素，都会影响总需求，改变总需求曲线的位置，即引起总需求曲线移动。

（二）世界经济

世界经济影响总需求的主要因素是汇率和外国收入。

汇率是本国货币与外国货币之间的比率。在其他因素（包括物价水平）不变的情况下，本币汇率与净出口按相反的方向变化。由此决定，如果不考虑其他因素，随着本币汇率下降，净出口需求和总需求会相应地增加，总需求曲线向右方平行移动，表现在图9-2中，就是总需求曲线 AD_0 向右移动至 AD_2；相反，如果本币汇率上升，净出口需求和总需求会减少，总需求曲线向左方平行移动，表现在图9-2中，就是总需求曲线 AD_0 向左移至 AD_1。

此外，外国收入的变化，也会引起对一国总需求的变化，从而使得总需求曲线移动。外国收入增加会扩大对本国商品的需求，在进口不变的情况下增加净出口需求，总需求上升；外国收入减少的作用相反。

（三）宏观经济政策

在现代经济中，宏观经济政策对总需求也有重要影响。例如，政府实施扩张性财政政策，增加政府购买或减少税收，就会扩大总需求，使总需求曲线右移，表现在图9-2中，就是总需求曲线 AD_0 向右移动至 AD_2；相反，政府实施紧缩性财政政策，减少政府购买或增加税收，就会减少总需求，使总需求曲线向左移动，表现在图9-2中，就是总需求曲线 AD_0 向左移至 AD_1。再如，政府实施扩张性货币政策，增加货币供给，就会促使利率下降，使投资需求和总需求增加，进而使总需求曲线右移，表现在图9-2中，就是总需求曲线 AD_0 向右移至 AD_2；相反，政府实施紧缩性货币政策，减少货币供给，就会促使利率上升，使投资需求和总需求减少，进而使总需求曲线向左移动，表现在图 9-2 中，就是总需求曲线由 AD_0 向左移动至 AD_1。政府的其他政策也有上述效应。

第二节 总 供 给

一、总供给曲线

总供给是指在一定时期内整个经济社会能够提供的最终产品和服务的总量。一般用总产出或总收入（Y）表示，取决于总要素投入量（如劳动力、资本存量、技术等）与投入组合的效率，以及物价水平、技术进步、经济政策、预期等因素。

如果不考虑其他因素的影响，只考察总供给量与物价水平的关系，总供给函数的形式就变为：$Y = f(P)$，其中，Y 代表总供给，P 代表物价水平。

（一）短期总供给曲线

短期总供给是指在货币工资、其他资源价格和潜在 GDP 保持不变时，实际 GDP 供给量和价格水平之间的关系。在短期内，价格水平上升引起实际 GDP 增加，短期总供给曲线向右上方倾斜（见图 9-3）。经济学家给出的解释是，在短期内，工资、利息、地租等要素价格具有黏性，不能随意改变，所以产品的成本也是不变的。这时如果产品价格上升，厂商的利润就会增加，激励厂商增加产量，进而促使总产出增加。或者在短期内，名义工资由契约规定，不能随意变动。这时如果产品价格上升，就会使实际工资 $\left(\dfrac{W}{P}\right)$ 下降，激励厂商增加对劳动力的雇用，从而使就业和产出增加。

（二）长期总供给曲线

长期总供给是在长期内实际 GDP 等于潜在 GDP 时，实际 GDP 与价格之间的关系。图 9-4 的长期总供给曲线 LAS 反映了这一关系。该曲线是一条位于经济的潜在产量或充分就业产量水平上的垂直线。

长期总供给曲线垂直是因为潜在 GDP 不受价格水平影响，其原因是，产品的价格水平和货币工资在短期内具有黏性，但是在长期内却具有完全弹性，从较长的时期来看，价格水平和货币工资率能以相同的百分比变动，从而使得实际工资率 $\left(\dfrac{W}{P}\right)$ 保持在充分就业水平上不变。因此，当价格水平变动而实际工资率不变时，劳动市场上的就业量保持不变，导致实际 GDP 保持在潜在 GDP 水平上。

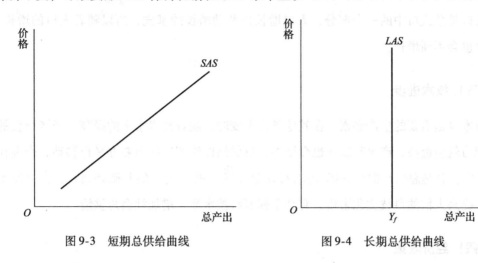

图 9-3　短期总供给曲线　　　　　图 9-4　长期总供给曲线

二、总供给曲线的移动

我们在前面讨论价格和总产出变动时，一直假定其他条件不变。这些条件主要是指资本存量、劳动投入、技术进步、经济政策、预期等。如果这些条件全部或其中某一个发生变化，即使物价水平不变，总产出和就业也会变化。这种变化表现为整个总供给曲线的平行移动。在图 9-5 中总供给曲线 SAS_0 移动到 SAS_2 或 SAS_1，在宏观经济分析中，这种变化叫总供给的变化。在讨论总供给的变化时，前提是假定物价水平不变。

（一）资本存量

资本是重要的生产要素。在其他条件不变时，随着资本存量的增加，经济社会的生产能力会提高，产出和就业都会增长，总供给曲线相应地向右方平行移动，表现在

图 9-5 中，就是总供给曲线 SAS_0 向右移动至 SAS_1。资本存量是储蓄和投资的结果，提高储蓄率有利于扩大投资、增加资本存量、扩大总供给。引进外国资本也有利于增加一国的资本存量、增加总供给。

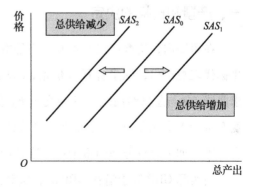

（二）人口规模

劳动是生产中能动的要素。在其他条件不

图 9-5　总供给曲线的移动

变时，随着劳动量的增加，经济社会的生产能力会提高，产出和就业也会增加，总供给曲线相应地向右方平行移动，表现在图9-5中，就是总供给曲线 SAS_0 向右移动至 SAS_1。劳动人口是总人口中的一个部分，人口增长是劳动增长的基础，所以随着人口的增长，总供给也会不断增长。

（三）技术进步

技术也是重要的生产要素。在其他条件不变时，随着技术水平的提高，经济社会的生产能力就会提高，产出和就业也会增加，总供给曲线相应地向右方平行移动，表现在图9-5中，就是总供给曲线 SAS_0 向右移动至 SAS_1。技术进步的基础是教育，大力发展教育，提高人们的科技文化素质，有利于提高科技水平，增加社会总供给。

（四）经济政策

经济政策对厂商的投资决策有重要影响，从而会影响总供给。例如，政府增加对厂商的财政补助，会使厂商扩大生产，增加总供给，使总供给曲线向右平行移动，表现在图9-5中，就是总供给曲线 SAS_0 向右移动至 SAS_1。相反，政府增加税收，会减少厂商的税后利润，从而缩小生产规模，进而使总供给下降，总供给曲线向左平行移动，表现在图9-5中，就是总供给曲线 SAS_0 向左移动至 SAS_2。

第三节   AD-AS 模型

把总需求曲线和总供给曲线绘制到一个坐标图上，就可以分析实际产出和物价水平的决定了。下面，我们结合图9-6说明。

一、产量和价格的决定

在短期内，均衡产出和均衡价格是由总需求与总供给共同决定的。在图9-6中，横坐标代表总产出，纵坐标代表价格，AD 代表总需求曲线，SAS 代表总供给曲线。总需求曲线 AD 与总供给曲线 SAS 相交于 E_0 点，经济达到均衡。这时，均衡价格为 P_0，均衡产量为 Y_0，表示在 P_0 水平上，经济社会的实际总产出是 Y_0，实际总需求也是 Y_0，二者相等。如果没有外部因素干扰，这种均衡将长期保持下去。

当实际 GDP 等于潜在 GDP 时，宏观经济就实现了长期均衡。图9-7表明，长期宏观经济均衡发生在总需求曲线、短期总供给曲线和长期总供给曲线的交点。

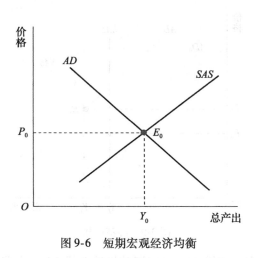

图 9-6　短期宏观经济均衡

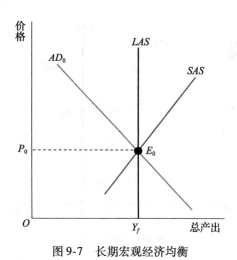

图 9-7　长期宏观经济均衡

二、经济波动的解释

总需求－总供给模型是基本的宏观经济模型，可以用来解释短期经济波动，也可以说明一些宏观经济政策的实施效应。

（一）经济衰退

经济衰退是经济周期性波动中的一种现象，其主要表现是：物价水平低，居民消费不振，企业投资不旺，实际产出水平低于潜在产出水平，其原因一般是总需求不足。下面，我们结合图 9-8 略做说明。

我们假设，初始经济处于均衡状态，即总需求曲线 AD_0 与短期总供给曲线 SAS、长期总供给曲线 LAS 相交于 E_0 点，实际 GDP 和潜在 GDP 均为 Y_f，物价水平为 P_0。再假设，由于某些因素影响，社会总需求水平下降了，表现为总需求曲线 AD_0 向左移至 AD_1。总供给没有受到冲击，其位置和斜率都没有变化。这样，新的总需求曲线 AD_1 与原来的短期总供给曲线 SAS 相交于 E_1 点，形成新的均衡：总产出为 Y_1，价格水平为 P_1。很明显，$Y_1 < Y_f$，$P_1 < P_0$。或者说，总产出水平和物价水平都下降了。

这种情况就是宏观经济分析中所说的经济衰退。实际 GDP 与潜在 GDP 之间的差额，即 $Y_f - Y_1$，被称为衰退性缺口。

（二）经济过热

经济过热也是经济周期性波动中的一种现象，其主要表现是总需求扩张，物价水平普遍、显著、持续地上升，经济出现通货膨胀。下面，我们结合图 9-9 略做说明。

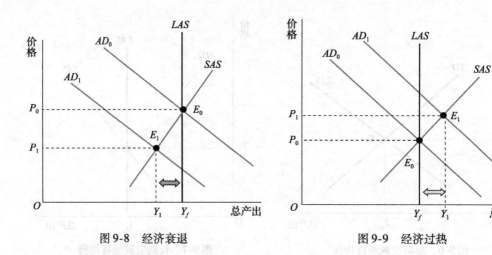

图 9-8　经济衰退　　　　　　　　　图 9-9　经济过热

　　我们假设，初始经济处于均衡状态，总需求曲线 AD_0 与短期总供给曲线 SAS、长期总供给曲线 LAS 相交的 E_0 点，实际 GDP 和潜在 GDP 均为 Y_f，物价水平为 P_0。再假设，由于某些因素影响，社会总需求水平上升了，表现为总需求曲线 AD_0 向右移至 AD_1。总供给没有受到冲击，其位置和斜率都没有变化。这样，新的总需求曲线 AD_1 与原来的短期总供给曲线 SAS 相交于 E_1 点，形成新的均衡：总产出为 Y_1，价格为 P_1。很明显，总产出增加，物价水平上升了。

　　这种情况就是宏观经济分析中所说的经济过热。实际 GDP 与潜在 GDP 之间的差额，即 $Y_1 - Y_f$，被称为膨胀性缺口。

（三）经济滞涨

　　经济滞涨是 20 世纪 70 年代西方发达国家中出现的一种新现象。其特点是经济停滞与通货膨胀并存，原因是总供给减少。下面，我们结合图 9-10 略做说明。

　　我们假设，初始经济处于均衡状态，即总需求曲线 AD 与短期总供给曲线 SAS、长期总供给曲线 LAS 相交于 E_0 点，实际 GDP 和潜在 GDP 均为 Y_f，物价水平为 P_0。再假设，由于某些因素影响（如石油价格上涨、企业成本增加），总供给水平下降了，表现为短期总供给曲线 SAS_0 向左移至 SAS_1。总需求没有受到冲击，其位置和斜率都没有变化。这样，新的短期总供给曲线 SAS_1 与原来的总需求曲

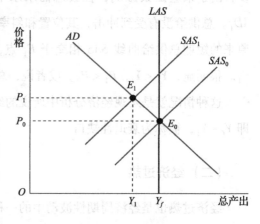

图 9-10　经济滞胀

线 AD 相交于 E_1 点，形成新的均衡：总产出为 Y_1，价格水平为 P_1。很明显，$Y_1 < Y_f$，$P_1 > P_0$。随着总供给水平下降，一方面物价水平上升，另一方面实际产出水平下降，形成了滞涨并存的现象。

三、经济周期理论

（一）经济周期及其阶段

经济周期理论讨论长期经济增长中的周期性波动问题，即经济活动沿着经济发展的总体趋势所经历的扩张和收缩。图 9-11 描述了经济周期的一般特征。其中，纵轴代表产出，横轴代表时间（年份），向右上方倾斜的直线 N 代表长期经济发展的总体趋势。

多数西方学者认为，经济周期是不规则的，没有两个完全相同的周期，我们也不能准确地预测周期的发生时间和持续时间。经济周期可能像天气那样变化无常。

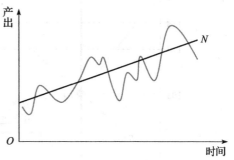

图 9-11　经济周期

典型的经济周期一般包括四个阶段：①衰退阶段，其特点是总产出和物价下降，失业率上升。②萧条阶段，其特点是产出停止下降，产出水平接近低谷部分，失业率仍然很高，公众消费水平下降，企业生产能力大量闲置，存货积压，利润低甚至亏损，企业对前景缺乏信心，新投资很少。③复苏阶段，其特点是生产开始回升并逐渐加快，但还没有达到危机前的最高水平。促使复苏的因素主要是固定资本更新。④繁荣阶段，其特点是经济增长超过了危机前的水平，就业、实际工资、物价水平持续上升，生产迅速增加，公众对未来持乐观态度。

（二）对经济周期的解释

1. 主流经济周期理论

主流经济周期理论认为，当总需求起伏不定地变化时，GDP 将围绕潜在 GDP 发生波动。该理论认为，货币工资在短期内存在黏性，因此短期总供给曲线向右上方倾斜。如果总需求的增长超过潜在 GDP 的增长，GDP 就会高于潜在 GDP，出现通货膨胀。如果总需求的增长低于潜在 GDP 的增长，GDP 就会低于潜在 GDP，出现经济衰退。随着总需求的增减变化，经济体的 GDP 就会出现围绕潜在 GDP 的波动。

　　图 9-12 表示了这种经济周期理论，最初，实际和潜在 GDP 为 9，且长期供给曲线为 LAS_0，总需求曲线为 AD_0，价格水平为 105。经济处于充分就业的 A 点。当潜在 GDP 自 LAS_0 扩张至 LAS_1 时，总需求 AD_0 也会随之增加。假设在目前的扩张期中，人们预期价格水平将上升到 115，且货币工资一直处于预期水平不变，短期供给曲线为 SAS_1。

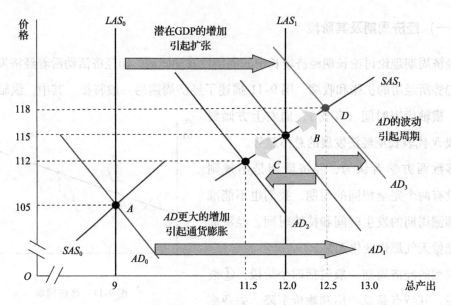

图 9-12　主流经济周期理论

　　如果总需求增加到 AD_1，那么实际 GDP 增加到 12，价格水平上升到预期的 115，即图中的 B 点；如果总需求增加到 AD_2，实际 GDP 的增加少于潜在 GDP 的增加，经济移动到 C 点，实际 GDP 为 11.5，价格为 112，通货膨胀低于预期；如果总需求增加到 AD_3，实际 GDP 大于潜在 GDP，经济移动到 D 点，此时实际 GDP 为 12.5，价格为 118，通货膨胀高于预期。

　　该经济周期理论认为，增长、通货膨胀和经济周期都源于潜在 GDP 的持续增长、更快的总需求增长以及总需求增长速率的波动。主流经济周期理论有很多特殊形式，它们在总需求增长的波动来源以及货币工资黏性的来源上看法各有不同。例如，凯恩斯主义经济周期理论认为，总需求波动的主要来源是受经济信心波动而驱动的投资波动，凯恩斯用"动物精神"来表达；货币主义则认为，总需求波动的主要来源是受货币增长率波动而驱动的投资和消费支出波动；新古典周期理论认为，只有未预期到的总需求波动才可能引起波动，而新凯恩斯周期理论则认为，预期到的和未预期到的总需求波动都会引起实际 GDP 围绕潜在 GDP 波动。

2. 实际经济周期理论

主流经济周期理论认为经济波动的来源是总需求的波动，并未考虑总供给变动的冲击。实际经济周期理论则把供给冲击放在中心位置，认为经济周期源于经济体系之外的一些实际因素的冲击，即"外部冲击"，而引起这种冲击的是一些实实在在的因素。市场经济无法预测这些因素的变动与出现，也无法自发地迅速做出反应，所以经济中必然发生周期性波动。这些冲击经济的因素不产生于经济体系内部，与市场机制无关。所以，实际经济周期理论是典型的外因论。

根据冲击引起的后果，实际经济周期理论把外部冲击分为引起经济繁荣的"正冲击"（或称"有利冲击"）和导致经济衰退的"负冲击"（或称"不利冲击"）。技术进步是典型的正冲击，这种冲击刺激了投资需求和经济增长；20 世纪 70 年代的石油危机，则是负冲击的典型案例，"9·11"这样的事件也可以归入不利冲击。国内外发生的各种事件都有可能成为外部冲击，但其中最重要的是技术进步，它占外部冲击的三分之二以上。值得注意的是，实际经济周期理论也把政府宏观经济政策列为外部冲击因素。

实际经济周期理论主要用技术进步来解释经济周期。他们指出，当经济正常运行时，如果出现重大的技术突破（如网络的出现），就会引起对新技术的投资迅速增加，这就带动了整个经济迅速发展，引起经济繁荣。由技术进步引起的繁荣，不是对经济长期趋势的背离，而是经济能力本身的提高。但是，新技术突破不会连续不断地出现。当一次新技术突破引起的投资过热过去之后，经济又趋于平静。这种平静也不是低于长期趋势，而是一种新的长期趋势。实际经济周期理论的结论是，长期经济增长中的波动是正常的，并非源于市场机制的不完善。因此，该理论反对政府干预经济。

本章小结

1. 总需求是指在一定时期内经济社会对最终产品和劳务的需求总量，一般用总产出或总收入（Y）表示。如果不考虑其他因素，只讨论总需求量和物价水平之间的关系，就被定义为总需求函数。如果用 AD 表示总需求水平，用 P 表示物价水平，总需求函数就是：$AD = f(P)$。根据总需求函数，当一国物价水平下降时，总需求量会增加。因此，总需求曲线向右下方倾斜。

2. 除了物价水平之外，收入水平、消费倾向（储蓄倾向）、资本边际效率、利率、灵活偏好规律、汇率、预期、偏好、政策等，也对总需求量有影响。如果这些因素中的一种发生变化，总需求就会变化，总需求曲线也相应地移动。

3. 总供给是指在一定时期内整个经济社会能够提供的最终产品和劳务的总量。一般用总产出或总收入（Y）表示。如果用 N 代表劳动，用 K 代表资本，用 Y 代表总产出，则总量生产函数的形式就是：$Y = f(N, K)$。根据短期总量生产函数，当一国物价水平上升时，总供给量也会增加。因此，总供给曲线向右上方倾斜。

4. 除了价格之外，资本存量、人口、技术和政策等因素也对总供给量有影响。如果这些因素中的一种发生变化，总供给曲线就会移动。

5. 总供给曲线与总需求曲线的交点，决定了均衡价格和均衡产量。在均衡产出水平上，有可能实现充分就业，也有可能存在着失业。当总需求或总供给发生变化时，总需求曲线或总供给曲线就会移动，形成新的均衡价格和均衡产出。

6. 运用总需求 – 总供给模型，可以解释经济衰退、通货膨胀和经济滞胀等宏观经济现象。

习题与思考

一、判断题

1. 在短期总供给曲线上，总需求的变动会引起国民收入与价格水平同方向变动。
　（　　）

2. 当考虑到总供给时，总需求变动对价格水平和国民收入的影响就不一样。（　　）

3. 在总需求不变时，短期总供给的增加会使国民收入增加，价格水平下降。（　　）

4. 技术进步会导致总供给曲线向左移动。　（　　）

5. 在长期内，刺激总需求增加的政策不会引起通货膨胀。　（　　）

6. 总需求持续低迷可能会引起经济衰退。　（　　）

7. 国际石油价格上涨可能导致我国总供给曲线向左移动。　（　　）

8. 如果人民币升值，我国的出口就会增加。　（　　）

9. 政府的养老福利政策更加完善，使得社会总需求增加。　（　　）

10. 在经济周期的四个阶段中，经济活动高于正常水平的是繁荣和衰退，经济活动低于正常水平的是萧条和复苏。　（　　）

二、单项选择题

1. 总需求曲线表明，随着价格水平下降，（　　）。
   A. 实际 GDP 会增加　　　　　　　　B. 实际 GDP 会减少
   C. 总需求曲线向左移动　　　　　　　D. 总需求曲线向右移动

2. 以下会引起需求曲线向右移动的是（　　）。
   A. 预期通货膨胀率将上升　　　　　　B. 税收增加
   C. 价格水平下降　　　　　　　　　　D. 价格水平上升

3. 随着价格水平的上升，实际财富将（　　），总需求量将（　　）。
   A. 增加；增加　　　　　　　　　　　B. 增加；减少
   C. 减少；增加　　　　　　　　　　　D. 减少；减少

4. 以下不是长期总供给增加的原因的是（　　　）。

    A. 货币工资减少　　　　　　　　　　B. 人力资本增加

    C. 采用新技术　　　　　　　　　　　D. 资本增加

5. 宏观经济短期均衡出现在（　　　）。

    A. 总需求曲线和短期总供给曲线的交点上

    B. 一定低于长期总供给的位置上

    C. 一定高于长期总供给的位置上

    D. 不确定

三、思考题

1. 什么是总供给曲线？它有哪三种不同的情况？

2. 在不同的总供给曲线下，总需求变动对国民收入与价格水平有何不同的影响？

3. 总需求不变时，短期总供给的变动对国民收入和价格水平有何影响？

4. 你如何解释次贷危机引发的经济衰退对我国的影响？

5. 经济周期分为哪几个阶段？各个阶段的基本特征是什么？

6. 主流经济周期理论如何解释经济周期？

专栏　李克强提出要适度扩大总需求

2017 年 3 月 5 日上午 9 时，十二届全国人大五次会议在人民大会堂开幕，听取国务院总理李克强作政府工作报告。李克强在部署 2017 年工作时表示，做好 2017 年政府工作，要把握好以下五点：

一是贯彻稳中求进工作总基调，保持战略定力。稳是大局，要着力稳增长、保就业、防风险，守住金融安全、民生保障、环境保护等方面的底线，确保经济社会大局稳定。在稳的前提下要勇于进取，深入推进改革，加快结构调整，敢于啃"硬骨头"，努力在关键领域取得新进展。

二是坚持以推进供给侧结构性改革为主线。必须把改善供给侧结构作为主攻方向，通过简政减税、放宽准入、鼓励创新，持续激发微观主体活力，减少无效供给、扩大有效供给，更好适应和引导需求。这是一个化蛹成蝶的转型升级过程，既充满希望又伴随阵痛，既非常紧迫又艰巨复杂。要勇往直前，坚决闯过这个关口。

三是适度扩大总需求并提高有效性。我国内需潜力巨大，扩内需既有必要也有可能，关键是找准发力点。要围绕改善民生来扩大消费，着眼补短板、增后劲来增加投资，使扩内需更加有效、更可持续，使供给侧改革和需求侧管理相辅相成、相得益彰。

四是依靠创新推动新旧动能转换和结构优化升级。我国发展到现在这个阶段，不靠改革创新没有出路。我们拥有世界上数量最多、素质较高的劳动力，有最大规模的科技和专业技能人才队伍，蕴藏着巨大的创新潜能。要坚持以改革开放为动力、以人力人才资源为支撑，加快创新发展，培育壮大新动能、改造提升传统动能，推动经济保持中高速增长、产业迈向中高端水平。

五是着力解决人民群众普遍关心的突出问题。政府的一切工作都是为了人民，要践行以人民为中心的发展思想，把握好我国处于社会主义初级阶段的基本国情。对群众反映强烈、期待迫切的问题，有条件的要抓紧解决，把好事办好；一时难以解决的，要努力创造条件逐步加以解决。我们要咬定青山不放松，持之以恒为群众办实事、解难事，促进社会公平正义，把发展硬道理更多体现在增进人民福祉上。

第十章
失业与通货膨胀

在人的一生中失去工作和遇到通货膨胀可能是最悲惨的。失业不仅没有了劳动报酬，而且会丧失部分或全部个人成就感，而通货膨胀带给我们的痛苦则是货币收入的下降和生活成本的增加。20 世纪 70 年代，美国经济学家阿瑟·奥肯面对滞涨，提出了"痛苦指数"，即"痛苦"可以通过把通货膨胀率和失业率相加而衡量。我们希望获得高收入，没有失业和通货膨胀，这个理想可能实现吗？我们需要在它们之间艰难权衡吗？本章的分析试图告诉我们答案。

第一节　失　业　理　论

一、失业的概述

（一）失业的定义

在经济分析中，失业被定义为，在法定劳动年龄段内有就业能力并且有就业要求的人口没有就业机会的现象。从失业者的角度看，失业是指在社会经济中劳动者处于无工作的状态。这些有工作能力、愿意工作，并且正在寻找工作的人，就是失业者。

法定劳动年龄是由国家规定的。例如，美国规定，法定劳动年龄为 16 ~ 65 岁。我国现在的规定是 16 ~ 60 岁（男士）。不寻找工作的人不计入失业者，例如在读大学生、家务劳动者、有病休养者以及其他人员。

在一个动态社会中，失业者并不是某个固定的人群，而是变动的。其特点是：①失业者流动性大，即每个月都会有人失业，也有人重新就业。②只有一部分人长期失业。这些人主要是因为年龄偏大、劳动技能较低，女性尤甚。③不同劳动集团之间的失业率差别大。在美国，白人男性失业率较低，而有色人种失业率相对较高；男性劳动者失业率较低，而女性劳动者失业率较高。刚毕业的青年学生失业率也较高。

（二）失业的衡量

在宏观经济分析中，一般用失业率来测量失业状况。失业率是指失业人数占劳动力人数的比例。失业率的计算公式为：

$$失业率 = \frac{失业人口}{劳动人口} \times 100\%$$

在西方国家，经济监测部门按月发布失业率数据，并用以观测经济运行态势。一般来说，失业率下降，表明整体经济向好；失业率上升，表明经济发展受阻。如果把失业率和同期的通货膨胀率结合起来分析，就可以判断经济发展是否过热，是否构成加息压力，或是否需要通过减息以刺激经济发展。所以，失业率被认为是最重要的宏观经济指标之一。

（三）失业的类型

根据失业的原因，可以把失业分为不同的类型，主要有以下三种。

1. 摩擦性失业

摩擦性失业是指由于人们在不同地区、职业和生命周期阶段变动工作而引起的失业。在市场经济中，人们会经常调换工作，从离开原来的工作岗位，到找到新的工作岗位之前，便处于失业状态。即使是在经济高涨时期，这种失业也存在。所以，摩擦性失业有两个特点，一是具有过渡性或短期性，二是与经济景气无关。因此，这种失业对经济运行并不构成威胁。

2. 结构性失业

结构性失业是指劳动力的供给和需求不匹配造成的失业，其特点是经济中一方面有职位空缺，另一方面又有人失业。结构性失业缘于劳动供给结构与需求结构不一致的矛盾。这种矛盾具体有两种，一种是劳动者不具备就业技能，另一种是劳动者原来的技能已经过时。这种失业即使是在经济高涨时期也存在，因而也与经济景气无关。

3. 周期性失业

周期性失业是指由于经济衰退，对劳动力需求减少而造成的失业。当经济发展处于一个周期中的衰退期时，社会总需求不足，厂商的生产规模缩小，从而导致较为普遍的失业现象。周期性失业对于不同行业的影响是不同的。一般来说，需求的收入弹性越大的行业，受周期性失业的影响越严重。周期性失业与经济景气密切相关。经济学家关注的主要是周期性失业。

二、失业的经济学解释

西方经济学家对失业的成因有多种解释，大多数西方经济学家使用微观分析中的供求框架来解释失业。如图 10-1 和图 10-2 所示，横轴是劳动力数量，纵轴是劳动力价格，即工资率。曲线 D 是劳动的需求曲线，曲线 S 是劳动的供给曲线。

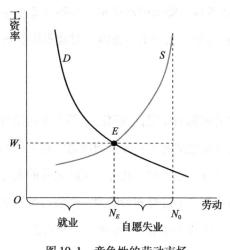

图 10-1 竞争性的劳动市场

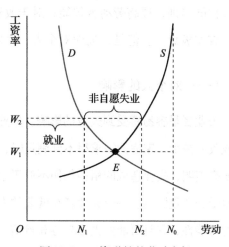

图 10-2 工资黏性的劳动市场

（一）竞争性劳动市场

图 10-1 描述的是竞争性的劳动力供给和需求的一般情况，在竞争性劳动市场上，工资具有充分的伸缩性，市场机制可以调节劳动的供求关系，使劳动的供给量正好等于其需求量，实现充分就业。这时如果还有人失业，肯定是自愿失业者，即不接受现有的就业条件而产生的失业，其中包括摩擦性失业者和结构性失业者。如图 10-1 所示，劳动的需求曲线 D 与劳动的供给曲线 S 相交于 E 点，劳动市场达到均衡。这时，工资率为 W_1，就业量为 N_E，$N_0 - N_E$ 为自愿失业人数，不存在非自愿失业者。

（二）工资向下刚性或黏性

图 10-2 说明了工资存在向下刚性时如何导致非自愿失业。某些原因可能导致实际工资高于均衡工资，在 W_2 的工资水平下，劳动供给大于劳动需求，劳动市场出现非自愿失业情况，数量为 $N_2 - N_1$。非自愿失业指的是市场工资率 W_2 高于均衡工资率 W_1，并且不能自动下降。或者说，工资具有向下的刚性。工资之所以不能下降，可能是因为

国家规定了最低工资，也可能是因为出现了工会垄断，还有可能是因为劳动合同未到期，不能及时调整工资。最后一种情形叫"工资黏性"。为什么工资会出现刚性或黏性，这是现代宏观经济学中富有争议的论题，在经济学界尚未达成共识。

三、失业的影响

从实证上看，失业者的存在，对于促进劳动力流动，优化劳动资源配置；对于促进职业技能培训，提高劳动者技能；对于改进企业管理，降低劳动成本，提高企业竞争力等，有积极意义。但是，失业对个人、家庭和社会等，也有消极影响，对此不能低估。

（一）对个人的影响

失业者最容易感受到失业的影响。失业威胁着家庭的稳定，当家庭遭遇失业而没有收入或收入减少，家庭的需求得不到满足时，家庭成员之间的关系将受到损害。相关的心理学研究表明，失业造成的精神创伤不亚于亲友去世或学业失败。此外，家庭之外的人际关系也受到严重影响。一个失业者在就业的人员当中失去了自尊和影响力，面临着被同事拒绝的可能性，并且可能要失去自尊和自信。最终，失业者在情感上会受到严重打击。

从另一角度看，如果失业持续的时间较长，人力资本的积累中断，劳动者的工作技能会贬值。失业持续的时间越长，重新工作的可能性就越小，劳动技能的贬值就越严重。

（二）对社会的影响

失业对社会的影响，主要是影响社会治安，不利于社会稳定。据统计，失业人员的犯罪率比一般人群高 1.5 倍。许多学者指出，大量失业人口的存在是社会稳定的最大威胁。我国近年来有些地方犯罪率上升，恶性案件增多，同失业人口增多有一定联系。我国目前的社会保障制度还不健全，如果失业问题得不到有效解决，其对社会的消极影响会越来越突出。

（三）对经济的影响

劳动是重要的资源。失业是劳动资源的闲置和浪费，势必使产出减少。1968 年，美国经济学家阿瑟·奥肯研究了美国失业与产出之间的关系，发现当失业率相对于自然失业率每增加 1 个百分点，经济增长率就相对于潜在产出降低 3 个百分点。这种关系被称为奥肯定律。其表达式为：

$$\frac{Y - Y_f}{Y_f} = -a(U - U^*)$$

其中，Y 为实际产出，Y_f 为潜在产出，U 为实际失业率，U^* 为自然失业率，a 为大于零的参数。

此外，失业还会造成人力资本流失和劳动力资源浪费，这对增加产出也是不利的。

四、自然失业率

如果没有周期性失业，或者说，当所有的失业都是摩擦性失业和结构性失业时，就实现了充分就业。充分就业时的失业率就称为自然失业率。

（一）自然失业率的定义

一般来说，自然失业率是指经济正常运行时存在的失业率。这种失业率的存在和大小与劳动市场结构、信息完备程度、劳动力转移成本等多种因素有关，而与市场经济运行本身无关。也就是说，无论经济如何波动，自然失业现象都会存在。

（二）自然失业率的动态模型

从长期来讲，失业率最终会回到自然失业率水平。动态地看，失业率的产生是两种自然力量共同作用的结果：一方面，有些失业者经过一段时期以后能重新找到工作；另一方面，就业人口中又会不断游离出新的失业人口。这里，用一个简单的动态模型来讨论自然失业率的决定。

假定 L 表示劳动人口数量，E 表示就业人数，U 表示失业人数，f 为就职率，l 为离职率，因此可以得到：

$$L = E + U \qquad \qquad ①$$

假定经济处于长期均衡，且 L 保持不变，则有：

$$fU = lE \qquad \qquad ②$$

将①改写为

$$E = L - U \qquad \qquad ③$$

将③代入②得

$$fU = l(L - U)$$

由此可得失业率：

$$\frac{U}{L} = \frac{l}{l + f}$$

此式表明，经济处于长期均衡时的失业率由就职率 f 和离职率 l 共同决定。模型的政策含义是：提高就职率并降低离职率，有利于降低失业率。

（三）影响自然失业率的因素

从劳动市场结构的角度看，决定一个国家或地区自然失业率的因素有：①劳动力市场的完善程度与信息通畅程度（如对失业者的职业培训和就业指导情况、劳动力的流动程度）；②劳动力人口的构成及其变化（妇女、青年、外来人口等的比例及其变化）；③劳动力的能力与获取工作的意愿程度；④最低工资法与社会保障等因素；⑤失业的回滞：当实际失业率很高的情况下，既存的失业本身可能会使自然失业率上升。

第二节　通货膨胀

一、通货膨胀概述

（一）通货膨胀的定义

在西方经济学界，关于通货膨胀的定义基本上有两种观点。一种观点认为，只要是物价上涨，就是通货膨胀。例如，萨缪尔森在《经济学》中说道："当物价水平普遍上升时，通货膨胀就产生了。"另一种观点认为，通货膨胀是一种货币现象，只有货币发行过多造成的物价上涨，才叫通货膨胀。本书采用前一种观点，把一般物价水平的持续性显著性上升现象定义为通货膨胀。

这个定义有四个要点：①所有商品与服务的价格普遍上升，即总体物价上升，而不是指个别商品的价格上涨；②价格上升幅度较大，即价格有显著的上升；③价格水平持续上升，而不是短期的或一次性的价格上涨；④其形式可以是公开的，也可以是隐蔽的。

（二）通货膨胀的衡量

描述通货膨胀的主要工具是通货膨胀率。通货膨胀率被定义为从一个时期到另一个时期价格水平变动的百分比，用公式表示为：

$$\pi = \frac{P_t - P_{t-1}}{P_{t-1}}$$

其中，π 表示 t 期的通货膨胀率；P_t 和 P_{t-1} 分别为 t 期和 $t-1$ 期的价格水平，通常以消费价格指数（CPI）说明物价上涨情况。

消费价格指数（CPI）是用来衡量消费者购买的产品与服务的总费用的指标。该指数反映了零售水平的通胀压力。其基本含义是，人们先选取一组相对固定的商品和服务，然后比较它们按当期价格购买的花费和按基期价格购买的花费，用公式表示：

$$CPI = \frac{一组固定商品按当期价格计算的价值}{一组固定商品按基期价格计算的价值} \times 100$$

例如，设定 2012 年为基年，如果 2012 年普通家庭每个月购买一组商品的费用为 875 元，2017 年购买同样一组商品的费用为 976 元，2018 年购买同样一组商品的费用为 1 093 元，那么，该国 2017 年和 2018 年的消费价格指数为：

$$CPI_{2017} = \frac{976}{875} \times 100 = 111.5$$

$$CPI_{2018} = \frac{1093}{875} \times 100 = 125$$

那么，2018 年的通货膨胀率为：

$$通货膨胀率 = \frac{125 - 111.5}{111.5} \times 100\% = 12.1\%$$

我国从 1978 年到 2016 年的 CPI 数据如表 10-1 所示，其中居民消费价格指数、城市居民消费价格指数和农村居民消费价格指数都以 1978 年为基年，2017 年统计年鉴中部分年份数据缺失。

表 10-1　我国居民消费价格指数（1978 ~ 2016）

年份	居民消费价格指数	城镇居民消费价格指数	农村居民消费价格指数
1978	100.0	100.0	
1980	109.5	109.5	
1985	131.1	134.2	100.0
1990	216.4	222.0	165.1
1991	223.8	233.3	168.9
1992	238.1	253.4	176.8
1993	273.1	294.2	201.0
1994	339.0	367.8	248.0
1995	396.9	429.6	291.4
1996	429.9	467.4	314.4
1997	441.9	481.9	322.3
1998	438.4	479.0	319.1
1999	432.2	472.8	314.3
2000	434.0	476.6	314.0
2001	437.0	479.9	316.5
2002	433.5	475.1	315.2
2003	438.7	479.4	320.2
2004	455.8	495.2	335.6
2005	464.0	503.1	343.0
2006	471.0	510.6	348.1

（续）

年份	居民消费价格指数	城镇居民消费价格指数	农村居民消费价格指数
2007	493.6	533.6	366.9
2008	522.7	563.5	390.7
2009	519.0	558.4	389.5
2010	536.1	576.3	403.5
2011	565.0	606.8	426.9
2012	579.7	623.2	437.6
2013	594.8	639.4	449.9
2014	606.7	652.8	458.0
2015	615.2	662.6	464.0
2016	627.5	676.5	472.8

资料来源：国家统计局统计年鉴（2017）。

据此，我们可以 1978 年为基年，逐年计算我国的通货膨胀率，CPI 和通货膨胀率变化趋势如图 10-3 所示。由图可见，自 1978 年以来，我国居民消费价格持续上升，但上升速度并不稳定。当价格水平迅速上升的时候，通货膨胀率就比较高；当价格水平缓慢上升的时候，通货膨胀率就比较低。比如，1987～1988 年间和 1992～1994 年期间，CPI 增长迅速，对应的通货膨胀率较高。1997～2003 年间，CPI 缓慢上升，对应的通货膨胀率持续较低。2004 年后至今，CPI 总体表现为上升态势，通货膨胀率呈现为波动变化的趋势。

图 10-3　我国 1978～2016 年的 CPI 和 1980～2016 年的通货膨胀率

当我们测算宏观经济变化时，我们通常关心的不是人民币的数量，而是这些人民币所代表的购买能力，因此，我们可以利用 CPI 将名义值转换为实际值，即：

$$实际值 = \frac{名义值}{CPI} \times 100$$

例如，名义工资是工人获得的货币数量，它不能反映工人的实际购买力，工人的实际工资衡量工人货币工资的购买力，计算公式为：

$$实际工资 = \frac{当年的名义工资}{当年的 CPI} \times 100$$

这里继续沿用前面例子中的数据。如果某个工人在 2018 年的名义收入为 8 000 元，以 2012 年为基期，他的实际收入为：

$$实际工资 = \frac{8\,000}{125} \times 100 = 6\,400(元)$$

也就是说，就货币的支付能力来说，2018 年的 8 000 元能够买到的产品数量相当于 2012 年的 6 400 元所能购买的产品数量。

（三）通货膨胀的类型

经济学中通常按通货膨胀率的高低及其影响来划分通货膨胀的类型。按这种标准，可将通货膨胀分为以下三种类型。

1. 温和的或爬行的通货膨胀

温和的或爬行的通货膨胀的年通货膨胀率在 1% ~ 10% 之间，通货膨胀率低且相当稳定，从而对经济没有太多不利影响。有些经济学家甚至认为这种缓慢而逐渐上升的通货膨胀对经济和收入增长有积极作用。

2. 奔腾的通货膨胀

奔腾的通货膨胀即指在较长时期内，物价水平出现较大幅度的持续上升。年通货膨胀率一般在两位数以上，甚至高达百分之几十。由图 10-3 可见，我国在 1993 年到 1995 年间经济过热，出现了奔腾的通货膨胀，通货膨胀率最高达到 24.10%。这么高的通货膨胀率对经济发展非常不利，其经济效应在本节"通货膨胀的经济效应"部分讨论。

3. 恶性通货膨胀

将流通中货币量增速过快，货币购买力急剧下降，物价水平上涨率以加速度增长，年通货膨胀率达到三位数以上（或年通货膨胀率超过 1 000%）的速度持续上升定义为恶性通货膨胀。它的基本特征是，物价水平的飞速上升使人们对本国货币完全失去信任，本国货币完全失去作为价值贮藏的功能，同时也基本丧失交易功能，这样，不仅严重破坏货币体制和正常经济生活，而且导致经济崩溃及政权更迭。

例如，津巴布韦的通货膨胀就是一个极端案例。2000年后，津巴布韦因经济动荡大量增发货币，到2006年，津巴布韦的年通胀率为1 042.9％，2007年则冲到10 000％以上。到了2008年6月末，津巴布韦货币的汇率已跌至1美元兑1 000亿津巴布韦元。津巴布韦政府不得不多次推出大面值纸币，从1 000万面额到5 000万、2.5亿、100亿津巴布韦元。2009年，推出100万亿津巴布韦元面额钞票后，津巴布韦政府再次发行1万亿津巴布韦元面额的纸币。最终，在该国通胀率达到1 000 000 000％后，政府宣布停止发行本国货币。恶性通货膨胀导致经济体严重受损，至2016年，津巴布韦人均产出为0.1美元，成为世界上最贫穷的国家。

二、通货膨胀的成因

对于通货膨胀的形成原因，西方学者提出了多种解释，其中主要有以下两种。

（一）需求拉动的通货膨胀

需求拉动的通货膨胀，又叫超额需求通货膨胀，是指总需求超过总供给所引起的一般物价水平的显著上升。需求拉动的通货膨胀理论用"过多的货币追逐过少的商品"来解释通货膨胀。下面我们用图10-4说明。

在图10-4中，横轴 Y 代表总产出（国民收入），纵轴 P 代表一般物价水平。AD 为总需求曲线，AS 为总供给曲线。在 Y_1 之前，随着总需求增加，总产出也增加，但物价不上升，原因是经济中有闲置的生产设备和失业工人。在 Y_1 和 Y_f 之间，随着总需求增加，总产出会增加，物价也上升。例如，当 AD_1 增加到 AD_2 时，总产出由 Y_1 增加到 Y_2，物价由 P_1 上升到 P_2，原因是有些原材料供给不足，能源紧张，导致成本上升。这种物价上升叫"瓶颈式通货膨胀"。产量达到 Y_f 以后，总需求再增加，物价会继续上升，但总产出不会再增加。例如，当 AD_3 增加到 AD_4 时，产出仍然是 Y_f，但物价由 P_3 上升到 P_4，原因是生产能力已经充分利用，没有闲

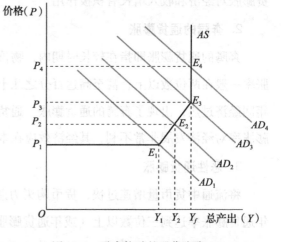

图10-4　需求拉动的通货膨胀

置要素了。这就是"需求拉动的通货膨胀"。

（二）成本推动的通货膨胀

成本推动的通货膨胀是指在没有超额需求的情况下，由于供给方面成本上升引起的通货膨胀，一般分为工资推动的通货膨胀和利润推动的通货膨胀。

工资推动的通货膨胀是指不完全竞争的劳动市场造成的过高工资所导致的一般价格水平的上涨。据解释，在完全竞争的劳动市场上，工资率完全决定于劳动的供求，工资的提高不会导致通货膨胀；而在不完全竞争的劳动市场上，由于强大的工会组织的存在，工资不再是竞争的工资，而是工会和雇主集体议价的工资，并且由于工资的增长率超过生产率增长率，工资的提高导致成本提高，从而导致一般价格水平上涨。这就是工资推动的通货膨胀。

西方学者进而认为，工资提高和价格上涨之间存在着因果关系：工资提高引起价格上涨，价格上涨又引起工资提高。这样，工资提高和价格上涨就形成了螺旋式的上升运动，即所谓工资 – 价格螺旋。

利润推动的通货膨胀是指垄断企业和寡头企业利用市场势力谋取垄断利润所导致的一般价格水平的上涨。西方学者认为，就像不完全竞争的劳动市场是工资推动通货膨胀的前提一样，不完全竞争的产品市场是利润推动通货膨胀的前提。在完全竞争的产品市场上，价格完全决定于产品的供求，任何企业都不能通过控制产量来改变市场价格，而在不完全竞争的产品市场上，垄断企业和寡头企业为了追求垄断利润，可以操纵价格，把产品价格定得高于边际成本，致使价格上涨的速度超过成本增长的速度。下面我们结合图 10-5 说明。

在图 10-5 中，假定总需求 AD 不变，总供给 AS 因成本变化而变动。再假设初始均衡为 E_1 点，均衡产出和均衡价格分别为 Y_1 和 P_1。这时，如果工资率上升或利润增加，导致成本上升，总供给曲线就会左移，与原来的总需求曲线形成新的交点，造成物价上升，产出减少。例如，AS_1 向左移动到 AS_2，与原来的总需求曲线 AD 相交于 E_2 点，总产出由 Y_1 减少到 Y_2，物价则由 P_1 上升到 P_2。

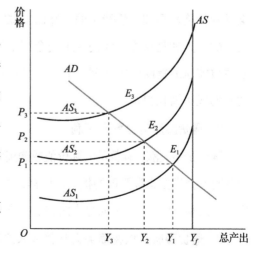

图 10-5　成本推动的通货膨胀

三、通货膨胀的经济效应

通货膨胀效应是指通货膨胀给社会经济生活造成的影响。考察通货膨胀的经济效应，目的是弄清楚通货膨胀对经济有什么影响。通货膨胀效应表现在许多方面，这里主要从两个方面进行考察。

（一）收入分配效应

在实际经济生活中，产出和价格水平是同时变动的，通货膨胀常常伴随着实际产出的增长。只有在较少的场合中，通货膨胀的发生伴随着实际产出的收缩。为了独立地考察价格变动对收入分配的影响，有必要假定实际收入是固定的，然后去研究通货膨胀如何影响收入再分配。在分析之前，还要区分货币收入和实际收入。货币收入是指一个消费者所获得的货币数量；而实际收入则是指一个消费者用他的货币收入所能买到的产品和服务的数量。

1. 通货膨胀不利于固定收入者

对于固定收入者来说，其实际收入会因为通货膨胀和货币购买力下降而减少，因而其生活水平必然相应地降低。固定收入者主要包括那些领取救济金和退休金的人，也包括那些工薪阶层、公务员以及靠福利和其他转移支付维持生活的人。他们的收入在相当长的时间内是不变的。特别是那些只获得少量救济金的老人，遇到这种经济灾难，更是苦不堪言，可以说他们是通货膨胀的牺牲品。

相反，那些靠变动收入维持生活的人，则会从通货膨胀中获益。这些人的货币收入会随着价格水平和生活费用的上涨而上涨。例如，在扩张的行业中工作并有强大的工会支持的工人就是这样。他们的工资合同中订有工资随生活费用的上涨而提高的条款。企业主也能从通货膨胀中获利。如果产品价格比资源价格上升得快的话，则企业的收益将比它的成本增长得快。

2. 通货膨胀对储蓄者不利

随着价格上涨，存款的实际价值或购买力就会降低。那些口袋中有闲置货币和在银行有存款的人会蒙受非常严重的损失。同样，像保险金、养老金以及其他固定价值的证券财产等，它们本来是人们用来防患未然和蓄资养老的。在通货膨胀中，其实际价值也会下降。

3. 通货膨胀可以在债务人和债权人之间发生收入再分配的作用

具体地说，通货膨胀牺牲债权人的利益而使债务人获利。假如甲向乙借款 1 万元，一年后归还，而在这段时间内价格水平上升了一倍，那么，一年后甲归还给乙的1万元的价值仅仅相当于借时价值的一半。这种影响的前提是假定借贷双方没有预期到通货膨胀。但是，如果人们预期到这种通货膨胀，在借贷合约中做了相应的规定，债权人则有可能规避这种风险。

4. 通货膨胀对政府有利

通货膨胀实际上是一种税收，因而对政府有利。首先，政府发行了大量债券，居民户是主要的购买者。在发生通货膨胀时，政府偿付给居民户的货币已经严重贬值。这样，通货膨胀就像征税一样，把居民户的财富转移到政府手中。其次，所得税是累进的。在通货膨胀期间，人们的名义货币收入提高，并且进入较高的纳税级别，其纳税额必然增加，政府收入也相应地增加。

（二）产出效应

以上的分析是假定国民经济的实际产出固定不变。而实际上，国民经济的产出水平通常是随着价格水平的变化而变化的。下面讨论可能出现的三种情况。

1. 产出随着通货膨胀率的上升而增加

有些经济学家认为，温和的或爬行的通货膨胀对产出和就业有扩大的效应。例如，如果总需求增加，经济复苏，造成一定程度的需求拉动的通货膨胀。在这种情况下，产品价格上升的幅度会高于工资和其他资源价格的升幅，从而增加企业的利润。利润的增加就会刺激企业扩大生产，从而使总产出增加、失业减少。这意味着通货膨胀的再分配后果会带来更多的就业和收益。例如，对于一个失业工人来说，如果他唯有在通货膨胀条件之下才能得到就业机会，显然，他受益于通货膨胀。

2. 成本推动的通货膨胀会引致产出下降、失业增加

我们在前面讨论成本推动的通货膨胀时指出，假定原来的总需求已经实现了充分就业和物价稳定，这时如果发生成本推动的通货膨胀，则原来总需求所能购买的实际产品数量将会减少。也就是说，当成本推动的压力抬高物价水平时，既定的总需求只能在市场上支持一个较小的实际产出。所以，实际产出会下降，失业会上升。美国在20世纪70年代的经济情况就是这样。1973年年末，石油输出国组织把石油价格翻了两番，推动1973~1975年的物价水平大幅度上升，与此同时，美国失业率从1973年的不到5%上升到1975年的8.5%。

3. 超级通货膨胀导致经济崩溃

首先，超级通货膨胀会使居民户和企业产生通货膨胀预期，即估计物价还会继续升

高。这样，人们为了不让自己的储蓄和收入贬值，宁愿在价格上升前把这部分财富消费掉，从而产生过度的消费购买，致使稍后的储蓄和投资都会减少，使经济增长率下降。其次，超级通货膨胀还会使劳动者要求提高工资。他们不但会要求增加工资以抵消过去价格水平的上升，而且会要求补偿下次工资谈判前可以预料到的通货膨胀所带来的损失。于是企业扩大生产和增加就业的积极性就会下降。再次，企业在通货膨胀率上升时会增加存货投资和设备投资，当银行不能满足其投资贷款需求时，企业就会被迫减少存货，生产就会收缩。最后，当出现超级通货膨胀时，人们完全丧失对货币的信心，不再致力于如何创造财富，而是致力于如何尽快将货币转化为可持有的产品，造成资源的无效配置，市场秩序完全紊乱，物物交换通常会重新出现，市场经济机制无法再正常运行，从而导致经济崩溃。

第三节　失业与通货膨胀的关系

　　菲利普斯曲线描述通货膨胀和失业之间的短期替代关系和长期内在自然率水平上的垂线关系。由于对经济现象的看法不同，不同流派的经济学家对菲利普斯曲线的看法也不同，本书介绍新古典综合派学者提出的一般菲利普斯曲线和费尔普斯与弗里德曼提出的附加预期的菲利普斯曲线。

一、菲利普斯曲线的提出

　　1958 年，菲利普斯在《经济学》上发表了著名论文"1861～1957 年英国失业率和货币工资变化率之间的关系"，对英国近百年来的工资统计数据进行了考察。他发现：①名义工资的变动率是失业率的递减函数；②即使名义工资的增长率处于最低的正常水平，失业率仍然为正（菲利普斯的统计为 2%～3%），即货币工资增长率和失业率之间存在替代关系。该经验数据反映的关系后来被称为菲利普斯曲线，或"失业 - 物价"菲利普斯曲线。在图 10-6 中，横轴代表失业率 U，纵轴代表通货膨胀率 π，向右下方倾斜的曲线 PC，就是我们今天所使用的修正后的菲利普斯曲线。

　　菲利普斯曲线在问世之初并没有引起学界足够的重视和应有的回应，直到 1959 年萨缪尔森和索洛给予了肯定。1960 年，萨缪尔森和索洛在《美国经

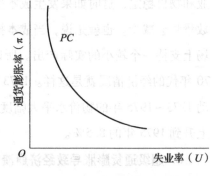

图 10-6　菲利普斯曲线

济评论》第 6 卷上联名发表了著名论文"反通货膨胀政策分析"，对菲利普斯曲线进行了第一次重要修正。其出发点是如下经济关系：

$$通货膨胀率 = 货币工资增长率 - 劳动生产增长率$$

　　根据这一关系，如果劳动生产增长率为零，则通货膨胀率与货币工资增长率一致。这样，最初表示失业和工资关系的菲利普斯曲线，就变成了表示失业和物价关系的菲利普斯曲线。诚如萨缪尔森和索洛在论文中所说："如果产品价格水平主要是在工资成本上加成形成，那么菲利普斯曲线就可以改写为一个联系价格膨胀和失业率的函数。"在图 10-6 中，就是把纵轴所代表的工资变化率改换为通货膨胀率。

　　实证分析表明，菲利普斯曲线所揭示的通货膨胀与失业之间的替代关系，同美国在 1961～1969 年的通货膨胀与失业的数据基本吻合。或者说，菲利普斯曲线对当时的美国经济有明显的解释力。

　　菲利普斯曲线经过萨缪尔森和索洛修正后，迅即成为 20 世纪 60 年代的标准版本，并被纳入新古典综合理论体系，用以解释通货膨胀。同时，该曲线所揭示的通货膨胀率和失业率之间的权衡关系，也为政府制定经济政策提供了理论依据，从而迅速成为西方宏观经济政策分析的基石。

二、菲利普斯曲线的运用

　　经过萨缪尔森和索洛修正后的菲利普斯曲线，揭示了短期内通货膨胀率和失业率之间的权衡关系，为政府制定经济政策提供了理论依据，从而迅速成为西方宏观经济政策分析的基石。尽管后来出现了附加预期的菲利普斯曲线和理性预期学派的批评，但到目前为止，西方国家的政府仍然依据菲利普斯曲线理论制定反通货膨胀或失业的政策。

　　在实际经济生活中，政府一般先确定一个社会临界点，由此确定一个失业率与通货膨胀的组合区域。如果实际失业率和通货膨胀率组合在该区域内，则政府不采取调节行动；若在该区域之外，政府就根据菲利普斯曲线进行调节。下面我们结合图 10-7 说明。

　　在图 10-7 中，假定政府认为 4% 的失业率和通货膨胀率是可以接受的，那么，在图中就可以找到一个临界点 A，由此形成一个如图中阴影部分所表示的安全区域。如果实际的失业率和通货膨胀率在此区域内，则政府不必采取调节行动。如果实际失

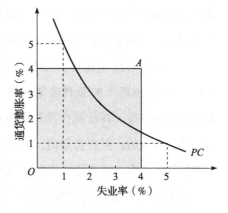

图 10-7　菲利普斯曲线与政策运用

业率或通货膨胀率超过了此区域，例如通货膨胀上升到5%，政府就可以实施紧缩性政策，以增加失业为代价来降低通货膨胀率。同样，如果实际失业率上升到5%，政府就可以实施扩张性政策，以物价上升为代价来降低失业率。从图10-7中看到，如果通货膨胀率和失业率下降到4%以内，社会就可以接受了。

三、附加预期的菲利普斯曲线

附加预期的菲利普斯曲线是由费尔普斯和弗里德曼分别提出的，他们先后将适应性预期假说和自然率假说引入菲利普斯曲线分析，提出了附加预期的菲利普斯曲线和长期菲利普斯曲线。

他们认为，菲利普斯曲线是在预期的通货膨胀率不变情况下失业与通货膨胀之间的一种短期关系。当预期的通货膨胀率变动时，短期的菲利普斯曲线就会移动。他们采用的是适应性预期假说。适应性预期是指人们根据过去预期的失误来修正以后的预期。根据这种假说，人们的通货膨胀预期是可变的。相应地，菲利普斯曲线也会移动。例如，厂商与工人预期下一年的通货膨胀率为5%，并以此为依据签订了雇用合同。但是，如果实际通货膨胀率高于预期的通货膨胀率，实际工资下降，企业就会增加生产，就业水平会上升。由此导致短期内失业率下降，通货膨胀与失业之间的交替关系成立。但是，人们会根据过去的预期失误修正对未来的预期。当人们预期的通货膨胀率与实际的通货膨胀率相同时，失业与通货膨胀之间就不存在交替关系。从长期来看，预期的通货膨胀与实际的通货膨胀总是一致的，所以，当物价上升时，企业不会增加生产，就业不会扩大，失业率也就不会下降，从而便形成了一条与自然失业率重合的长期菲利普斯曲线。

长期菲利普斯曲线表明，在长期内不存在失业与通货膨胀的替代关系。图10-8显示了短期菲利普斯曲线和长期菲利普斯曲线之间的关系。其中，π_1 和 π_2 为预期通货膨胀率，SPC_0、SPC_1、SPC_2 为不同预期下的菲利普斯曲线，LPC 为长期菲利普斯曲线。其政策含义是，在短期内，宏观政策是有效的；但在长期内，扩张性政策不但不能降低失业率，还会使通货膨胀率不断上升。

后来，以卢卡斯为代表的理性预期学派又以人们的预期是理性的为依据，断言即使是在

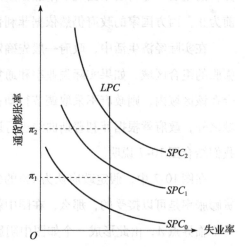

图 10-8   短期菲利普斯曲线与长期
菲利普斯曲线

短期内，通货膨胀与失业之间也不存在替代关系，因而任何旨在消除失业的扩张性政策都是无效的。对此，我们不欲展开讨论，感兴趣的同学可参考相关文献。

本章小结

1. 失业是指在法定劳动年龄段内，有就业能力并且有就业要求的人口没有就业机会的经济现象。失业有摩擦性失业、结构性失业和周期性失业等类型，它们各有特点和成因。

2. 自然失业率是指经济正常运行时存在的失业。这种失业率取决于离职率和就职率，与经济景气与否无关。或者说，即使在经济繁荣时期，也存在着自然失业，因而社会不可能消除自然失业。

3. 失业对个人、家庭和社会都有严重的消极影响。奥肯定律，即 $\dfrac{Y-Y_f}{Y_f} = -a(U-U^*)$，描述了失业和实际产出之间的关系。降低失业率，实现充分就业，是政府调控经济的重要政策目标。

4. "当物价水平普遍上升时，通货膨胀就产生了。"根据不同的标准，可以将通货膨胀划分为不同的类型。从成因的角度看，通货膨胀有需求拉动的通货膨胀（需求型通货膨胀）、成本推动的通货膨胀（供给型通货膨胀）。

5. 通货膨胀对产出和收入分配都有重要影响。抑制通货膨胀，保持物价基本稳定，是政府调控经济的重要政策目标。

6. 菲利普斯曲线最初反映的是失业率与工资增长率之间的关系。现代菲利普斯曲线主要反映失业和通货膨胀之间的替代关系。根据菲利普斯曲线，政府面临着在失业和通货膨胀之间如何抉择的问题。

7. 在以失业率为横坐标，通货膨胀率为纵坐标的坐标系中，长期菲利普斯曲线是一条位于自然失业率水平上的垂直线，表明长期失业率与物价没有关系。自然失业率是由一系列实际因素决定的。

习题与思考

一、判断题

1. 只要存在失业工人，就不可能有工作空位。 （ ）
2. 周期性失业就是总需求不足所引起的失业。 （ ）
3. 根据奥肯定理，在经济中实现了充分就业后，失业率每增加 1%，则实际国民收入就会减少 3%。 （ ）
4. 通货膨胀是指物价水平普遍而持续地上升。 （ ）
5. 在总需求不变的情况下，总供给曲线向左上方移动所引起的通货膨胀称为供给推动的通货膨胀。 （ ）
6. 没有预料到的通货膨胀有利于债务人，而不利于债权人。 （ ）
7. 短期菲利普斯曲线表明，如果通货膨胀率上升，而预期通货膨胀率不变，那么失业

率会下降。　　　　　　　　　　　　　　　　　　　　　　　　　　　（　　）

8. 需求拉动的通货膨胀是由于总需求增加引起的。　　　　　　　　（　　）

9. 成本推动的通货膨胀是由于技术进步引起的。　　　　　　　　　（　　）

10. 自然失业率总是保持不变。　　　　　　　　　　　　　　　　　　（　　）

二、单项选择题

1. 假设某个国家的总人口数为 3 000 万人，就业者为 1 500 万人，失业者为 500 万人，则该国的失业率为（　　）。
   - A. 17%　　　　　　　　B. 34%　　　　　　　　C. 25%　　　　　　　　D. 60%

2. 失业率是（　　）。
   - A. 失业人数占劳动力总数的百分比
   - B. 失业人数占整个国家人数的百分比
   - C. 失业人数占就业人数的百分比
   - D. 失业人数占 16 岁以上人口的百分比

3. 充分就业的含义是（　　）。
   - A. 人人都有工作，没有失业者
   - B. 消灭了周期性失业时的就业状态
   - C. 消灭了自然失业时的就业状态
   - D. 不存在摩擦性失业的状态

4. 引起摩擦性失业的原因（　　）。
   - A. 工资能升不能降的刚性
   - B. 总需求不足
   - C. 经济中劳动力的正常流动
   - D. 经济衰退

5. 周期性失业是指（　　）。
   - A. 由于某些行业生产的季节性变动所引起的失业
   - B. 由于总需求不足而引起的短期失业
   - C. 由于劳动力市场结构的特点，劳动力的流动不能适应劳动力需求变动所引起的失业
   - D. 年轻的职员跳槽寻找新工作

6. 需求拉动的通货膨胀发生的条件是（　　）。
   - A. 资源得到了充分利用．而总需求仍然在增加
   - B. 资源得到了充分利用，但总需求并不增加
   - C. 资源未得到充分利用，总需求仍然在增加
   - D. 资源未得到充分利用，总需求也不增加

7. 根据菲利普斯曲线，降低通货膨胀率的办法是（　　）。
   - A. 减少货币供给量
   - B. 降低失业率
   - C. 提高失业率
   - D. 没有任何办法

8. 一旦成本推动的通货膨胀出现，总需求曲线将（　　）移动，短期总供给曲线将（　　）移动。
   - A. 向右　向左　　　　B. 向右　向右　　　　C. 向左　向右　　　　D. 向左　向左

9. 短期菲利普斯曲线说明了（　　）。
   - A. 短期价格水平与实际 GDP 之间的关系
   - B. 短期价格水平与失业之间的关系

　　C. 当预期通货膨胀率等于实际通货膨胀率时，通货膨胀率和失业之间的关系

　　D. 当预期通货膨胀率不变时，通货膨胀率与失业之间的关系

10. 长期菲利普斯曲线说明了（　　　）。

　　A. 价格水平和实际 GDP 之间的关系

　　B. 价格水平和失业之间的关系

　　C. 当预期通货膨胀率等于实际通货膨胀率时，通货膨胀率和失业之间的关系

　　D. 当预期通货膨胀率不变时，通货膨胀率和失业之间的关系

三、思考题

1. 有人认为"高价格就是通货膨胀"，你认为对吗？

2. 通货膨胀对经济有哪些影响？

3. 说明短期菲利普斯曲线与长期菲利普斯曲线的关系。

专栏　法币曾是"世界上最不值钱的纸币"

　　1934 年 6 月，美国颁布"白银法案"，在国际市场上大量收购白银，中国白银大量外流，随之而来中国出现了通货短缺、工商企业倒闭等一系列问题。经过金融界、学术界激烈的讨论，国民政府召开多次调研会议，决定开始实施不兑换纸币——法币。

　　但不久后中日战争全面爆发，国民政府被庞大的军费开支拖进了财政赤字的泥潭，他们开始通过增加法币的发行量来解决问题。初期，在增加发行量的同时政府还相继出台各类办法来避免恶性通货膨胀，然而到了抗战中后期，通货膨胀已经完全失控。据记载，整个抗战期间，法币发行总量达 5 569 亿元，比抗战前增长了约 396 倍。

　　抗战胜利后，国民政府试图采用出售黄金等方式来缓解通货膨胀，但效果不佳，反而导致金价暴涨，民众对法币失去信心，加上国民政府继续采用增加法币印发量来负担财政，情况更加恶化。人们开始骑车载着一袋子纸币上街采买物品。

　　1947 年 7 月 30 日的《大众晚报》刊载了不同年份 100 元法币购买力的变化："1937 年，可买两头牛；1938 年，可买一头大牛、一头小牛；1939 年，可买一头大牛；1940 年，可买一头小牛；1941 年，可买一头猪；1942 年，可买一只火腿；1943 年，可买一只老母鸡；1944 年，可买一只小母鸡；1945 年，可买一条鱼；1946 年，可买一个鸡蛋；1947 年，可买一只煤球；1948 年，仅能买 4 粒大米。"

　　最终，1948 年 8 月 21 日，法币彻底崩溃。据记载，同一时期上海的物价上涨了492.7 万倍。为了解决法币的崩溃问题，国民政府只得于 1948 年 8 月 19 日发行新的货币——金圆券，规定 300 万元法币可以兑换一元金圆券。当时，美国联合通讯社称法币为"世界上最不值钱的纸币"。但金圆券依然无法改变国民政府的社会经济问题，金圆券应该是中国流通时间最短的法定纸币，它在市面上仅仅流通了 12 个月，期间遭遇大幅度贬值，票面面额也越来越大，甚至出现 50 万元、100 万元一张的巨额纸币。

第十一章
宏观经济政策

2007 年 2 月美国次贷危机初显，2007 年 8 月危机扩散蔓延引发美国金融危机，随后迅速扩散到全球各国金融市场引发全球金融危机，2008 年 9 月雷曼兄弟破产引发欧美发达国家经济危机和以"金砖四国"为代表的新兴国家经济的大幅下降。各国政府纷纷救市，先后提出各种经济振兴计划和刺激经济方案。其中，财政政策和货币政策是最主要的工具。学习本章内容，你将看到这些宏观经济政策的实施、效果及局限性。

第一节　宏观经济政策概述

一、宏观经济政策目标

经济政策是政府制定的旨在规范市场主体行为，增进社会福利的规章、制度、条例和措施等，其基本功能是促进经济稳定增长和实现社会公平正义。其中，微观经济政策的基本功能是促进公平正义，宏观经济政策的基本功能是维护经济稳定和促进经济增长。所以，宏观经济政策又被称为稳定政策。在经济实践中，政府出台任一政策，都有其预期目标。一般来说，宏观经济政策有以下四个目标。

（一）充分就业

在讨论失业理论时，我们已经提到过，充分就业是指没有非自愿失业的状态。或者说，如果经济中只存在摩擦性失业和结构性失业，就算实现了充分就业。政府关注的是总需求不足导致的周期性失业。所以，政府的调控目标不是消除所有失业，而是使失业率控制在自然失业率水平上。西方学者认为，自然失业率一般在 4% ~6% 之间。只要失业率不超过这个水平，就可以认为已经实现了充分就业。

需要提及的是，本来意义上的充分就业还包括其他要素的充分利用，例如，机器设备的闲置也被认为是处于失业状态。但是，测度劳动力之外的其他资源的就业状态，在技术上很难操作。所以，在宏观经济分析中主要讨论人力资源的就业情况，即用劳动失业率来衡量充分就业。

（二）稳定物价

稳定物价指的是总体价格水平的基本稳定，而不是每种商品的价格都不变。稳定物价也不是要求零通货膨胀率，而是将通货膨胀率维持在社会能接受的水平上。至于社会能接受什么样的通货膨胀率，则需要根据不同的国家、不同的时期和经济运行态势而定。

在宏观经济分析中，一般用价格指数来表示物价水平的变化，具体包括 GDP 平减指数、消费价格指数和生产者价格指数。这些指数在本书的第八章、第十章中我们已经讨论过。需要提及的是，在现代市场经济中，通货膨胀已经是常态，很难完全消除。如果经济中出现一些轻微的通货膨胀，被认为是正常的，不需要政府干预。宏观经济政策只需关注比较严重的通货膨胀。

（三）经济增长

经济增长是指在一定时期内经济社会生产的总产量和人均产量的增加，通常用国内生产总值和人均国内生产总值的年均增长率来衡量。经济稳定增长是相对于经济波动而言的。在短期内，由于总需求和总供给不匹配，经济增长会出现波动，有时大起大落。政府的调控目标之一，就是通过管理总需求，防止或减轻这种经济波动，保持经济平稳增长。所以，保持经济稳定增长，既不是增长速度越快越好，也不是经济没有波动，而是要把波动控制在一定幅度内。

（四）国际收支平衡

在开放经济条件下，生产要素和产品会在国际流动，一国经济与其他国家经济密切联系，这就出现了国际收支是否平衡的问题。理论分析和经验证明，一国经济的国际收支不平衡，对国内的经济稳定增长、稳定物价和充分就业，都是极其不利的。所以，政府必须管理对外经济活动，以实现国际收支基本平衡。在第十三章中，我们将详细地讨论产品和资本在国际的流动，分析对外经济政策的理论基础。

二、政策目标之间的关系

国民经济是一个整体，各地区、各部门和各经济环节是相互联系、相互依存的。相应地，各项经济政策的作用也相互影响。其中，各项政策的目标和具体效应有一致的方面，也有矛盾的方面。研究各项经济政策之间的相互关系，对于正确地制定政策、选择政策工具、分析政策效果等，都是十分必要的。

（一）宏观经济政策目标之间的一致性

从根本说，上述四大政策目标是一致的，都是为了促使经济持续平稳增长，增进社会福利。例如，促进经济稳定增长，既能减少失业、增加收入，也能防止物价大幅度波动。再如，实现国际收支平衡，也有利于国内经济平衡发展。政府在制定政策目标时，不能过分强调某一目标，而忽视其他目标，一定要综合考虑目标的相互关系，否则会影响政策目标的实现，不利于经济增长和政治稳定。

（二）宏观经济政策目标之间的矛盾性

宏观经济政策目标之间也有矛盾，如果不能处理好这些矛盾，就会影响宏观调控的效果。政府在确定宏观经济政策目标时，一定要考虑各种目标之间的矛盾，使各项政策密切配合，达到最好的效果。

1. 充分就业与稳定物价之间的矛盾

我们在讨论菲利普斯曲线时已经注意到，充分就业与稳定物价之间有替代性。也就是说，政府实施的降低失业率措施，会把物价抬上去。这就是两大政策目标之间的矛盾，政府需要在两大政策目标之间进行权衡，选择失业率和通货膨胀率的最佳组合。例如，在经济过热时，主要目标是稳定物价，同时兼顾就业。在经济衰退时，主要目标是减少失业，同时兼顾稳定物价。至于两大政策如何搭配，还需要视经济运行态势而定。

2. 经济增长与稳定物价之间的矛盾

经济增长与稳定物价之间也存在矛盾。在资源尚未充分利用时，经济增长不会引起严重的通货膨胀。但在资源已经充分利用时，或者说某种资源处于制约整个经济的瓶颈状态时，经济增长就会引起生产要素价格上升，从而导致通货膨胀。这就是经济过热和总需求膨胀拉动的通货膨胀。政府在谋划经济增长速度时，一定要顾及稳定物价。

3. 国际收支平衡与充分就业和稳定物价之间的矛盾

在宏观经济分析中，国内充分就业和稳定物价被定义为内在均衡，国际收支平衡被定义为外在均衡。内在均衡与外在均衡往往不一致。在国内充分就业时，国内工资水平和人均收入提高，会引起内部商品需求增长和资本输出增加，从而使国际收支失衡。相反，国际收支情况若得以改善，则会使外汇增加，从而引起国内货币量增加，易引发通货膨胀。消除失业的扩张性政策和抑制通货膨胀的紧缩性政策都会破坏原有的外在平衡。所以，政府在谋求国际收支平衡时，一定要兼顾内部平衡，力求国际和国内同时平衡。

三、宏观经济政策体系

宏观经济政策是由一系列具体政策组成的完整体系。其中，最主要的是财政政策、货币政策和汇率政策。

（一）财政政策

财政政策是指政府调整财政收入和财政支出以影响总需求，使之与总供给相适应的经济政策，包括财政收入政策和财政支出政策。在实践中，财政政策是由政府提出的，经国会批准后，才能付诸实施。

财政政策的主要政策工具有：税收、公债、政府购买、转移支付和债务利息等。

（二）货币政策

货币政策是中央银行调节货币供应量，影响利率，进而影响投资需求和总需求的政策规定，主要有利率政策、信贷政策、外汇政策等。

货币政策的主要政策工具有三个：①法定存款准备率，指商业银行将其吸收存款的一部分上缴中央银行作为准备金的比率。②再贴现率，指中央银行向商业银行放款的利率。③公开市场业务，指中央银行在金融市场上公开买卖政府债券的行为。

（三）汇率政策

在开放经济条件下，国际贸易和国际金融对一国经济有重要影响。国家的对外经济政策对促进对外开放，引进外资、先进技术和管理经验，促进国内经济发展，加强同其他国家之间的经济联系等，有重要作用。其中，汇率政策对一国收支平衡有重要影响。

第十三章将较详细地讨论汇率政策问题。

第二节　财 政 政 策

财政政策是最重要的宏观需求管理政策之一。其政策目标主要是充分就业、稳定物价、减缓经济波动。同时，财政政策还有调整收入分配、优化经济结构等功能。本节主要从政策实施的角度，讨论财政政策的主要内容以及政策效果问题。

一、财政政策的构成与工具

财政政策具体包括财政收入政策和财政支出政策两大类，每一类又包括若干具体的政策。在实施财政政策时，政府还需要运用一些政策工具。

（一）财政收入政策与工具

财政的首要功能是组织收入，这是组织财政支出的基础。有关组织财政收入的各项政策规定，都属于财政收入政策。组织财政收入的主要手段或政策工具是税收和公债。

1. 税收

税收是政府组织财政收入的主要手段。它是由国家通过法律规定的，在征收时具有强制性、无偿性、固定性等特征。税收有许多种，主要有个人所得税、社会保障税、公司所得税、间接税等。依据不同标准，可以对税收进行分类。

根据课税对象可以将税收分为三类：财产税、所得税和流转税。财产税是对不动产或房地产所征收的税，遗产税一般包含在财产税中。所得税是对个人和公司的所得征税。在西方税收中，所得税占有很大比重，该税税率的变动对经济活动会产生重大影响。流转税则是对买卖商品和服务征收的一种税，增值税是流转税的主要税种之一。

根据收入中被扣除的比例，可以将税收分为累退税、比例税和累进税。累退税是税率随征税客体总量增加而递减的一种税。比例税是税率不随征税客体总量变动而变动的一种税，即按收入的固定比率征收的一种税，多适用于流转税和财产税。累进税是税率随征税客体总量增加而增加的一种税。西方国家的所得税多属于累进税。通过税率的高低及其变动来反映赋税负担轻重和税收总量的关系。税率的大小及其变动方向，对经济活动如个人收入和消费会产生很大影响。税收作为政府组织收入的手段，既决定着国家财政收入的多少，也对经济运行产生重要影响。

2. 公债

当政府税收不足以弥补政府支出时，就会发行公债。公债也是政府筹措收入的重要手段。公债是政府对公众的债务，或公众对政府的债权。它是政府运用信用形式筹集财政资金的特殊形式，具体包括中央政府的债务和地方政府的债务。

中央政府的债务称为国债。政府借债一般有短期债、中期债和长期债三种形式。短期债一般通过出售国库券取得，主要进入短期资金市场（货币市场），利息率较低，期限一般分为3个月、6个月和1年三种。中长期债券则一般通过发行中长期债券取得，期限为1年至5年不等，5年以上的为长期债券。美国长期债券最长的为40年。中长期债券利息率也因时间长、风险大而较高。中长期债券是西方国家资本市场（长期资金市场）上主要的交易品种之一。政府公债的发行，一方面能增加财政收入，另一方面又能影响包括货币市场和资本市场在内的金融市场运行，进而影响总需求和宏观经济运行。

（二）财政支出政策与工具

组织财政收入的目的是为了支出，政策目标更多地体现在财政支出中。政府安排财政支出的政策规定，属于财政支出政策。实施财政支出政策的主要工具有：政府购买、转移支付和债务利息。

1. 政府购买

政府购买是指政府对商品和服务的购买。如购买军需品、机关办公用品、支付政府雇员报酬、公共工程支出等，都属于政府购买。政府购买是一种实质性支出。伴随着商品和服务的实际交易，政府购买直接形成社会购买力和总需求，是国民收入的一个组成部分。因此，政府购买支出是决定国民收入水平的主要因素之一，其规模直接关系到社会总需求的大小。政府购买支出对整个社会总支出水平具有十分重要的调节作用。在经济衰退来临时，政府可以提高购买支出水平，如举办公共工程以扩大总需求。反之，当通货膨胀出现时，政府可以降低购买支出水平，如增加税收，压缩办公经费，以缩小总需求。

2. 转移支付

政府支出的另一个部分是转移支付。转移支付是指政府在社会福利保险、贫困救济和补助等方面的支出。这是一种货币性支出。政府在支付这些货币时并未发生相应的商品和服务交换，因而是一种不以取得本年生产出来的商品和服务作为报偿的支出。转移支付不能算作国民收入的组成部分。

转移支付是收入再分配的一种形式，因而不能计入总产出。但是，转移支付对总产出和就业有影响。一般来说，在总需求不足时，政府应增加转移支付，增加人们的可支配收入和社会有效需求，以促进产出和就业增加；在总需求过高时，政府应减少转移支付，降低人们的可支配收入和社会总需求，以抑制经济过热。除了失业救济、养老金等福利费用外，其他转移支付项目，如农产品价格补贴等，也应逆经济风向而改变。

3. 债务利息

债务利息就是对政府债务支付的利息。政府债务包括外债与内债两部分，支付的债务利息也分为外债利息和内债利息。例如，政府向公债债权人支付的利息，就是内债利息。内债会影响国内需求，外债会影响国际收支。

二、自动稳定器

在运用财政政策调节总需求的过程中，有些政策措施会自动地逆经济风向而动，减缓宏观经济的波动性，使经济趋于稳定。这类政策项目或措施被称为自动稳定器。具体地说，自动稳定器就是指经济系统中存在的一种会减少各种干扰对国民收入造成冲击的机制。这种机制能够在经济繁荣时期自动抑制通货膨胀，在经济衰退时期自动减轻萧条，无须政府主动采取任何行动。财政政策内在的稳定经济的功能，主要通过下述三项制度得到发挥。

（一）累进税制度

在实行累进税的情况下，经济衰退使纳税人的收入自动进入较低的纳税档次，政府税收下降的幅度会超过收入下降的幅度，从而发挥抑制衰退的作用。反之，当经济繁荣时，纳税人的收入会自动进入较高的纳税档次，政府税收上升的幅度会超过收入上升的幅度，从而发挥抑制通货膨胀的作用。可以认为，税收这种因经济变动而自动发生变化的内在机动性和伸缩性，是一种有助于减轻经济波动的自动稳定因素。

（二）转移支付制度

政府的转移支付也有自动稳定经济的功能。例如，当经济出现衰退与萧条时，失业增加，符合救济条件的人数增多，失业救济和其他社会福利支出就会自动地增加，这样就可以抑制人们的收入特别是可支配收入的下降，进而抑制消费需求的下降。当经济繁荣时，失业人数减少，失业救济和其他福利支出也会自动地减少，从而抑制可支配收入和消费需求的增长。

（三）农产品价格维持制度

政府维持农产品价格，实际上是给农民提供财政补贴，旨在保证农民的收入不低于一定水平。在经济繁荣阶段，政府会自动地减少对农产品的收购，并抛售农产品，平抑农产品价格的上升。这样，就可以抑制农民收入的增长，从而减少总需求的增加量，减缓经济过热的影响。在经济萧条阶段，政府自动地增加采购农产品的数量，并向农民支付货币或价格补贴，就可以增加农民的收入，进而增加总需求，减缓衰退的影响。

以上制度具有自动稳定器的作用。它们的作用越健全，经济运行就越不需要政府干预。但在现实经济生活中，这类"自动稳定器"的作用非常有限，不可能从根本上扭转经济衰退与通货膨胀的趋势，消除经济活动中的波动。所以，政府根据经济运行的实际情况主动进行干预，仍是必不可少的。这就是斟酌使用的补偿性财政政策。

三、斟酌使用的财政政策

斟酌使用的财政政策是指政府根据经济运行情况和财政政策有关手段的特点，相机抉择，主动地变动财政支出和收入，以稳定经济和保障就业的财政政策。

斟酌使用的财政政策的主要做法是逆经济风向行事。当经济衰退时，政府采用扩张性财政政策，即削减税收、降低税率、增加支出或双管齐下来刺激总需求，使之接近充分就业水平。这时会造成财政赤字或预算赤字，即财政收入小于财政支出。反之，当经济过热时，政府则采用紧缩性财政政策来抑制总需求。这时会造成财政盈余或预算盈余，即财政收入大于财政支出。前者称为扩张性财政政策，后者称为紧缩性财政政策。这种交替使用的扩张性和紧缩性财政政策，被称为补偿性财政政策。

鉴于实施宏观财政政策会造成财政赤字或财政盈余，西方学者认为，为了平抑经济波动，财政不能追求年度预算平衡，而应当谋求周期预算平衡，即财政预算只要在一个经济周期中平衡就行了。例如，在经济衰退时，财政有赤字；但是在经济繁荣时，财政就有盈余。用繁荣时期的盈余弥补衰退时期的赤字，周期内财政就可以实现平衡。从西方国家的财政政策实践看，衰退时增加支出容易，繁荣时减少支出则很难，因而这种周期性预算平衡很难实现。

四、财政政策的效果

讨论财政政策时，还需要考察其效果，即实施某项财政政策后，收入和就业变化了没有，变化了多少，是否达到了预期目标。理论分析和经验表明，财政政策的效果取决于政府购买乘数和挤出效应两个因素。

（一）购买乘数

乘数思想是卡恩首先提出来的，凯恩斯最早将这一理论引入了《通论》。如果消费倾向能够确定，就可以在投资和收入之间建立一个确定的比例，这一比例就是投资乘数。其公式是：$\Delta Y = k \Delta I$。其中，ΔY 代表收入增量，ΔI 代表投资增量，k 代表投资乘数，$1 - \dfrac{1}{k}$ 为边际消费倾向。投资乘数告诉我们，当总投资量增加时，收入的增量将是投资增量的 k 倍。例如，假定边际消费倾向为 0.9，即每 10 元收入中有 9 元用于消费。那么，如果新增加 1 元投资，就会使总收入增加 1 元，从而使消费新增加 0.9 元。人们消费 0.9 元后，消费品产出增加 0.9 元，从而使总收入又增加 0.9 元，进而使得消费支出再增加 0.81 元。由此形成的消费会使总收入进一步增加，最终的结果是总收入将会增加 10 元。这样，新增加的 1 元投资最终使收入增加了 10 倍。这就是投资的乘数效应。相应地，最终增加的就业总量也会增加 10 倍。

政府购买同投资一样，对收入增长也有乘数效应。而且，在其他条件不变时，购买乘数和投资乘数相等。所以，如果其他条件不变，乘数越大，一笔财政支出的效果就越好。

（二）挤出效应

挤出效应是指政府支出增加所引起的私人消费或投资降低的效果。这是因为，政府增加购买后，总需求会增加，利率会上升，从而会抑制投资，使总需求和收入减少，抵消政府购买对收入增长的作用。这说明，一项财政支出会产生两方面的效应，一是乘数效应，二是挤出效应，总效果则取决于这两种效应的比较。凯恩斯认为，从总体上看，在萧条时期实施扩张性财政政策，乘数效应大于挤出效应，因而有利于克服萧条，促使经济复苏。

总之，实施一项扩张性财政政策时，如果购买乘数较大，同时挤出效应较小，则这项财政政策的效果就较好；反之，财政政策的效果就较差。

（三）财政政策的局限性

在西方国家，实施宏观财政政策有效果，但也有局限性。这主要是因为：①时滞。认识总需求的变化、变动财政政策以及乘数作用的发挥，都需要时间。②不确定性。实行财政政策时，政府主要面临两个方面的不确定性：一是乘数大小难以准确地确定；二是财政政策从实施到取得预期效果的时间不好确定，而在这一时间内，总需求特别是投资可能发生戏剧性的变化，这就可能导致决策失误。③随机因素的干扰，也可能导致财政政策达不到预期结果。此外，还存在政策的挤出效应问题，尤其是在经济高涨时期，挤出是完全的，或者说，扩张性财政政策只会导致通货膨胀，不会增加收入。所以，实施财政政策是有条件的。

第三节 货 币 政 策

货币政策是最重要的宏观需求管理政策之一。其政策目标主要是抑制通货膨胀、消除萧条、促进就业、稳定币值、减缓经济波动。本节主要从政策实施的角度，讨论货币政策的主要内容以及政策效果问题。

一、货币政策工具

在现代市场经济中，货币是一种重要的媒介因素。中央银行通过其政策调节货币供给量和利率，会对经济运行产生重要影响。因此，中央银行的货币政策也是现代国家对总需求进行管理的重要手段。

货币政策是指中央银行通过控制货币供应量影响利率水平，进而改变经济中的投资量，以调节、均衡国民收入的政策。货币政策主要通过法定存款准备金率、再贴现率和公开市场业务等政策工具发挥作用。

二、货币政策的实施

中央银行实施货币政策调节经济，也是逆经济风向行事，其具体做法如下。

（一）调整法定存款准备金率

法定存款准备金率是商业银行保留的准备金占存款总额的比例，是由中央银行规定的。法定存款准备金率越低，商业银行的贷款能力越大。中央银行改变法定存款准备金率，对货币的供给量进而对经济运行有重要影响。在实践中，中央银行的一般做法是，在经济繁荣时期提高法定存款准备金率，以减少商业银行的贷款，抑制私人投资，给经济降温。相反，在经济出现衰退或陷入萧条时降低法定存款准备金率，扩大商业银行的贷款，促进私人投资，摆脱经济衰退或萧条。

但是，中央银行一般不会轻易地调整法定存款准备金率。因为，变动法定存款准备金率会使货币供给量成倍地变化，不利于货币供给量和经济的稳定。同时，中央银行如果频繁地改变法定存款准备金率，也不利于它对银行的管理，会使商业银行和其他金融机构感到无所适从。所以，变动法定存款准备金率是一个非常有力但不常用的货币政策。

（二）调整再贴现率

再贴现是指商业银行将未到期的商业票据卖给中央银行。中央银行在向商业银行支付时需要扣除相当于借款利息的再贴现利息。所以，再贴现相当于中央银行向商业银行提供贷款，再贴现率就相当于中央银行对商业银行的贷款利率。因此，中央银行变更再贴现率，对货币的供给量进而对经济运行有重要影响。在实践中，中央银行的一般做法是，在经济繁荣时期提高再贴现率，以减少商业银行的贷款，抑制私人投资，给经济降温。相反，当经济出现衰退或陷入萧条时降低再贴现率，扩大商业银行的贷款，促进私人投资，摆脱经济衰退或萧条。中央银行在实施再贴现政策时，一般结合公开市场业务两者配合使用。

（三）公开市场业务

公开市场业务是指中央银行在公开市场（面对社会公众的市场）上买卖政府债券。当中央银行购进政府债券时，流通中的货币量就增加了；相反，当中央银行卖出政府债券时，流通中的货币量就减少了。这就会影响利率水平，进而影响经济运行。所以，中央银行有可能通过公开市场业务对总需求进行调节。在实践中，中央银行的一般做法是，在经济繁荣时期卖出政府债券，以减少货币供给量，提高利率，抑制私人投资，给经济降温。相反，当经济出现衰退或陷入萧条时买进政府债券，以增加币供给量，降低利率，促进私人投资，摆脱经济衰退或萧条。

公开市场业务有许多优点：一是中央银行可以通过买卖政府债券把银行准备金控制在其希望的规模内。二是公开市场业务具有主动性，中央银行可以根据自己的意愿进行。三是公开市场业务具有灵活性，即使中央银行政策有误，也可以及时纠正。四是公开市场业务具有可测性，即这一政策对货币供给的影响可以被较准确地观测到。

（四）运用其他货币政策工具

除上述政策工具外，中央银行还可以运用选择性货币政策工具。其中主要有：①消费信贷控制，即对各种消费信贷的条件、用途、还款方式、利率等进行限制，从而达到控制某些类型贷款的目的。②房地产信贷控制，主要是指对土地和房屋等不动产信贷进行控制，例如对贷款中的首付款成数、贷款期限等进行控制。通过这些控制可以在一定程度上防止因房地产投机造成的经济波动。③证券信用交易的保证金比率控制，即中央银行对以信用方式购买各类证券规定最低应付现款的比率，限制信用规模，从而控制市场投机行为。④道义劝告，是指中央银行利用其特殊地位，向商业银行和其他金融机构通过发布通告、指示、指南或者进行人员沟通等方式，传达中央银行的政策意图，从而达到一定的政策目的。虽然道义劝告不具备法律效力，但商业银行往往愿意遵循中央银行的指示，以免对自身业务造成不利的影响。

三、货币政策的传导机制

任何政策从制定、实施到产生效果都会有一个过程。通过一定的政策工具，影响某些经济变量的变动，实现经济目标，这就是传导机制。由于货币政策不直接对总需求产生影响，而是通过政策工具间接调整投资规模，因此，货币政策与财政政策相比更为间接、迂回，涉及的中间变量和环节较多。货币政策的传导机制如下：货币政策工具→货币供应量→货币市场供求关系→利率→投资→国民收入。

上述传导机制说明，当中央银行调整某个货币政策工具后，引起货币供应量发生变化，接着货币市场的供求关系出现相应的变化，进而引起利率变化，最终导致投资变动和国民收入变化。

下面，我们以中央银行调整再贴现率为例略做说明。假设经济中出现了衰退现象，中央银行拟给经济加温，它就可以调低再贴现率。这样，商业银行向中央银行贷款的成本降低，就愿意向中央银行更多地借款，并由此扩大了货币供应量。假定货币市场上的需求没有变化，利率就会下降。利率下降意味着私人投资的成本下降，会激励私人投资增加，进而促使总需求、总产出和就业相应地增加。可见，降低再贴现率是一种扩张性货币政策。

由于货币政策是运用政策工具通过中间目标达到最终目标的，且时滞较长，在短期内无法预测最终目标，所以一般是通过对中间目标的观测来预测最终目标，并根据情况及时调节控制。因此，中间目标必须具有可控性、相关性和可测性。

四、货币政策的效果

讨论货币政策时还需要考察其效果，即实施某项货币政策后，收入和就业变化了没有，变化了多少，是否达到了预期目标。理论分析和经验表明，货币政策的效果主要取决于投资利率系数和货币需求对利率的反应程度。

（一）投资利率系数

投资利率系数是指利率变化后投资变化的程度。如果投资对利率变化比较敏感，利率稍有下降，投资就会增加较多，那么，扩张性货币政策的效果就较好。相反，如果投资对利率变化不太敏感，利率即使明显下降，投资也没有增加多少，那么，扩张性货币政策的效果就较差。例如，在经济衰退时期，即使利率下降，投资也不活跃，货币政策效果较差。

（二）货币需求对利率的反应程度

货币需求对利率的反应程度是指利率变化后货币需求变化的程度。如果货币需求受利率的影响较大，即利率稍有变化就使得货币需求量变动很多，那么，货币供给量变动对利率的影响就较小，从而增加货币供给对增加收入和就业的影响不大，政策效果就较差。相反，如果货币需求受利率的影响较小，即利率虽然变化较大，但货币需求量的变动却很小，那么，货币供给量变动对利率的影响就较大，从而增加货币供给对增加收入和就业的影响较大，政策效果较好。

总之，一项扩张性货币政策如果能使利率下降较多，并且利率下降后投资增加较多，则这项货币政策的效果较好。相反，货币政策的效果就较差。

五、货币政策的局限性

实施适当的货币政策，对于调节社会总需求、减少经济波动、稳定经济，具有积极意义，但货币政策也存在着其固有的局限性。

（一）货币政策的效果在不同时期明显不同

在通货膨胀时期实行紧缩性货币政策可能效果比较显著，但在经济衰退时期，实行扩张性货币政策的效果就不明显。因为在经济衰退时期，厂商对经济前景普遍悲观，即使中央银行松动银根、降低利率，投资者也不肯增加贷款从事投资活动。商业银行为安全起见，也不肯轻易贷款。特别是由于存在流动性陷阱，不论银根如何松动，利息率都不会下降，这样货币政策作为反衰退的政策，其效果就相当微弱。即使从反通货膨胀来看，货币政策的作用也主要表现于反对需求拉动的通货膨胀，而对于成本推进的通货膨胀，货币政策的效果就很小。因为，如果物价的上升是由工资上涨超过劳动生产率上升幅度引起的或由垄断厂商为获取高额利润引起的，则中央银行想通过控制货币供给来抑制通货膨胀就比较困难了。

（二）货币政策的时滞

货币政策作用的外部时滞也影响政策效果。中央银行变动货币供给量，要通过影响利率，再影响投资，然后影响就业和国民收入，因而，货币政策要经过相当长一段时间才会充分发挥作用。尤其是在市场利率变动以后，投资规模并不会很快发生相应的变动。利率下降以后，厂商扩大生产规模需要一个过程；利率上升以后，厂商缩小生产规模更不是一件容易的事。

总之，货币政策即使在开始采用时不用花很长时间，但是从出台到产生效果也需要一个相当长的过程。在此过程中，经济情况有可能发生和人们原先预料的相反变化。比如，经济衰退时中央银行扩大货币供给，但未到这一政策的效果完全发挥出来时，经济就已经转入繁荣，物价已开始较快地上升，则原来的扩张性货币政策不是反衰退，反而为加剧通货膨胀起了火上加油的作用。货币政策在实践中存在的问题不止这些，但仅从这些方面看，货币政策作为平抑经济波动的手段，其作用也是有限的。

（三）货币流通速度的变化

从货币市场均衡的情况看，增加或减少货币供给要影响利率，必须以货币的流通速度不变为前提。如果不存在这一前提，货币供给变动对经济的影响就要打折扣。

在经济繁荣时期，中央银行为抑制通货膨胀需要减少货币供给，或者说放慢货币供给的增长率。然而，此时公众一般会增加支出，并且物价上升得很快。在这种情况下，公众就不愿把货币留在手里，而希望尽快花出去，从而货币流通速度会加快，这无异于在流通领域增加了货币供给量。这时候，即使中央银行减少货币供给，也无法使通货膨胀率降下来。反之，在经济衰退时期，货币流通速度下降，这时中央银行增加货币供给对经济的影响就可能被货币流通速度下降的影响所抵消。

本章小结

1. 管理总需求的宏观经济政策主要有四个目标：充分就业、稳定物价、经济均衡增长和国际收支平衡。这些目标从根本上说是一致的，但也有矛盾。政府在具体实施政策时，要兼顾各个目标。

2. 财政政策包括财政收入政策和财政支出政策两部分。财政政策的调节包括主动调节和自动调节两类。自动稳定器调节属于自动调节，包括税收的自动变化、政府转移支付的自动变化和农产品价格维持制度；主动调节是指政府有意识地实施财政政策，即斟酌使用的财政政策。

　　斟酌使用的财政政策的基本要求是逆经济风向行事。当经济衰退时，政府采用扩张性财政政策，以增加总需求。反之，当经济过热时，政府则采用紧缩性财政政策，以抑制总需求。这种交替使用的扩张性和紧缩性财政政策，被称为补偿性财政政策。

　　财政政策的效果主要取决于购买乘数和挤出效应的比较。

3. 货币政策是中央银行通过货币政策工具控制货币供应量，从而影响利率水平，进而改变经济中的投资量，以调节均衡国民收入的政策。

　　货币政策的主要工具是法定存款准备金率、再贴现率和公开市场业务。

　　实施货币政策的基本要求是逆经济风向行事。当经济衰退时，政府采用扩张性货币政策，包括降低法定存款准备金率、降低再贴现率和买进政府债券。反之，当经济过热时，政府则采用紧缩性货币政策，包括提高法定存款准备金率、提高再贴现率和卖出政府债券。

　　货币政策的效果主要取决于投资利率系数和货币需求对利率的反应程度。

习题与思考

一、判断题

1. 扩张性财政政策包括增加政府支出和增税。　　　　　　　　　　　　　　（　　　）
2. 自动稳定器有自发地稳定经济的作用，但其作用是十分有限的．并不能代替财政政策的运用。　　　　　　　　　　　　　　　　　　　　　　　　　　　　（　　　）
3. 中央银行购买有价证券将引起货币供给量的减少。　　　　　　　　　　　（　　　）
4. 提高再贴现率和法定存款准备金率都可以减少货币供给量。　　　　　　　（　　　）
5. 在经济衰退来临时，政府可以减少购买支出水平，避免赤字。　　　　　　（　　　）
6. 累进税是自动稳定器之一。　　　　　　　　　　　　　　　　　　　　　（　　　）
7. 财政政策可能存在挤出效应。　　　　　　　　　　　　　　　　　　　　（　　　）
8. 货币政策存在时滞，而财政政策则不存在时滞。　　　　　　　　　　　　（　　　）
9. 在经济出现衰退时，降低法定存款准备金率有助于经济摆脱衰退。　　　　（　　　）
10. 在经济繁荣时期，卖出政府债券，以减少货币供给量，提高利率，抑制私人投资。

　　　　　　　　　　　　　　　　　　　　　　　　　　　　　　　　　　（　　　）

二、单项选择题

1. 政府的紧缩性财政政策不包括（ ）。
   A. 增加税收　　　　B. 增加转移支付　　　C. 增加政府购买　　D. 增加货币供给量

2. 财政政策的自动稳定器作用是（ ）。
   A. 刺激经济增长　　　　　　　　　B. 延缓经济衰退
   C. 减缓经济波动　　　　　　　　　D. 促进经济实现均衡

3. 政府把个人所得税率从40%降到15%，这是（ ）。
   A. 自动稳定器的作用　　　　　　　B. 扩张性财政政策
   C. 紧缩性财政政策　　　　　　　　D. 扩张性货币政策

4. 扩张性财政政策对经济的影响是（ ）。
   A. 缓和了经济萧条但增加了政府债务　　B. 缓和了经济萧条也减轻了政府债务
   C. 加剧了通货膨胀但减轻了政府债务　　D. 缓和了通货膨胀但增加了政府债务

5. 当经济发生衰退时，中央银行可在公开市场上（ ）。
   A. 买进政府债券，降低法定存款准备金率
   B. 卖出政府债券，降低法定存款准备金率
   C. 买进政府债券，提高法定存款准备金率
   D. 卖出政府债券，提高法定存款准备金率

6. 中央银行在公开市场上买进政府债券将导致商业银行的存款（ ）。
   A. 增加　　　　　B. 减少　　　　　C. 不变　　　　　D. 不能够确定

7. 如果经济步入衰退阶段，会自动发生的是（ ）。
   A. 政府在产品和服务上的支出增加　　B. 所得税增加
   C. 转移支付增加　　　　　　　　　　D. 不确定

8. 以下不是货币政策工具的是（ ）。
   A. 公开市场业务　　　　　　　　　B. 调整法定存款准备金率
   C. 改变税率　　　　　　　　　　　D. 调整再贴现率

9. 经济衰退时期应采取的政策是（ ）。
   A. 降低转移支付　　　　　　　　　B. 提高税率
   C. 中央银行买入债券　　　　　　　D. 中央银行调高法定存款准备金率

10. 在经济高涨时期应采取的政策是（ ）。
    A. 中央银行买入债券　　　　　　　B. 中央银行降低法定存款准备金率
    C. 提高税率　　　　　　　　　　　D. 增加转移支付

三、思考题

1. 举例说明宏观经济政策之间的一致性和矛盾性。
2. 中央银行的货币政策工具主要有哪些？
3. 什么是自动稳定器？是否税率越高，则税收作为自动稳定器的作用越大？
4. 试说明货币政策的传导机制。

5. 请说明在经济衰退时期应如何选择使用经济政策。

专栏　央行重申 2018 年货币政策稳健中性

春节前最后一个工作日，央行发布的《2017 年第四季度中国货币政策执行报告》中明确，下一阶段将保持政策的连续性和稳定性，实施好稳健中性的货币政策，保持流动性合理稳定。与此同时，央行强调，在货币政策执行过程中将把握好稳增长、去杠杆、防风险之间的平衡。

该报告无疑是市场观察新一年货币政策走向的风向标。业内人士表示，从央行的表态和目前市场的情况分析，今年整体的货币政策将保持"不松不紧"，去杠杆和防风险仍将是政策重要的考量因素。展望全年，流动性的总基调仍将继续 2017 年的"紧平衡"，不可轻言放松。

报告基本延续了 2017 年中央经济工作会议的精神，继续强调保持货币政策的稳健中性，并将之列于各项任务之首。对比去年三季度货币政策报告，央行在此次报告中加入了对流动性的表述，即"保持流动性合理稳定，管住货币供给总闸门"。这与 2016 年中央经济工作会议"调节好货币供应总闸门"的表述相比，无疑更为坚决。加上报告中新增了"要掌控好流动性尺度，助力去杠杆和防范化解金融风险"，表明 2018 年货币政策要继续保持定力，为去杠杆、防风险营造适宜的货币政策环境。2018 年货币政策难有放松空间也不言自明。

第十二章
经济增长

根据国家统计局的数据，1986 年，我国人均 GDP 是 963 元，2016 年，我国的人均 GDP 是 53 980 元，30 年增长超过 55 倍。30 年前，汽车进入家庭是个梦想，而到 2016 年年底，我国平均每百户家庭拥有家用汽车 36 辆。这些数字到底体现了什么意义，本章将告诉你经济增长的性质、度量、源泉和核算，并解释经济增长的主要理论。

第一节　经济增长概述

经济学家历来重视经济增长问题。亚当·斯密最早考察了经济增长的源泉，属于古典经济增长理论。哈罗德在《论动态理论》中提出了经济增长的最初模型，标志着现代经济增长理论的出现，其基础则是凯恩斯的收入决定理论。

一、经济增长的性质

经济增长是指一国经济在一定时期内所生产的最终产品和服务的增加，包括总产出的增加和人均产出的增加。总产出以 GDP 衡量，人均产出用人均 GDP 来衡量。人均 $GDP = GDP/$人口总数。这两个量彼此联系，又存在区别。总产出反映一国或地区的经济实力与市场规模；人均产出反映一国或地区的经济发展水平和居民生活水平。2009 年，我国 GDP 为 349 081 亿元人民币，按现行汇率折算为 5.110 5 万亿美元，仅次于世界第二大经济体日本的 5.229 2 万亿美元。我国人均 GDP 为 3 838 美元，按照人均 GDP 排序，我国在世界排位中仍然在 100 位之后，属不发达国家之列。

经济增长体现为一国潜在产出或经济生产能力的持续增加，是劳动和资本等要素增加以及技术进步的结果，表现为生产可能性边界向外扩张，是一种长期经济现象。潜在产出即潜在 GDP，是指当经济体的所有劳动、资本、土地和企业家才能都得到充分利用时所对应的 GDP。实际 GDP 通常围绕潜在 GDP 波动。

经济增长和经济发展是有联系但又不完全相同的两个范畴。前者仅指经济量的增加，后者则除了经济量的增加外，还包括结构调整、制度演化和居民生活方式的改变等。在许多发展中国家，人们往往只重视经济增长而忽视经济发展。这是许多国家经济增长速度快，但居民受惠少的重要原因。同样，现代宏观经济学只研究经济量的增长，忽视人的需要和福祉，是有片面性的。经济增长必须关注"人"的因素，把人的因素纳入模型。

二、经济增长的度量

在宏观经济分析中，经济增长一般用经济增长率（增长速度）来表示，包括总产出增长率和人均产出增长率。

总产出增长率是指实际 GDP 或实际产出的增长率。如果用 G_t 代表增长率，Y_t 代表 t 期的产出，Y_{t-1} 代表 $t-1$ 期的产出，那么，增长率的公式就是：$G_t = \dfrac{Y_t - Y_{t-1}}{Y_{t-1}}$。例如，假定当年的实际 GDP 为 11 万亿元，而前一年的实际 GDP 为 10 万亿元，那么当年的经济增长就是 $\dfrac{11-10}{10} \times 100\% = 10\%$。

生活水平的度量用人均实际 GDP 来反映，如果上式中的 Y_t 和 Y_{t-1} 改为人均产出 y_t 和 y_{t-1}，经济增长率就变为人均经济增长率 $g_t = \dfrac{y_t - y_{t-1}}{y_{t-1}}$。例如，假定当年的实际 GDP 为 11 万亿元，人口总数为 2.02 亿人，那么人均实际 GDP 就是 $\dfrac{11}{2.02} = 5.4455$（万元）。假定前一年的实际 GDP 为 10 万亿元，人口总数为 2 亿人，那么人均实际 GDP 就是 $\dfrac{10}{2} = 5$（万元），人均实际 GDP 的增长率为 $\dfrac{5.4455-5}{5} \times 100\% = 8.91\%$。人均经济增长率还可以用经济增长率减去人口增长率来度量。在上面的例子中，实际 GDP 的增长率为 10%，人口增长率为 1%，人均实际 GDP 的增长率就大致等于 $10\% - 1\% = 9\%$。

三、经济增长的源泉

假设，社会生产投入只有资本、劳动、社会技术水平，则社会经济的生产函数可以表示为：

$$Y = Af(K, N)$$

式中，Y 代表总产出，K、N 分别代表资本和劳动，A 代表全要素生产率，即产量与全部要素投入量之比。

现在假定，资本、劳动和技术的变动分别为 ΔK、ΔN、ΔA，利用微分知识可以得到产出的变动 ΔY 为：

$$\Delta Y = MP_K \times \Delta K + MP_N \times \Delta N + f(N,K) \times \Delta A$$

进而最终得到：

$$\frac{\Delta Y}{Y} = \frac{MP_K}{Y}\Delta K + \frac{MP_N}{Y}\Delta N + \frac{\Delta A}{A}$$

进一步变形为：

$$\frac{\Delta Y}{Y} = \left(\frac{MP_K \times K}{Y}\right)\frac{\Delta K}{K} + \left(\frac{MP_N \times N}{Y}\right)\frac{\Delta N}{N} + \frac{\Delta A}{A}$$

$MP_K \times K$ 和 $MP_N \times N$ 分别是资本收益和劳动收益，因而，我们可以把 $\frac{MP_K \times K}{Y}$ 和

$\frac{MP_N \times N}{Y}$ 分别看作是资本收益和劳动收益在总产出中的份额，并且分别记作 α 和 β。这样，核算方程就可以改写为：

$$\frac{\Delta Y}{Y} = \alpha \frac{\Delta K}{K} + \beta \frac{\Delta N}{N} + \frac{\Delta A}{A} \qquad ①$$

或者：

产出增长 = 资本份额 × 资本增长 + 劳动份额 × 劳动增长 + 技术进步

这就是经济增长核算方程。核算方程表明，长期经济增长取决于三个因素：①资本；②劳动；③技术。这也被认为是经济增长的源泉。

根据核算方程，我们还可以测算技术进步对经济增长的贡献率。一般地，由于技术进步无法直接观察到，所以需要间接地测算。根据方程①可以得到：

$$\frac{\Delta A}{A} = \frac{\Delta Y}{Y} - \alpha \frac{\Delta K}{K} - \beta \frac{\Delta N}{N} \qquad ②$$

方程②告诉我们，当知道劳动和资本在产出中的份额数据，并且有产出、劳动和资本增长的数据，经济中的技术进步就可以作为一个余量被计算出来。因此，表达式 $\frac{\Delta A}{A}$ 有时也被叫作索洛余量。

四、经济增长的核算

根据增长核算方程，可以把产出的增长分为两个不同的来源：一是生产要素量的增

加，二是技术进步。当生产要素只包括资本和劳动时，经济增长就可以分解为资本增加、劳动增加和技术进步三个来源。美国经济学家丹尼森在这一研究中有较大影响。本节主要介绍丹尼森的研究成果。

在经济增长因素分析中，首先遇到的问题是如何对增长因素进行科学分类。丹尼森的做法是，把经济增长的因素先分为两大类：生产投入要素的量和投入要素的生产率。关于生产要素投入的量，丹尼森认为主要是劳动、资本和土地。其中，土地可以看成是不变的，劳动和资本是可变的。关于投入要素的生产率，丹尼森把它看成是产量与投入量之比，即单位投入量的产出量。要素生产率主要取决于资源配置效率、规模经济和知识进展。在此基础上，他把影响经济增长的因素归结为6个：①劳动；②资本存量的规模；③资源配置状况；④规模经济；⑤知识进展；⑥其他因素。

丹尼森根据美国1929～1982年间的经济数据，测算了劳动、资本和生产率对总产出的具体贡献份额，如表12-1所示。

表 12-1　美国经济增长的来源：丹尼森的估算　　　　　　　　　　（%）

年份	1929～1948	1948～1973	1973～1982	1929～1982	1982～2004
劳动的增加	1.42	1.40	1.13	1.34	0.96
资本的增加	0.11	0.77	0.69	0.56	0.80
总投入的增加	1.53	2.17	1.82	1.90	1.76
生产率的增长	1.01	1.53	-0.27	1.02	0.99
总产出的增长	2.54	3.70	1.55	2.92	2.75

资料来源：转引安德鲁 B 亚伯，本 S 伯南克，迪安·克劳肖．中级宏观经济学（原书第 6 版）［M］．任曙明，等译．北京：机械工业出版社，2009：167.

表 12-1 表明，在 1929～1982 年中，美国经济总产出增长率为 2.92%，其中劳动对美国经济增长率的贡献最大，达到 1.34%；生产率的增长即核算方程中的索洛余量，则贡献了 1.02%。丹尼森发现对于美国 1929～1982 年的经济增长，生产要素数量的增加与要素生产率的提高起到同等重要的作用。不过生产率的提高对经济增长的重要作用在由美国劳工统计局提供的 1982～2004 年数据中表现得更加明显，生产率的增加对经济增长起到首要的拉动作用。而且，在生产率的增长中，知识进步约贡献了三分之二。这是一个惊人的发现。另外，资源配置对生产率增加的贡献也很大。他还发现，人们从薪水低的工作转移到薪水高的工作，就会促进产出增加。再如，农民转移到城市就业，也有利于资源优化配置，促进产出增长。

丹尼森的结论是，知识发展是经济增长的最重要因素。知识发展包括技术知识和管理知识的进步，以及由于采用新知识而产生的新的设计，也包括国内外的科学研究、发明和创新等知识。

此外，库兹涅茨也对影响经济增长的因素进行了研究。他的结论是，影响经济增长的主要因素有三个，即知识存量的增长、劳动生产率的提高和结构的变化（例如劳动力从低生产率部门转移到高生产率部门）。

林毅夫运用相关理论对影响我国经济增长的因素进行了定量分析。其结论是：在我国的经济增长中，各因素的贡献份额分别是：物质资本28%，劳动力24%，人力资本24%，劳动力转移21%，未解释因素3%（主要是技术效率改进对经济增长的贡献）。

第二节　新古典经济增长模型

索洛和斯旺以生产要素之间可以充分替代的新古典生产函数为基础，构建了索洛增长模型，又称为新古典经济增长模型。该模型成为研究所有经济增长问题的基础。

一、基本假设

在新古典生产函数中，假定资本和劳动可以相互替代，能够用不同的资本与劳动组合生产出等量的产品。新古典生产函数的一般形式为：

$$Y = F(N, K)$$

其中，Y、K、N分别表示产出、资本存量、劳动力。

此外，索洛关于增长模型的其他假设主要有：①储蓄率s作为外生变量给定，社会储蓄函数为$S = sY$；②劳动力按一个不变的比率n增长；③生产的规模报酬不变；④技术水平不变。

二、基本方程

在索洛模型中，假设经济中只有家庭和企业两个部门，且总储蓄S等于总投资I，并进一步假设，现有资本K以固定速率δ折旧，则资本存量的变化量ΔK为：

$$\Delta K = I - \delta K$$

由于$I = S = sY$，因此有：

$$\Delta K = sY - \delta K \qquad ③$$

另外，设人均产出为y，人均资本为k，那么，就有：

$$y = \frac{Y}{N}, \quad k = \frac{K}{N}$$

经整理，最终可得人均资本变化量Δk：

$$\Delta k = sy - (n + \delta)k \qquad ④$$

④式即为索洛模型的基本方程。这一关系式表明，人均资本的增加等于人均储蓄 sy 减去 $(n+\delta)k$ 项。$(n+\delta)k$ 可以这样理解：劳动力的增长率为 n，一定量的人均储蓄 sy 必须用于装备新的工人，每个工人占有的资本为 k，这一用途的储蓄为 nk；另外，一定量的储蓄必须用于替换磨损了的资本，这一用途的储蓄为 δk。总计为 $(n+\delta)k$ 的人均储蓄被称为资本的广化。人均储蓄超过 $(n+\delta)k$ 的部分则导致了人均资本 k 的上升，即 $\Delta k > 0$，这被称作资本的深化。因此，新古典经济增长模型的基本方程式④可以表述为：

$$资本深化 = 人均储蓄 - 资本广化$$

三、稳态分析

1. 稳态条件

稳态指的是在经济模型中的所有内生变量都以不变的速率增长的状态。根据索洛模型，实现稳态的条件是：人均资本增量为零，即 $\Delta k = 0$，从而得到：

$$sy = (n+\delta)k$$

在此稳态下，尽管人均产出 y、人均资本 k 固定不变，但总产出 Y、资本存量 K 却必须以 n 的速率增长。理解这一点，只需注意到劳动人口以速度 n 增长，因此，由于 $k = \dfrac{K}{N}$ 固定，所以总资本存量 K 必须与劳动力按相同的比率 n 增长。又因为 $y = \dfrac{Y}{N}$，且在稳态时 Y 固定，因此总产出 Y 也必须按此比率 n 增长。总之，在新古典经济增长模型内，稳态意味着：

$$\frac{\Delta Y}{Y} = \frac{\Delta N}{N} = \frac{\Delta K}{K} = n$$

稳态的索洛模型如图 12-1 所示。

图 12-1 中的 E 点显示了经济增长的稳态条件，而且经济运行即使偏离稳态即 E 点，也会在边际收益递减规律的作用下不断地趋于稳态 E 点，即无论经济是运行在 E 点以左或以右阶段，最终都会调整并稳定于 E 点，且经济增长率为 n。换言之，稳态的经济增长率将依赖于劳动增长率。

2. 储蓄率

储蓄率在索洛模型中是被给定的。这种外生的储蓄率的变动对经济运行的影响可用

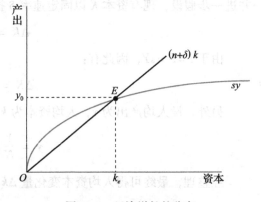

图 12-1　经济增长的稳态

图 12-2 来说明。假定经济起初运行在 E_0 点所代表的水平上。在该水平上，人均资本、人均产出分别为 k_0、y_0，经济增长率为 n。现在假定储蓄率 s 上升，即储蓄率由 s 上升到 s'，此时经济将达到一个新的稳态 E_1。在新的稳态条件下，人均资本、人均产出分别为 k_1 和 y_1。由于劳动的增长率仍为 n，所以经济增长率也为 n。可以看出，$k_1 > k_0$，$y_1 > y_0$，即储蓄率的上升提高了人均产出和人均资本，但并不改变经济增长率。

3. 人口增长

从对稳态和储蓄率的分析中可以看出，经济增长率独立于储蓄率而取决于人口增长率。图 12-3 反映了人口增长率的提高对经济运行的影响。

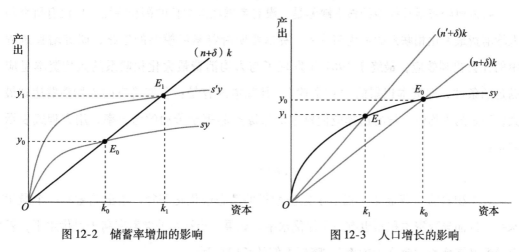

图 12-2　储蓄率增加的影响　　　　图 12-3　人口增长的影响

仍然假定，经济起初运行在 E_0 点所代表的水平上。在该水平上，人均资本、人均产出分别为 k_0、y_0，经济增长率为 n。现在假定人口增长率上升，即人口增长率由 n 上升到 n'，此时经济将达到一个新的稳态 E_1。在新的稳态条件下，人均资本、人均产出分别为 k_1 和 y_1。但由于人口增长率由 n 上升到 n'，故经济增长率也上升为 n'。人口增长率上升前后的两个稳态说明，$k_1 < k_0$，$y_1 < y_0$，但 $n' > n$，即人口增长率的上升虽然提高了总产出的增长率，但人均产出和人均资本水平却下降了。这正是许多发展中国家所面临的问题：人口增长过快，致使这些国家尽管提高了储蓄率，但人均收入水平仍然不高。

4. 技术进步

在索洛模型中，技术进步是作为外生变量给定的。如果引入技术进步因素，新古典经济增长模型就可以解释一些国家生活水平的持续提高。根据理论研究，技术进步会引起人均产出的持续增加。一旦经济处于稳定状态，人均产出的增长率就只取决于技术进步率。换言之，根据新古典经济增长理论，只有技术进步才能解释生活水平（即人均产出）的长期上升。然而，技术进步的源泉在哪里，新古典经济增长理论并没有给出解释，而仅仅作为一个假设。这表明，新古典经济增长理论还需要发展。

四、资本积累的"黄金律"

新古典经济增长模型的核心思想是，一国的储蓄、人口增长和技术进步决定着该国经济的产出水平，并随着时间的推移而实现增长。该模型的一个重要结论是：如果不考虑人口增长和技术进步，一国经济的储蓄率高，其投资和资本存量的增加就快，相应的产出水平和消费水平就高，该国就富有。相反，一国经济的储蓄率低，其投资和资本存量的增加就慢，相应的产出水平和消费水平就低，该国就贫穷。

新古典经济增长模型的根本缺陷是，没有考虑经济增长的福利特性，也没有研究与人均消费最大化相联系的最优储蓄率。费尔普斯沿着索洛模型的思路，研究增长过程中的社会福利效应，最终于1961年发现了与人均消费最大化相联系的人均资本量应满足的条件，即资本积累的"黄金律"。其基本内容是：若使稳态的人均消费达到最大，稳态的人均资本量的选择应使资本的边际产品等于劳动的增长率，用方程式表示就是：

$$f'(k^*) = n$$

资本积累的"黄金律"揭示了经济增长的动态最优化路径，指出储蓄有一个最优水平，进而导致资本积累也有一个最优水平。如果一个社会的储蓄率高于最优水平，就会导致经济增长"动态无效率"，降低人们的长期福利。

资本积累的"黄金律"或"经济增长黄金律"理论给出了判断储蓄和投资是否合意的客观标准，为政府选择积累与消费之间的比例关系，实现稳定状态的人均消费最大化，促进经济持续稳定增长，提供了分析框架和决策依据。

本章小结

1. 经济增长是指一国在一定时期内所生产的最终产品和劳务的增加，包括总产出的增加和人均产出的增加。总产出反映一国的经济实力；人均产出反映一国的经济发展水平和居民生活水平。经济增长一般用经济增长率（增长速度）来表示，包括总产出增长率和人均产出增长率。

2. 长期经济增长的源泉为：资本、劳动、技术。这也被认为是经济增长的源泉。

3. 丹尼森指出，1929~1982年间劳动对美国经济增长率的贡献是1.34%；生产率的贡献是1.02%。在生产率增长中，知识进步的贡献超过了三分之二。

4. 新古典经济增长模型把人均资本和人均产出不变时的状态称为稳态，此时人均产出增长率保持不变，等于人口增长率。他认为，储蓄率的提高只是增加稳态时的人均产出水平，并不影响稳态时的人均产出增长率。而人口增长率的提高则会降低人均产出的稳态水平，但会提高人均产出在稳态时的增长率。

5. 如果稳态的人均资本量能够使资本的边际产品等于劳动的增长率，稳态的人均消费就能达到最大。这就是与人均消费最大化相联系的人均资本量应满足的条件，即资本积累的"黄金律"。

习题与思考

一、判断题

1. 经济增长的最简单定义就是国民生产总值的增加和社会福利的增加以及个人福利的增加。　　　　　　（　　）

2. 经济增长和经济发展所研究的是同样的问题。　　　　　　（　　）

3. 新技术的发明有助于实现经济增长。　　　　　　（　　）

4. 新古典经济增长模型认为，在长期内实现均衡增长的条件是储蓄全部转化为投资。　　　　　　（　　）

5. 新古典经济增长模型认为经济活动总是趋向于一条均衡增长途径。　　（　　）

二、单项选择题

1. 经济增长的最基本特征是（　　）。
   A. 国民生产总值的增加　　　　　B. 技术进步
   C. 制度与意识的相应调整　　　　D. 环境问题得到改善

2. 在经济增长中起着最大作用的因素是（　　）。
   A. 资本　　　　B. 劳动　　　　C. 技术进步　　　　D. 管理

3. 经济增长可以通过（　　）来实现。
   A. 对储蓄征税　　　　　　　　　B. 限制国际贸易
   C. 利用政府基金为基础研究提供资金　　D. 缩短专利的有效期

4. 当人均资本达到黄金率时，以下描述不正确的是（　　）。
   A. 人均消费达到最大　　　　　　B. 人均储蓄达到最优
   C. 人均产出达到最大　　　　　　D. 人均产出线与持平投资线距离最远

5. 在新古典经济增长模型中，如果储蓄率上升，那么人均产出将（　　）。
   A. 下降
   B. 上升，在达到新稳态时增速也会提高
   C. 不变
   D. 上升，但在新稳态时增速与旧稳态时相同

三、思考题

1. 什么是经济增长？
2. 经济增长有哪些基本特征？

3. 经济增长和经济发展有何区别？

4. 经济增长的源泉是什么？

5. 新古典经济增长模型的基本假设和计算公式是什么？其公式的含义是什么？

专栏 服务业成我国经济发展主动力

近年来，各地区各部门坚持新发展理念，大力实施创新驱动发展战略，以供给侧结构性改革为主线，推进产业结构转型升级，我国服务业增加值增速连续5年高于第二产业，对经济增长的贡献率持续超过半壁江山，服务业成为我国经济发展的主动力。

2017年，我国服务业增加值为427 032亿元，占GDP的比重为51.6%，超过第二产业11.1个百分点，成为我国第一大产业。服务业增加值比上年增长8.0%，高于全国GDP增长1.1个百分点，连续5年增速高于第二产业。服务业对经济增长的贡献率为58.8%，比上年提高了1.3个百分点，成为推动我国经济增长的主动力。

自十八大以来，服务业在创造税收、吸纳就业、新设市场主体、固定资产投资、对外贸易等方面全面领跑，支撑国民经济健康发展。

服务业已成为税收的主要来源。2017年，服务业税收收入占全部税收收入比重为56.1%，比上年增长9.9%，连续5年对税收收入贡献过半。

服务业已成为吸纳就业的主渠道。2013～2016年，服务业就业人员年均增长5.1%，高出全国就业人员年均增速4.8个百分点。2017年，服务业就业人员比重比上年提高了1.4个百分点，达到44.9%。

服务业是新增市场主体的主力军。2017年，工商新登记注册的企业日均达1.66万家，其中近80%为服务业。2013～2016年，服务业新登记注册企业共计1 283万家，年均增长31.5%。

服务业是固定资产投资的主阵地。2017年，服务业投资增长9.5%，高于第二产业增速6.3个百分点，占固定资产投资比重达59.4%。

服务业对外开放加快形成新的增长点。2017年，服务业进出口总额占对外贸易总额比重达到14.5%。高技术服务出口增长明显加快，知识产权使用费、技术相关服务出口分别增长316.6%和30.0%。在我国吸纳的外商投资和对外投资中，服务业占比均超过50%。

第十三章

开放条件下的宏观经济学

今天的世界经济已经进入全球化时代，没有哪一个国家可以与世隔绝。实际上，任何一个国家的经济都是开放的，即任何一个国家总是与他国发生这样或那样的交易，只是程度有所不同而已。那么国家之间联系的经济纽带是什么？本章介绍的国际经济学的基本理论和实践，将使你更好地理解开放条件下的国际经济事件。

第一节　国际贸易理论

在开放经济中，一国与他国通过两种方式进行交易：商品交易或商品的流动和资本交易或资本的流动。本节先讨论物品和劳务在国际的流动，即国际贸易或经常项目。下一节讨论资本在国际的流动，即净资本流出和国际收支平衡问题。

一、国际贸易基本理论

随着商品生产规模的扩张，交易范围也不断扩大。当商品或劳务的交换突破一国地理限制时，国际贸易或进出口贸易就出现了。在国际贸易中，商人关心的是怎样赚钱，经济学家关心的则是国际贸易为什么会发生。他们提出了许多理论，用以解释国际贸易背后的逻辑。

（一）绝对优势理论

绝对优势理论是由英国古典经济学的奠基人亚当·斯密首先提出来的。在斯密时代，英国处于产业革命的前夕，工场手工业正向机器大工业过渡，封建主义和重商主义所奉行的贸易保护主义，严重地阻碍着这一进程。斯密在代表工业资产阶级的要求，批评贸易保护主义的过程中，提出并阐述了其绝对优势理论。

斯密指出，生产同样的产品，不同国家的生产成本是有差异的。如果在各国之间按照各自的优势进行分工，各自生产成本最低的产品，然后进行自由贸易，就能增进共同的利益。

他对这一思想的解释是，分工能够提高生产率，进而降低产品成本。分工的基本原则是成本的绝对优势或绝对利益。一国在某一产品的生产上有优势，用同样的资源可以生产出比别国更多的产品，其单位产品的生产成本就低于别国。这样，该国只生产这种在成本上有优势的产品，并用以出口，再进口本国在生产上没有优势的产品，就可以获得更多的利益。所有的国家都这样做，就可以增加所有国家的利益。因此斯密主张，各国都应该按照这一原理，选择自身具有优势的产品进行专业化生产，然后进行交换，这对贸易双方都有好处。

该理论解释了国际贸易的部分原因。但是，它不能解释当绝对优势集中在一方时出现的国际分工和国际贸易。李嘉图在斯密的绝对优势理论的基础上，提出了比较优势理论，试图解决这一问题。

（二）比较优势理论

比较优势理论的基本思想是：相互贸易的两个国家，其中一个国家有可能在所有商品生产上的劳动生产率都较高，而另一个国家在所有商品生产上的劳动生产率都较低。但是，两个国家之间仍然有贸易的可能，原因就在于他们生产各种产品具有不同的机会成本。如果每个国家集中生产机会成本比较低的产品，然后通过国际贸易，就可以从分工和贸易中获益。比较优势理论的核心内容是"两利相衡取其重，两害相衡取其轻"。

下面我们结合例子说明。假设，中国工人生产一辆汽车用 500 个工时，生产一件衣服用 5 个工时。日本工人生产一辆汽车用 100 个工时，生产一件衣服用 4 个工时。日本在两种产品生产上都有绝对优势。但是，日本生产 1 辆汽车的机会成本是 25 件衣服，中国生产 1 辆汽车的机会成本是 100 件衣服，因此，日本在汽车生产上有比较优势。中国生产 1 件衣服的机会成本为 $\frac{1}{100}$ 辆汽车，日本生产一件衣服的机会成本是 $\frac{1}{25}$ 辆汽车，因此，中国在生产衣服上具有比较优势。根据比较优势理论，如果中国专门生产衣服，日本专门生产汽车，则两国可以通过贸易获益。

假定在中日两国进行国际分工和国际贸易前，中国工人用 505 个工时可以得到 1 辆汽车和 1 件衣服，日本工人用 200 个工时可以生产 1 辆汽车和 25 件衣服。两国共生产汽车 2 辆，衣服 26 件。现在，假设两国进行了分工和贸易。中国人用 505 个工时生产 101 件衣服，日本人用 200 个工时生产 2 辆汽车，两国共生产汽车 2 辆，衣服 101 件，比未分工前增加了 75 件衣服。这时，如果中国拿出一部分衣服去交换日本的 1 辆汽车，即日本拿出 1 辆汽车去交换中国的衣服，并且两国商人讨价还价的结果是"50 件衣服换 1 辆汽车"。经过交换，中国除了有 1 辆汽车外，还有 51 件衣服，比未交换前多了 50 件衣服。日本除了有一辆汽车外，还有 50 件衣服，比未交换前多了 25 件衣服。两国的利益都增加了（见表 13-1）。

表 13-1 中国和日本从贸易中获益

	国家	汽车	衣服
贸易前	中国	1	1
	日本	1	25
分工	中国	0	101
	日本	2	0
贸易后（50 件衣服换 1 辆汽车）	中国	1	51
	日本	1	50

从比较优势理论可以看出，即使一国处于绝对优势地位，另一国处于绝对劣势地位，国际分工和国际贸易的基础仍然存在，国际分工和国际贸易仍然可以给参加国带来物质消费水平增进的利益。比较优势理论部分地解释了为什么先进国家往往出口工业品，而落后国家出口原料产品。

（三）生产要素禀赋学说

20 世纪 30 年代，瑞典经济学家赫克歇尔和他的学生俄林在质疑亚当·斯密和大卫·李嘉图的国际贸易理论的基础上，提出了生产要素禀赋学说，又叫作赫克歇尔－俄林理论。该学说是现代国际贸易理论的新开端，与李嘉图的比较优势理论并列为国际贸易理论的两大基本理论。

要素密集度是指生产某种产品所使用的生产要素的组合比例，是一个相对概念。在只有资本与劳动两种生产要素的情况下，要素密集度就是指生产该产品的资本－劳动比率。资本密集型产品的生产技术性较高，需要大量的机器设备和资本投入，即单位产品成本中资本消耗所占比重较大。劳动密集型产品则主要是手工操作，需要大量的劳动力，即单位产品成本中劳动消耗所占比重较大。生产产品的相对成本不仅可以由技术差别决定，也可以由要素稀缺程度决定。有的国家资本相对丰裕，资本的价格会相对较低，生产资本密集型产品会相对有利。有的国家劳动力相对丰裕，劳动的价格会相对较低，生产劳动密集型产品会相对有利。根据赫克歇尔－俄林理论，一国应当生产并出口密集使用该国相对丰裕而便宜要素的商品，进口密集使用该国相对稀缺而昂贵要素的商品。换言之，劳动丰裕型国家应该出口劳动密集型产品，进口资本密集型产品；而资本丰裕型国家应该出口资本密集型产品，进口劳动密集型产品。

二、国际贸易限制

从实践上看，国际贸易同国内政治有联系，为了保护本国产业免受来自国外的竞争压力，各国政府都在某种程度上奉行贸易保护主义，实行贸易保护政策。通常的做法有两种：关税壁垒和非关税壁垒。

（一）关税壁垒

关税是一个国家对于通过其国境的货物所课征的租税。关税是一种间接税，最后会转嫁给买方或消费者。关税可以调节进出口贸易和生产方向。按商品的流向分类，关税可分为进口关税、出口关税、过境关税。在各国实践中，主要是征收进口关税。

进口关税是进口国家的海关对进口货物和物品征收的关税。征收进口关税会增加进口货物的成本，提高进口货物的市场价格，影响外国货物的进口数量。对国内现在不能大量生产，但将来有可能大量生产的产品征收较高的进口关税，有助于国内同类产品的发展；对奢侈品征收高关税，可以限制这些商品的进口；当贸易逆差较大时提高关税，可以缩小贸易逆差。但是，使用过高的进口关税，会对进口货物形成壁垒，阻碍国际贸易的发展，也可能遭到其他国家的报复，影响出口。

（二）非关税壁垒

非关税壁垒是指一国政府采取除关税以外的措施对对外贸易进行调节、管理和控制，目的也是限制进口，保护国内市场和国内产业的发展。与关税壁垒相比，非关税壁垒的保护作用更强。它具有更大的灵活性和针对性，能直接达到限制进口的目的，并且具有隐蔽性和歧视性。在当今国际贸易中，关税逐步下调，但非关税壁垒有增加的趋势。

1. 控制数量的非关税壁垒

进口配额制是指一国政府在一定时间内，对某些商品的进口数量或金额事先加以规定，直接给以限制。超过配额的不准进口，或者征收高额关税或罚款。进口配额主要有绝对配额和关税配额两种。绝对配额是规定一个最高数额，达到这个数额后便不准进口。绝对配额又分为全球配额和国别配额。关税配额是不对进口绝对数额加以限制，而对规定配额内的进口商品给予低税、减税或免税待遇，对超过配额的则征收高关税。

控制数量的非关税壁垒，除了进口配额利之外，还有进口许可证制、外汇管制、进口抵押金制、进口最低限价制等。

2. 技术性贸易壁垒

技术性贸易壁垒是指一国制定的一些强制性和非强制性的技术法规、标准以及检验商品的合格性评定程序所形成的贸易障碍。技术性贸易壁垒一般通过法规确立，一些标准也被法规所引用。从国际贸易壁垒的发展趋势看，以技术性贸易壁垒为核心的新贸易壁垒将长期存在，并不断发展，逐渐取代传统贸易壁垒成为国际贸易壁垒中的主体。

3. 绿色贸易壁垒

绿色贸易壁垒是一种新型的非关税壁垒，是指在国际贸易中一些国家为保护本国市场，以保护生态资源、生物多样性、环境和人类健康为借口，通过设置一系列苛刻的高于国际公认标准或绝大多数国家不能接受的环保法规和标准，对外国商品进口采取的准入限制或禁止措施。与传统的非关税壁垒措施相比，绿色保护壁垒具有更多的隐蔽性。它不明显地带有分配上的不合理性和歧视性，不容易引起贸易摩擦，建立在现代科学技术基础之上的各种检验标准不仅极为严格，而且烦琐复杂，使出口国难以应付和适应。绿色贸易壁垒的使用频率将会越来越高，使用领域也会越来越广。

4. 其他形式的非关税壁垒

除了上述壁垒政策外，有些国家还采取其他形式的非关税壁垒。如政府采购政策，是指一国政府制定的必须优先购买本国产品和劳务的规定；贸易救济措施，包括对进口产品实施的反倾销、反补贴和保障措施；服务贸易方面的壁垒，是指造成阻碍国外服务或服务供应商进入本国市场的壁垒措施。

（三）出口补贴

出口补贴（export subsidies）是指一国政府为降低出口商品的价格，增强其在国外市场上的竞争能力，在出口某种商品时直接给予出口厂商的现金补贴或出口退税。

发达国家一直实施农产品出口补贴政策。其主要原因是农产品在国际市场上的卖价较低，不实施补贴，农场主的经济收益就会大大降低或者亏损，随之而来的是减少种植面积、工人失业等。但是，发达国家对本国农业进行保护的后果是，扭曲了正常的农产品国际贸易，阻碍了农产品国际贸易的发展。同时发达国家对本国农业的保护，损害了发展中国家的利益。2005 年世界贸易组织多哈回合发表了《部长宣言》，规定发达国家到 2006 年取消棉花出口补贴，2013 年年底前取消农产品出口补贴。

第二节　国际金融理论

在开放经济中，一国的居民不仅参与国际物品和劳务市场，还参与世界金融市场。例如，一个拥有 50 万元人民币的中国居民可以用这笔钱买一辆福特汽车，也可以用这笔钱购买福特公司的股票。前者代表着物品流动，后者则代表着资本流动。本节讨论国际资本流动的基础知识以及国际收支问题。

一、净资本流出

在国际金融市场上，本国居民可以购买外国的资产，外国居民也可以购买本国的资产。前者叫资本流出，后者叫资本流入。两者之间的差额，叫作净资本流出或国外净投资。一国净资本流出，对其国内经济均衡有重要影响。

（一）国外投资

本国居民购买外国的资产，即对外国进行投资，有两种基本形式。

（1）直接投资，指本国居民购买外国的资产。这些资产既包括厂房、机械设备、交通工具、通信、土地或土地使用权等实物资产，也包括专利、商标、咨询服务等无形资产。具体的投资形式有：①投资者直接开办企业，并独自经营；②与当地企业合作开办合资企业或合作企业，并派人员进行管理或参与管理；③投资者投资入股，但不直接参与经营，必要时可派人员担任顾问或进行指导。

（2）间接投资，指本国居民购买外国的有价证券，如购买外国的公司债券、金融债券或公司股票等。间接投资也被称为证券投资。与直接投资相比，间接投资的投资者除股票投资外，一般只享有定期获得一定收益的权利，而无权干预被投资对象对这部分投资的具体运用及其经营管理决策；间接投资的资本运用比较灵活，可以随时调用或转卖，转换成其他资产，谋求更大的收益；间接投资可以减少因政治经济形势变化而承担的投资风险。

（二）影响国外投资的因素

一国居民在对外投资时，要考虑许多因素的影响，其中主要有以下几方面。

（1）国外资产支付的实际利率。国外资产支付的实际利率是对外投资的收益。如果其他条件不变，外国债券的利率高，对外投资就会增加。自改革开放以来，许多外国资本来我国投资，其中一个重要原因是我国债券的实际利率较高。

（2）国内资产支付的实际利率。国内资产支付的实际利率是对国外投资的成本。如果其他条件不变，国内债券的实际利率低，对外投资就会增加。

（3）投资风险。投资风险是指投资失败蒙受的损失，包括经济风险和政治风险，属于投资的成本。到国外投资，既要考虑收益，也要考虑风险。例如，1994 年墨西哥的政治不稳定，包括主要政治领导人遇刺，导致世界金融市场混乱。有些人开始从墨西哥撤出其资产，转移到美国或其他"安全的场所"。一个国家中这种大量而突然的资金流出被称为"资本外流"。资本外流的直接影响是流出国的资本减少，实际利率上升，国内投资下降，产出和就业减少。

（4）国家政策。国家对外资实行优惠政策，可以吸引更多的外国资本流入。

（三）国外净投资

在一定时期，一国既有资本流出，也有资本流入，两者之间的差额叫作净资本流出，或国外净投资、资本差额。

净资本流出（F）＝ 流出的资本量 － 流入的资本量 ＝ 资本输出量 － 资本输入量

如果 $F=0$，则叫资本项目平衡；如果 $F>0$，则叫资本项目盈余；如果 $F<0$，则叫资本项目赤字。

二、国际收支

在开放经济中，一个国家在一定时期内，从国外收进的全部资金和向国外支付的全部资金的系统记录，被定义为国际收支，它是一国居民与世界其他地方进行交易的记录。一国的国际收支是否平衡，对国内均衡有重要影响。

（一）国际收支平衡表

国际收支平衡表，或称为国际收支差额表，是指系统记录一国在一定时期内进行的所有国际经济活动收入与支出的统计报表。它反映一国居民与外国居民在一定时期内进行各项经济交易的货币价值总和。

国际收支平衡表具体包括三个项目：经常账户、资本账户和官方储备。

经常账户是本国与外国交往中经常发生的国际收支账户，具体包括商品、服务、收入和经常性转移等四个部分。其中最主要的是国际贸易收支，它反映了一国与他国之间真实资源的转移状况，在整个国际收支中占有主要地位。

资本账户包括资本转移和非生产、非金融资产的收买与放弃。它反映了一国资产所有权在国际转移的状况。

官方储备又称为官方的外汇储备，由一个国家官方的货币机构持有。这部分储备是政府和货币机构用来管理汇率用的。

（二）国际收支差额

通过国际收支账户资料，可以核算一国国际收支平衡状况。在经济分析中，把一国从国外收入的全部资金和向国外支付的全部资金之间的差额，定义为国际收支差额，即：

$$国际收支差额 = 从国外收入的全部资金 - 向国外支付的全部资金$$
$$= （出口 + 流入的资本） - （进口 + 流出的资本）$$
$$= （出口 - 进口） - （流出的资本 - 流入的资本）$$
$$= 净出口 - 净资本流出$$

这说明，国际收支差额就是净出口与净资本流出之间的差额。如果用 BP 代表国际收支差额，用 NX 代表净出口，用 F 代表净资本流出，那么：

$$BP = NX - F = 0，\quad 表示国际收支平衡或外部均衡$$
$$BP = NX - F > 0，\quad 表示国际收支盈余或国际收支顺差$$
$$BP = NX - F < 0，\quad 表示国际收支赤字或国际收支逆差$$

（三）净出口与净国外投资的关系

当一国国际收支达到平衡时，一国的净出口 NX 必然等于其净资本流出 F。例如，我国海尔公司以 5 000 日元的价格卖给一个日本家庭一台洗衣机。如果其他条件不变，我国的 NX 增加了 5 000 日元。海尔公司可以用多种方式处理这 5 000 日元，但每种方式都使 $NX = F$。①海尔公司直接持有 5 000 日元日本资产。②用 5 000 日元购买索尼公司的股票（间接投资）。③在东京购置一间写字楼（直接投资）。这三种方式都使我国的国外净投资（股权或写字楼）增加 5 000 日元，从而使 $NX = F$。④海尔公司用 5 000 日元购买日本尼公司的随身听，则我国的进口增加 5 000 日元，使 NX 变为 0，F 也变为 0，最终也使 $NX = F$。⑤海尔公司把 5 000 日元兑换成人民币，国内银行则像海尔公司一样处理这 5 000 日元，最终也使 $NX = F$。

总之，当一国净出口与净资本流出相等时，就实现了国际收支平衡。当一国国际收支失衡时，政府通过调节净出口或净资本流出，就可以实现外部平衡。

（四）国外净投资与国内经济的关系

我们在讨论收入核算理论时曾经指出，一国的收入 Y 等于消费 C、投资 I、政府购买 G 和净出口 NX 之和，即 $Y = C + I + G + NX$。在本节的分析中我们又知道，当一国国际收支平衡时，其净出口（NX）必然等于净资本流出或国外净投资（F）。又因为，$Y - C - G = S$，所以，$S = I + NX = I + F$，即一国的储蓄必然等于国内投资和国外净投资之和。换言之，当一位中国居民在自己的收入中为未来储蓄 1 元人民币时，这 1 元人民币既可以用于国内投资，也可以用于购买外国的资产。目前，我国购买了大量美国国债，是我国人民在美国的间接投资，其基础是我国人民的储蓄；同时，也减少了国内投资。从这个角度看，不是我国从美国引进外资，而是美国从我国引进资金。我国对美国的间接投资支持了美国的经济增长。

三、汇率理论

在开放经济中，不管是购买外国的物品，还是到国外投资，都需要在外汇市场上，先把本国的货币兑换成外国的货币。一国货币兑换另外一国货币的比例就是汇率。汇率变动对一国国际收支有重要影响。

（一）汇率

在西方经济学文献中，如果没有特别说明，汇率指的都是名义汇率，即一个国家的货币折算成另一个国家货币的比率。例如，2018 年 5 月 18 日，美元和人民币的兑换比率是 1∶6.370 6。

汇率有两种标价方法：直接标价法和间接标价法。

直接标价法就是以外币为计算标准，以本币为计算单位。例如，1 美元等于 6.370 6 元人民币就是直接标价。这种标价法的特点是：外币数额固定不变，折合为本币的数额根据外国货币与本国货币币值的变化而变化。按直接标价法，汇率上升指的是外币升值、本币贬值，例如 1 美元等于 6.5 元人民币。相反，汇率下降指的是外币贬值、本币升值，例如 1 美元等于 6.2 元人民币。目前，除了英国等少数国家外，多数国家都采用直接标价法。

间接标价法是以本币为计算标准，以外币为计算单位。例如，1 元人民币等于 0.157 0 美元就是间接标价。这种标价法的特点是：本币的数额固定不变，折合为外币的数额根据本币与外币币值的变化而变化。按间接标价法，汇率上升指的是本币升值、外币贬值，例如 1 元人民币等于 0.158 4 美元。相反，汇率下降指的是本币贬值、外币升值，例如 1 元人民币等于 0.146 3 美元。

（二）实际汇率

在宏观经济分析中，经济学家区分了名义汇率和实际汇率。名义汇率是两国货币的直接比率，实际汇率则是一个国家的物品交换另一个国家物品的比率。例如，1 吨中国大米对 2 吨美国大米。

名义汇率与实际汇率之间的关系为：

$$实际汇率 = \frac{名义汇率 \times 国内价格}{国外价格}$$

假设，一辆美国汽车值 1 万美元，而一辆同类型的日本汽车值 240 万日元。又假设 1 万美元可以兑换 120 万日元（名义汇率），则实际汇率为：

$$实际汇率 = \frac{(120 万日元／美元) \times (1 万美元／美国汽车)}{240 万日元／日本汽车}$$

$$= 0.5(日本汽车／美国汽车)$$

实际汇率对一国的贸易余额有重要影响：实际汇率高时，本国商品相对较贵，因而出口减少，进口增加，净出口将减少；相反，实际汇率低时，本国商品相对较便宜，因而进口减少，出口增加，净出口将增加。所以，净出口是实际汇率的减函数。

（三）汇率的决定

市场汇率和其他价格一样，都是由供求决定的。图 13-1 为汇率的决定。图中横轴为人民币的数量，纵轴为以美元表示的人民币的价格，也就是汇率。

人民币的需求就是将美元兑换为人民币的需求，这条需求曲线向右下方倾斜，说明当人民币的价格下降时，会有更多的美元持有者愿意将美元兑换为人民币。人民币的供给是将人民币兑换为美元而在外汇市场上供给人民币，这条供给曲线是向右上方倾斜

的，说明当人民币价格提高时，有更多的人民币持有者愿意将人民币兑换为美元，构成
对人民币的供给。两条曲线的交点即为市场
的均衡点，该点给出了供求双方在均衡时愿
意持有的人民币数量和美元表示的人民币的
价格，也就是汇率。

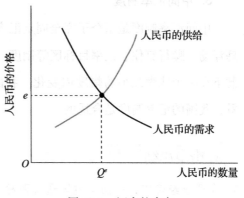

图 13-1　汇率的决定

　　我们来考察美元和人民币之间的需求。
对人民币的需求即为将美元兑换为人民币的
需求，主要来自三个方面：一是国外企业家
和家庭想要购买我国生产的产品和服务，也
就是我国的出口；二是国外企业和家庭想到
中国来投资，无论是在中国建设工厂还是购买我国股票和债券；三是现金交易者相信
未来人民币会升值，获得投机收益。

　　这三个方面中的任何一个发生变化，都会引起汇率变化。比如，如果我国对外出口
增加，必然导致外国人兑换人民币的需求增加，引起需求曲线右移，均衡汇率上升，也
就是人民币升值。或者，如果美元升息，在资本自由流动的情况下，大量人民币将兑换
为美元，构成人民币供给增加，供给曲线右移，导致人民币汇率下降，也就是人民币
贬值。

（四）汇率制度

　　鉴于汇率的重要经济政治影响，各个国家的货币当局一般都对本国汇率水平的确
定、汇率变动方式等问题给出相应的制度安排，这就是汇率制度。目前，各国实行的汇
率制度大体上有三种类型。

1. 固定汇率制度

　　固定汇率制度是指一国货币与他国货币之间的比价基本固定，其波动被限制在一定
的幅度之内，政府有义务维持所规定的波幅。目前，中国香港地区、阿根廷以及一些东
欧国家实行这种制度。

2. 自由浮动汇率制度

　　自由浮动汇率制度是指一国不规定本国货币与他国货币的官方汇率，听任外汇市场
自由地决定汇率。在这种汇率制度下，政府没有义务维持汇率波幅。在 1973 年以前，
世界各国基本上实行这种汇率制度。1973 年以后，世界主要工业国实行的是自由浮动

汇率制度，多数发展中国家则采取固定汇率制度。

3. 中间汇率制度

中间汇率制度是指介于完全固定汇率和完全浮动汇率之间的汇率制度，具体又有管理浮动、爬行钉住、汇率目标区等制度。这些制度安排的共性是：汇率都是在政府的控制下在一个或大或小的幅度内变化。我国实行的是有管理的浮动汇率制度。从目前来看，我国的汇率制度是合适的。

本章小结

1. 在开放经济中，一国与他国通过两种方式进行交易：商品交易（或商品的流动）和资本交易（或资本的流动）。

2. 经济学家们用绝对优势理论、比较优势理论和生产要素禀赋学说或赫克歇尔－俄林理论，解释国际贸易的出现。

3. 在开放经济中，一国既有资本流出，也有资本流入，两者之间的差额叫作净资本流出，或国外净投资、资本差额。汇率是影响资本差额的重要因素。

4. 一国净出口和国外净投资之间的差额，被定义为国际收支差额。一国国际收支可能是国际收支平衡，也可能是国际收支盈余，还有可能是国际收支赤字。

5. 名义汇率是一国通货与另一国通货的比率，实际汇率则是一国的物品交换另一国物品的比率。实际汇率有时又称为贸易条件。一国通货的供求关系、货币的购买力等，决定了其实际汇率。国家的汇率制度和汇率政策，对汇率也有重要影响。

习题与思考

一、判断题

1. 如果一个国家能够以低于其他国家的机会成本生产一种产品，那么该国家就在这种产品的生产上具有比较优势。　　　　　　　　　　　　　　　　　（　　）

2. 如果每个国家都生产具有比较优势的产品，则两国就可以通过贸易受益。（　　）

3. 不具备绝对优势的国家没有必要参与国际贸易，否则会遭受损失。（　　）

4. 只有当一个国家的出口大于进口时，该国才可能从国际贸易中获益。（　　）

5. 当一国净出口与净资本流出相等时，就实现了国际收支平衡。（　　）

6. 如果人民币对美元的汇率上升，中国的出口将遭受损失。（　　）

7. 与关税壁垒相比，非关税壁垒的保护作用弱得多。（　　）

8. 实际汇率与名义汇率基本没有关系。（　　）

9. 每个国家生产任何产品的机会成本都是一样的。（　　）

10. 如果一个国家可以以低于其他国家的机会成本生产一种产品，那么，该国家就在这种产品的生产上具有比较优势。（　　）

二、单项选择题

1. 购买力平价意味着（　　　）。

    A. 不同国家的利率相同

    B. 不同国家的利率按照预期的汇率变化调整之后的数值是相等的

    C. 不同货币的购买力相同

    D. 上述选项全错误

2. 中国人民银行买入美元的目的是防止人民币对美元的汇率（　　　）。

    A. 上升　　　　　　　B. 下降　　　　　　　C. 不变　　　　　　　D. 不确定

3. 以下与关税无关的是（　　　）。

    A. 一个国家对于通过其国境的货物所课征的租税

    B. 一种间接税，最后会转嫁给买方或消费者

    C. 可以调节进出口贸易和生产方向

    D. 保护了本国消费者

4. 如果人民币汇率下降，对于外国人来说，中国生产的产品和劳务价格就会（　　　），人民币的需求量会（　　　）。

    A. 上升　增加　　　B. 上升　减少　　　C. 下降　增加　　　D. 下降　减少

5. 以下说法中不正确的是（　　　）。

    A. 当一国净出口增加时，其汇率有上升的压力

    B. 我国实行的是有管理的浮动汇率制度

    C. 我国购买的大量美国国债，是我国人民在美国的间接投资

    D. 我国是债务国，美国是债权国

三、思考题

1. 绝对优势理论和比较优势理论的区别与联系是什么？

2. 国际收支平衡表主要有哪些内容？

3. 国际收支不平衡对经济有何影响？

4. 汇率是如何决定的？世界上基本的汇率制度有哪些？它们各自有何特点？

5. 什么是非关税壁垒？能举出几个例子吗？

专栏　巨无霸指数

　　麦当劳有一款汉堡叫 Big Mac，在国内称为"巨无霸"，也就是大号的麦当劳汉堡包。1986 年 9 月，英国《经济学人》杂志提出了"巨无霸指数"，即以麦当劳同样一款汉堡为标的，考察用当地货币购买这同一产品需要多少钱，从而衡量这些国家货币的购买力。这个指标的含义是：麦当劳的巨无霸汉堡无论在世界各地，它的用料质量和重量都有同一标准，因此从购买力来看，它的成本应该都是相同的。

　　巨无霸指数以购买力平价为基础。该理论认为各国汇率应该会自行调整，直至一篮

子商品在不同国家的售价相同。巨无霸指数假设篮子里只有一件商品，就是在大约 120 个国家都能买到的巨无霸汉堡。如果巨无霸在美国售价为 5 美元，在中国售价为 18 元，那么巨无霸汇率就是 18/5 =3.6，也就是 1 美元等于 3.6 人民币。

学者 Cumby（1997）认为，"巨无霸汇率"具有预测功能，就是说在中长期汇率决定中具有决定作用。他指出，根据"巨无霸汇率"，如果在某一年汇率被低估 10%，第二年便会有大约 3.8% 的升值。

据 2005 年 6 月《经济学人》杂志称，巨无霸在美国的价格为 3.06 美元，在中国的价格为 10.5 元人民币，按购买力平价计算，1 美元应该等于 3.43 元人民币，即美元兑人民币的汇率是 3.43（1 元人民币等于 0.29 美元），但是，当时汇率大约为 8.27（1 元人民币等于 0.12 美元），人民币被低估了。按《经济学人》的数据，人民币被低估了 59%。尽管这个数字可能并不精确，但是在未来的 10 年中，人民币的确有所升值，2018 年 5 月 18 日的汇率是 1 美元兑换 6.370 6 元人民币（即 1 元人民币等于 0.157 0 美元）。

历届诺贝尔经济学奖获得者

获奖年份	获奖者	国别	主要贡献
1969	简·丁伯根（Jan Tinbergen，1903—1994） 拉格纳·安东·基特·弗里希（Ragnar Anton Kittil Frisch，1895—1973）	荷兰人 挪威人	计量经济学研究 计量经济学研究
1970	保罗·安东尼·萨缪尔森（Paul Anthony Samuelson，1915—2009）	美国人	数量经济学和凯恩斯经济学
1971	西蒙·史密斯·库兹涅茨（Simon Smith Kuznets，1901—1985）	美籍俄国人	国民收入核算
1972	约翰·理查德·希克斯（John Richard Hicks，1904—1989）	英国人	宏观经济理论
	肯尼斯·约瑟夫·阿罗（Kenneth J. Arrow，1921—2017）	美国人	福利经济学
1973	华西里·列昂惕夫（Wassily Leontief，1906—1999）	美籍俄国人	投入－产出分析
1974	冈纳·缪尔达尔（Gunnar Myrdal，1898—1987） 弗里德里希·奥古斯特·冯·哈耶克（Friedrich August von Hayek，1899—1992）	瑞典人 英籍奥地利人	宏观经济学、制度经济学 宏观经济学、政治经济学
1975	列奥尼德·康托罗维奇（Leonid V. Kantorovich，1912—1986）	俄罗斯人	线性规划
	佳林·库普曼斯（Tjalling Koopmans，1910—1985）	荷兰人	线性规划
1976	米尔顿·弗里德曼（Milton Friedman，1912—2006）	美国人	货币理论、政治经济学
1977	戈特哈德·贝蒂·俄林（Bertil Ohlin，1899—1979）	瑞典人	国际贸易理论
	詹姆斯·爱德华·米德（James Edward Meade，1907—1995）	英国人	国际贸易理论
1978	赫伯特·西蒙（Herbert Simon，1916—2001）	美国人	管理行为、理性
1979	西奥多·舒尔茨（Theodore Schultz，1902—1998）	美国人	农业、人力资本
	威廉·阿瑟·刘易斯（William Arthur Lewis，1915—1991）	美国人	发展经济学
1980	劳伦斯·罗伯特·克莱因（Lawrence Robert Klein，1920—　）	美籍犹太人	计量经济学预测

（续）

获奖年份	获奖者	国别	主要贡献
1981	詹姆士·托宾（James Tobin, 1918—2002）	美国人	宏观经济学、金融经济学
1982	乔治·斯蒂格勒（George Joseph Stigler, 1911—1991）	美国人	产业组织、信息经济学
1983	吉拉德·德布鲁（Gerard Debreu, 1921— ）	英籍法国人	福利经济学
1984	理查德·斯通（Richard Stone, 1913—1991）	英国人	国民收入核算
1985	弗兰科·莫迪利亚尼（Franco Modigliani, 1918—2003）	意大利人	储蓄理论
1986	詹姆斯·布坎南（James Buchanan, 1919—2013）	美国人	公共选择
1987	罗伯特·默顿·索洛（Robert Merton Solow, 1924— ）	美国人	增长理论
1988	莫里斯·阿莱斯（Maurice Allais, 1911— ）	法国人	公共部门定价
1989	特里夫·哈维默（Trygve Haavelmo, 1911—1999）	挪威人	计量经济学
1990	哈里·马科维茨（Harry Markowitz, 1927— ） 威廉·夏普（William Sharpe, 1934— ） 默顿·米勒（Merton Miller, 1923—2000）	美国人 美国人 美国人	金融经济学 金融经济学 金融经济学
1991	罗纳德·哈里·科斯（Ronald H. Coase, 1910—2013）	英国人	产权、组织理论
1992	加里·贝克尔（Gary S. Becker, 1930— ）	美国人	人力资本、歧视、家庭行为
1993	道格拉斯·诺斯（Douglass C. North, 1920—2015） 罗伯特·福格尔（Robert Fogel, 1926—2013）	美国人 美国人	经济史、制度分析 经济史
1994	约翰·纳什（John Nash, 1928—2015） 约翰·查里斯·哈萨尼（John C·Harsanyi, 1920—2000） 莱茵哈德·泽尔腾（Reinhard Selten, 1930— ）	美国人 美籍匈牙利人 德国人	博弈论 博弈论 博弈论
1995	罗伯特·卢卡斯（Robert E. Lucas, 1937— ）	美国人	宏观经济学
1996	威廉·维克里（William Vickrey, 1914—1996） 詹姆斯·莫里斯（James Mirrlees, 1936— ）	加拿大人 苏格兰人	微观经济学 微观经济学
1997	迈伦·斯科尔斯（Myron S. Scholes, 1941— ） 罗伯特·默顿（Robert Merton, 1944— ）	美国人 美国人	金融经济学 金融经济学
1998	阿玛蒂亚·森（Amartya Sen, 1933— ）	印度人	发展经济学、收入分配
1999	罗伯特·蒙代尔（Robert Mundell, 1932— ）	美国人	开放的宏观经济模型、最优货币区理论
2000	丹尼尔·麦克法登（Daniel McFadden, 1937— ） 詹姆斯·赫克曼（James Heckman, 1944— ）	美国人 美国人	微观计量经济学 微观计量经济学
2001	乔治·阿克尔洛夫（George A. Akerlof, 1940— ） 迈克尔·斯宾塞（Michael Spence, 1943— ） 约瑟夫·斯蒂格利茨（Joseph E. Stiglitz, 1943— ）	美国人 美国人 美国人	信息不对称市场研究 信息不对称市场研究 信息不对称市场研究
2002	弗农·史密斯（Vernon L. Smith, 1927— ） 丹尼尔·卡尼曼（Daniel Kahneman, 1934— ）	美国人 美国和以色列双重国籍	心理和实验经济学 心理和实验经济学
2003	克莱夫·格兰杰（Clive W. J. Granger, 1934— ） 罗伯特·恩格尔（Robert F. Engle, 1942— ）	美籍英国人 美国人	时间序列分析 时间序列分析

（续）

获奖年份	获奖者	国别	主要贡献
2004	爱德华·普雷斯科特（Edward Prescott, 1940—　） 芬恩·基德兰德（Finn E. Kydland, 1943—　）	美国人 挪威人	实际的经济周期理论 实际的经济周期理论
2005	托马斯·谢林（Thomas C. Schelling, 1921—2016） 罗伯特·约翰·奥曼（Robert John Aumann, 1930—　）	美国人 美国和以色列双重国籍	博弈论 博弈论
2006	埃德蒙·菲尔普斯（Edmund S. Phelps, 1933—　）	美国人	宏观经济学
2007	里奥尼德·赫维茨（Leonid Hurwicz, 1917—　） 罗杰·迈尔森（Roger B. Myerson, 1951—　） 埃里克·马斯金（Eric Maskin, 1950—　）	波兰人 美国人 美国人	机制设计理论 机制设计理论 机制设计理论
2008	保罗·克鲁格曼（Paul Krugman, 1953—　）	美国人	新贸易理论
2009	埃莉诺·奥斯特罗姆（Elinor Ostrom, 1933—2012） 奥利弗·威廉姆森（Oliver E. Williamson, 1932—　）	美国人 美国人	经济治理 经济治理
2010	彼得·戴蒙德（Peter Diamond, 1940—　） 戴尔·莫滕森（Dale T. Mortensen, 1939—2014） 克里斯托弗·皮萨里德斯（Christopher A. Pissarides, 1948—　）	美国人 美国人 英国和塞浦路斯双重国籍	劳动经济学 劳动经济学 劳动经济学
2011	托马斯·萨金特（Thomas J. Sargent, 1943—　） 克里斯托弗·西姆斯（Christopher A. Sims, 1942—　）	美国人 美国人	宏观计量经济学 宏观计量经济学
2012	埃尔文·罗斯（Alvin E. Roth, 1951—　） 罗伊德·沙普利（Lloyd S. Shapley, 1923—2016）	美国人 美国人	应用博弈论 博弈论
2013	尤金·法玛（Eugene F. Fama, 1939—　） 拉尔斯·皮特·汉森（Lars Peter Hansen, 1952—　） 罗伯特·希勒（Robert J. Shiller, 1946—　）	美国人 美国人 美国人	金融经济学 计量经济学、金融经济学 金融经济学
2014	让·梯若尔（Jean Tirole, 1953—　）	法国人	产业组织、微观经济学
2015	安格斯·迪顿（Angus Deaton, 1945—　）	英国和美国双重国籍	微观经济学
2016	奥利弗·哈特（Oliver Hart, 1948—　） 本特·霍姆斯特罗姆（Bengt Holmström, 1949—　）	英国人 芬兰人	契约理论 契约理论
2017	理查德·塞勒（Richard Thaler, 1945—　）	美国人	行为经济学
2018	威廉·诺德豪斯（William D. Nordhaus） 保罗·罗默（Paul M. Romer）	美国人 美国人	长期宏观经济分析 长期宏观经济分析

参考文献

[1] 高鸿业. 西方经济学 [M]. 7 版. 北京：中国人民大学出版社，2018.

[2] 哈尔 R. 范里安. 微观经济学：现代观点（原书第 9 版）[M]. 费方域，等译. 上海：格致出版社，2015.

[3] 约瑟夫 E 斯蒂格利茨，卡尔 E 沃尔什. 经济学（原书第 4 版）[M]. 黄险峰，张帆，译. 北京：中国人民大学出版社，2013.

[4] 保罗·萨缪尔森，威廉·诺德豪斯. 经济学（原书第 19 版）[M]. 肖琛，译. 北京：商务印书馆，2014.

[5] 曼昆. 经济学原理（原书第 7 版）[M]. 梁小民，梁砾，译. 北京：北京大学出版社，2015.

[6] 鲁迪格·多恩布什，斯坦利·费希尔，理查德·斯塔兹. 宏观经济学（原书第 12 版）[M]. 王志伟，译. 北京：中国人民大学出版社，2017.

[7] 罗伯特·霍尔，约翰·泰勒. 宏观经济学 [M]. 张帆，译. 北京：中国人民大学出版社，2000.

[8] 弗雷德里克 S 米什金. 货币金融学（原书第 11 版）[M]. 郑艳文，译. 北京：中国人民大学出版社，2016.

[9] 吴汉洪. 经济学基础 [M]. 5 版. 北京：中国人民大学出版社，2017.

[10] 张维迎. 博弈论与信息经济学 [M]. 上海：格致出版社，2012.

[11] 薛荣久. 国际贸易 [M]. 6 版. 北京：对外经济贸易大学出版社，2016.

[12] 钱荣堃. 国际金融（修订第四版）[M]. 成都：四川人民出版社，2006.

[13] 高扬. 微观经济学 [M]. 2 版. 北京：机械工业出版社，2013.

[14] 周清杰，等. 宏观经济学 [M]. 北京：机械工业出版社，2006.

[15] 马克·利伯曼，罗伯特 E 霍尔. 宏观经济学导论 [M]. 程坦，译. 大连：东北财经大学出版社，2006.

[16] 泰勒·考恩，亚历克斯·塔巴洛克. 考恩经济学 [M]. 王弟海，译. 上海：格致出版社，2018.

[17] 保罗·海恩，等. 经济学的思维方式 [M]. 史晨，译. 北京：世界图书出版公司，2012.

推荐阅读

	中文书名	原作者	中文书号	定价
1	经济学（微观）（原书第7版）	R.格·哈伯 哥伦比亚大学	978-7-111-71012-7	99.00
2	经济学（宏观）（原书第7版）	R.格·哈伯 哥伦比亚大学	978-7-111-71758-4	99.00
3	计量经济学（原书第4版）	詹姆斯·斯托克 哈佛大学	978-7-111-70760-8	109.00
4	经济计量学精要（原书第4版）	达莫达尔·古扎拉蒂 西点军校	978-7-111-30817-1	49.00
5	经济计量学精要（英文版·原书第4版）	达莫达尔·古扎拉蒂 西点军校	978-7-111-31336-6	65.00
6	经济计量学精要（第4版）习题集	达莫达尔·古扎拉蒂 西点军校	978-7-111-31370-1	29.00
7	应用计量经济学（原书第7版）	A.H.施图德蒙德	978-7-111-56546-1	65.00
8	应用计量经济学：时间序列分析（原书第4版）	沃尔特·恩德斯 哥伦比亚大学	978-7-111-57847-5	79.00
9	商务与经济统计（原书第14版）	戴维·R.安德森	978-7-111-71998-4	129.00
10	博弈论：策略分析入门（原书第3版）	罗杰·A麦凯恩	978-7-111-70091-3	89.00
11	时间序列分析：预测与控制（原书第5版）	乔治·E.P.博克斯	978-7-111-71240-4	129.00
12	管理经济学（原书第12版）	克里斯托弗R.托马斯 南佛罗里达大学	978-7-111-58696-8	89.00
13	发展经济学（原书第12版）	迈克尔·P.托达罗 纽约大学	978-7-111-66024-8	109.00
14	货币联盟经济学（原书第12版）	保罗·德·格劳威 伦敦政治经济学院	978-7-111-61472-2	79.00

推荐阅读

书名	作者	中文书号	定价
货币金融学（第2版）	蒋先玲（对外经济贸易大学）	978-7-111-57370-8	49.00
货币金融学习题集（第2版）	蒋先玲（对外经济贸易大学）	978-7-111-59443-7	39.00
货币银行学（第2版）	钱水土（浙江工商大学）	978-7-111-41391-2	39.00
投资学原理及应用（第3版）	贺显南（广东外语外贸大学）	978-7-111-56381-5	40.00
《投资学原理及应用》习题集	贺显南（广东外语外贸大学）	978-7-111-58874-0	30.00
证券投资学(第2版)	葛红玲（北京工商大学）	978-7-111-42938-8	39.00
证券投资学	朱晋（浙江工商大学）	978-7-111-51525-8	40.00
风险管理（第2版)	王周伟（上海师范大学）	978-7-111-55769-2	55.00
风险管理学习指导及习题解析	王周伟（上海师范大学）	978-7-111-55631-2	35.00
风险管理计算与分析：软件实现	王周伟（上海师范大学）	978-7-111-53280-4	39.00
金融风险管理	王勇（光大证券）	978-7-111-45078-8	59.00
衍生金融工具基础	任翠玉（东北财经大学）	978-7-111-60763-2	40.00
固定收益证券	李磊宁（中央财经大学）	978-7-111-45456-4	39.00
行为金融学（第2版）	饶育蕾（中南大学）	978-7-111-60851-6	49.00
中央银行的逻辑	汪洋（江西财经大学）	978-7-111-49870-4	45.00
商业银行管理	陈颖（中央财经大学）	即将出版	
投资银行学:理论与案例（第2版）	马晓军（南开大学）	978-7-111-47822-5	40.00
金融服务营销	周晓明（西南财经大学）	978-7-111-30999-4	30.00
投资类业务综合实验教程	甘海源等（广西财经大学）	978-7-111-49043-2	30.00
公司理财：Excel建模指南	张周(上海金融学院)	978-7-111-48648-0	35.00
保险理论与实务精讲精练	胡少勇（江西财经大学）	978-7-111-55309-0	39.00
外汇交易进阶	张慧毅（天津工业大学）	978-7-111-60156-2	45.00